2023年江苏省教改立项课题"基于创客教育的新工科创新成
编号：2023JSJG362）、2023年江苏省教育科学"十四王
年教师智慧教学能力提升策略与路径研究"（项目编号：B/2

ZHIHUI JIAOYU BEIJING XIA DE
KETANG JIAOXUE YANJIU

智慧教育背景下的课堂教学研究

徐华平◎著

海洋出版社

2025年·北京

图书在版编目（CIP）数据

智慧教育背景下的课堂教学研究 / 徐华平著. —
北京：海洋出版社，2025.3. — ISBN 978-7-5210
-1518-8

Ⅰ．G424.21

中国国家版本馆 CIP 数据核字第 202588SD03 号

责任编辑：刘　斌
责任印制：安　淼

海洋出版社　出版发行
http：//www.oceanpress.com.cn
北京市海淀区大慧寺路 8 号　邮编：100081
侨友印刷（河北）有限公司印刷　新华书店经销
2025 年 3 月第 1 版　2025 年 3 月第 1 次印刷
开本：787mm×1092mm　1/16　印张：16.25
字数：240 千字　定价：98.00 元
发行部：010-62100090　总编室 010-62100034
海洋版图书印、装错误可随时退换

前　言

随着新一代信息技术不断成熟并运用于各个领域，这些技术与教育的结合日益紧密。在信息技术推动和课堂教学变革的需求下，智慧课堂应运而生。智慧课堂是智能信息技术与教育教学相互融合的新型课堂，它在智慧教育理念的引领下，依托先进的教学环境，进行智慧化教学活动。智慧课堂作为智能信息技术与教育教学深层次融合的一种新尝试，助力实现学生的个性化成长和智慧发展。

智慧课堂是智能化的课堂，运用计算机、虚拟教室等开展教学活动。智慧课堂配备智能课堂设施，运用智能教室技术，营造智能高效的学习环境。智慧课堂无论是在教学决策、教学评价、课堂互动方面，还是在教学资源推送方面，都实现了数据化和智能化，是对传统课堂教学内容和方式的全面改革，旨在创建"智慧的教与学"，促进全体学生的智慧学习与发展。

本书主要是对智慧教育背景下的课堂教学进行研究，内容共分为七章。第一章是智慧教育概述，主要阐述了智慧教育的产生背景、智慧教育的基本内涵、智慧教育的基本内容、智慧教育的基本特征、国内外智慧教育的发展现状、智慧教育的发展前景。第二章是智慧教学理论与环境，主要研究了智慧教育的理论模型、智慧教育平台分析、智慧教学环境建设、教育元宇宙及智慧教学资源建设。第三章是智慧环境下的智慧学习，主要分析了智慧环境下的学习、信息技术支持下的高效学习。第四章是智慧教育背景下的课堂教学模式，主要包括智慧课堂教学模式概述、智慧课堂教学模式的构建、智慧课堂教学模式的优势。第五章是智慧教育背景下的课堂教学原则和教学方法，主要分析了SMART教学原则体系的构建、智慧教育背景下的教学原则、智慧教育背景下的教学方法。第六章是智慧教育背景下课堂教学评价指标体系的构建，主要分析了课堂教学评价指标体系的构建内容、课堂教学评价指标体系的构建原则、课堂教学评价指标体系的构建方法。第七章是智慧教育背景下的课堂教学实践，主要研究了基于慕课的教学改革与实践、基于翻转课堂的教学改革与实践、基于微课的教学改革与实践、基于"互联网+"教学模式的教学改革与实践、基于项目式学习的教学实践、混合式教学创新探索。

  在本书的撰写过程中，作者查阅了大量文字资料，吸收借鉴了相关的研究成果和实践经验，同时也得到了同事亲朋的鼎力相助，在此深表谢意。虽然在写作中力求完美，但鉴于知识水平和时间有限，不足之处在所难免，恳请各位专家、读者不吝赐教。

作　者
2025 年 3 月

目 录

第一章 智慧教育概述 ... 1
第一节 智慧教育的产生背景 ... 1
第二节 智慧教育的基本内涵 ... 7
第三节 智慧教育的基本内容 ... 11
第四节 智慧教育的基本特征 ... 23
第五节 国内外智慧教育的发展现状 ... 31
第六节 智慧教育的发展前景 ... 48

第二章 智慧教学理论与环境 ... 52
第一节 智慧教育的理论模型 ... 52
第二节 智慧教育平台分析 ... 60
第三节 智慧教学环境建设 ... 72
第四节 教育元宇宙 ... 86
第五节 智慧教学资源建设 ... 88

第三章 智慧环境下的智慧学习 ... 101
第一节 智慧环境下的学习 ... 101
第二节 信息技术支持下的高效学习 ... 109

第四章 智慧教育背景下的课堂教学模式 ... 131
第一节 智慧课堂教学模式概述 ... 131
第二节 智慧课堂教学模式的构建 ... 138

第三节　智慧课堂教学模式的优势 ·· 151
第五章　智慧教育背景下的课堂教学原则和教学方法 ·························· 153
　　第一节　SMART 教学原则体系的构建 ······································· 153
　　第二节　智慧教育背景下的教学原则 ·· 159
　　第三节　智慧教育背景下的教学方法 ·· 173
第六章　智慧教育背景下课堂教学评价指标体系的构建 ························ 191
　　第一节　课堂教学评价指标体系的构建内容 ································ 191
　　第二节　课堂教学评价指标体系的构建原则 ································ 195
　　第三节　课堂教学评价指标体系的构建方法 ································ 200
第七章　智慧教育背景下的课堂教学实践 ·· 207
　　第一节　基于慕课的教学改革与实践 ·· 207
　　第二节　基于翻转课堂的教学改革与实践 ··································· 212
　　第三节　基于微课的教学改革与实践 ·· 219
　　第四节　基于"互联网+"教学模式的教学改革与实践 ···················· 224
　　第五节　基于项目式学习的教学实践 ·· 230
　　第六节　混合式教学创新探索 ·· 238
参考文献 ·· 249

第一章 智慧教育概述

智慧教育就是利用信息技术手段，结合大数据、云计算、人工智能等现代科技，对教学资源进行智能化整合与优化的一种新型教育模式。它强调的是通过技术来提升教育的质量和效率，实现个性化学习、精准教学、智能管理和终身学习的目标。随着技术的不断发展，智慧教育正逐渐改变传统教育方式，促进了教育公平与质量的提升。本章主要介绍智慧教育的产生背景、智慧教育的基本内涵、智慧教育的基本内容、智慧教育的基本特征、国内外智慧教育的发展现状、智慧教育的发展前景。

第一节 智慧教育的产生背景

一、智慧教育产生的背景

智慧教育的思想源于美国。1992年，当时的美国参议员阿尔·戈尔提出美国信息高速公路法案。1993年9月，美国克林顿政府正式提出建设"国家信息基础设施"（National Information Infrastructure，NII），俗称"信息高速公路"（Information Highway）计划，其核心是发展以互联网为核心的综合化信息服务体系和推进信息技术（Information Technology，IT）在社会各领域的广泛应用，特别是把信息技术在教育中的应用作为实施面向 21 世纪的教育改革的重要途径。此后，包括美国在内的各国纷纷从国家战略规划层面对教育信息化发展予以充分重视，并制定了本国的教育信息化发展规划及战略，统筹了教育信息化的各方面发展，如美国于 2010 年发布了《改革美国教育：技术助力教育》(NETP2010)、日本于 2010 年发布了《教育信息化指南》、英国高校联合信息系统委员会（Joint Information Systems Committee，JISC）于 2009 年发布了《JISC2010—2012 战略》（以下简称《JISC 战略》）等。这些教育信息化发展规划及战略文件的发布，为各国教育信息化的发展指明了方向。[①]

教育信息化的发展带来了教育形式和学习方式的重大变革。1998 年，阿尔·戈尔在其题为"数字地球：21 世纪认识地球的方式"的演讲中提出了"数字地球"的概念，此后数字化概念在世界各行各业大行其道。随着 20 世纪 90 年代末期全球数字化浪潮的兴起，世界范围内的教育信息化建设进入了数字化时代，即数字教育阶段。信息技术在教育教学中的应用不断深入，从计算机、互联网、多媒体等数字化技术逐步进入校园，到交互式电子白板、虚拟仿真实验等技术在"班班通"数字化校园建设中的应用，数字化教育蓬勃发展，极大地丰富了教与学的过程。

21 世纪科技的快速发展，特别是移动终端、物联网、云计算、大数据、"三网融合"等新一代信息技术的兴起和快速发展，为教育信息化和教育现代化注入了新的推动力，激发了研究者和教育实践者拓展学习概念、开展学习环境设计的兴趣，推动学习环境的研究与实践从数字化走向智能化。此时，教育进入智能化时代，即智慧教育阶段。信息技术的发展成为促进教育教学变革与创新的重要动因之一。

根据联合国教科文组织 2002 年提出的教育信息化发展的形成、应用、融合和创新 4 个阶段的观点，通过美国 1996 年、2000 年、2004 年、2010 年陆续发布的国家教育技术规划，可以清晰地看出美国教育信息化发展走过了基础设施与设备配备、教育资源建设与推广、教师全员信息技术应用能力建设等阶段，目前进入

---

① 董君，陈晓琴，徐瑞玲，2022. 智慧课堂教育理论与实践 [M]. 长春：吉林出版集团股份有限公司.

教育应用创新阶段，寻求教育系统的整体变革成为教育信息化发展的新目标。我国教育信息化发展现阶段正处于应用融合阶段，并且向着全面融合、创新阶段迈进。《教育信息化十年发展规划（2011—2020年）》明确要求"以教育信息化带动教育现代化，破解制约我国教育发展的难题，促进教育的创新与变革"。无论从国家地区的宏观层面、学校组织的中观层面，还是学习者的微观层面来看，教育信息化都是一个平衡多方关系、创新应用发展、追求卓越智慧的过程。

在"信息技术—社会—教育变革"三元互动结构中，如何在社会信息化大背景下，推动教育信息化进程，解决当前教育面临的公平与均衡、优质与创新、个性与灵活三大发展难题，以理念创新、技术创新、教学法创新等落实教育信息化创新发展，成为教育信息化发展的新追求。智慧教育作为"智慧地球"思想在教育领域的延伸，已被世界上多个国家和地区作为未来教育发展的方向，如澳大利亚、韩国、马来西亚、新加坡等均颁布了相关的国家教育政策。数字教育向智慧教育的转变，不仅象征教育信息化中技术的数字化转为智能化走向而促发的"形变"，还蕴含信息技术促进教育变革所追求的"质变"，尤其是教育文化的创新。以智慧教育引领教育信息化创新发展，带动教育教学创新发展，最终指向创新型人才的培养，已成为教育信息化发展的必然趋势。智慧教育是经济全球化、技术变革和知识爆炸的产物，也是教育信息化发展的必然阶段。

进入21世纪以来，信息技术以前所未有的速度和气势，强烈地冲击着社会生产生活的方方面面，成为当今世界发展的重要驱动力。在物联网、云计算、大数据、移动通信等新一代信息技术的推动下，世界上多个国家和地区已将智慧教育作为其未来教育发展的重大战略，从数字教育转向智慧教育已是全球教育发展的必然趋势。随着我国智慧城市建设步伐的加快，智慧教育作为智慧城市的重要组成部分，也开始逐步引起我国政府、企业和高校科研机构的高度重视，具有广阔的发展空间。智慧教育正在引领全国教育信息化的发展方向，成为技术变革时代教育发展的主旋律。

当今世界，科学技术日新月异，知识经济特征愈发凸显。在这种背景和形势下，智慧资本已然成为新经济形态的灵魂。从社会的发展来看，世界正进入以智慧型人才为主流的社会，而持续创新的能力和大量高素质的人力资源的培养，正是智慧教育本质"耐寒"的具体表现。智慧教育是经济全球化、技术变革和知识爆炸的产物，是教育良好适应现代社会经济发展和人的发展水平状态的具体体现，其基本特征是能够满足教育和人才培养的普及化、终身化、个性化、国际化、信息化。因此，智慧教育是当代教育的必然走向，是人类的主体性和自我超越性的实践活动不断发展的必然反映，是人类步入智慧化时代的需要，关乎千家万户，关乎民生发展。

二、从数字教育向智慧教育深化发展的必然性

脱离教育自身需求而谈教育信息化是没有意义的，衡量教育信息化建设成败的唯一标准就是应用效益。正是基于此种考虑，我国将教育信息化纳入国家信息化总体战略，并提出以信息化带动教育现代化，使教育信息化对教育发展产生革命性影响。正因如此，加快智慧教育的建设与发展也就具备了急迫的内在发展需求和良好的发展环境。

（一）我国教育政策催生智慧教育

2012年3月，教育部颁布《教育信息化十年发展规划（2011—2020年）》，对未来十年的教育信息化工作进行整体设计、全面部署；同年9月，教育部召开全国第一次全口径的教育信息化工作会议，强调要深刻把握新形势、新要求，将教育信息化作为国家信息化的战略重点优先部署，并进一步明确了教育信息化发展的目标、任务、思路和重点；同年10月，教育部等九部门发布《关于加快推进教育信息化当前几项重点工作的通知》，具体部署了以"三通两平台"建设为核心的7项重点工作。党的十八大报告提出了实现教育现代化的目标，而教育信息化既是教育现代化的重要内容和体现，也是推动教育现代化目标实现的重要支撑，同时还是促进教育均衡优质发展的重要举措。

教育信息化在迎来又一个春天的同时，也迎来了新一轮的发展机遇与挑战，面临更大的建设力度和更高的发展要求。在这一大背景下，要求我们加快推进信息技术与教育教学的深度融合，实现教育思想、理念、方法和手段的全方位创新，

智慧教育理应成为教育教学改革和发展的支撑和保障。

（二）现代科学技术的发展促成智慧教育

从 2010 年开始，全球教育信息化进入了一个新的发展阶段，而推动教育信息化步入新阶段主要有两大契机。

一是学习科学的新研究。"提高人类个性化的自学能力"被列为 21 世纪面临的 14 项科技挑战之一，如何应用信息技术与科研成果来更新教育观念、改革教育体制，以形成基于信息时代的教育模式和学习方式，是推进教育改革与发展亟待破解的难题。

二是信息技术的新发展。如何借助迅猛发展的信息技术，创造个性化学习环境，智能汇集推送的学习资源，让学生成为主动发展的学习者，是推进教育优质发展、办人民满意教育的必然选择和必由之路。事实证明，有效利用信息化可以使人类与生俱来的生理智慧得以延伸；推进智慧教育，能够满足学生更具智慧的发展需求。

三、发展智慧教育的意义

随着信息化浪潮在全球的兴起，教育发展已经步入一个全新的高速发展阶段。智慧教育将对传统的教育思想、教育理念、教学模式、教学内容和方法、学习内容、学习方式等产生巨大的冲击，从而推动教育形式和学习方式的巨大变革。智慧教育正在引领全球教育信息化的发展方向，成为技术变革时代教育发展的主旋律。大力发展智慧教育已成为国际社会的共识。智慧教育是对未来教育模式的创新性探索，具有强烈的现实需求和技术条件。在技术变革教育的大背景下，我国发展智慧教育具有重大战略意义。

（一）破解我国教育发展难题，推动教育领域全面改革

目前，我国教育还未完全适应国家经济社会发展和人民群众接受良好教育期盼的要求，存在一系列发展难题。如教育观念相对落后，内容方法比较陈旧；学生课业负担过重，素质教育推进困难；学生创造力不足；城乡之间、区域之间教

育发展不均衡；教育公平问题长期存在；高等教育规模飞跃式扩张导致教学质量下滑；各地校园安全事件频发等。智慧教育通过创新应用信息技术，提升教育系统运行的智慧化水平，有助于破解教育发展难题，从而形成突破点，带动整个教育系统的全面改革。

智慧教育顺应了教育发展的潮流，是当前我国教育领域综合改革的方向和途径。信息技术对教育发展具有革命性影响，运用信息技术变革教育已经成为我国的国家战略，其必将引领和推动我国教育的全方位改革和创新。

（二）激发教育发展活力，引领教育信息化创新发展

在通往信息化社会的道路上，我国的信息化发展水平和发达国家虽有差距，但并不明显，尤其在教育信息化领域，经过多年的重点投入建设，某些方面已经走在了国际前列。智慧教育建设为激发教育发展活力、重塑我国在全球教育领域的影响力和地位提供了契机。教育专家祝智庭教授认为，智慧教育是当代教育信息化的新境界，是素质教育在信息时代、知识时代和数字时代的深化与提升，是培养创新型人才、智慧型人才、实践型人才的内在需求。智慧教育的发展将引领我国教育信息化新的发展方向，带动整个教育产业的迅猛发展，培养大批世界一流的创新型人才。

智慧教育已成为当前国际社会教育信息化推进过程中的重要发展战略和长期任务。教育信息化政策、制度、队伍与机制的全方位发展与完善，将为智慧教育提供良好的发展环境。智慧教育的持续发展又将进一步体现教育信息化的战略优势，巩固教育信息化在整个国家教育体系中的地位。

（三）服务全民终身教育，助推中国教育梦实现

技术推动下的智慧教育正在成为信息时代全球教育改革的"风向标"。智慧教育面向全体公民，既可以为正常人提供优质、个性化的教育服务，又能够满足各类特殊人群的教育需求。教育部原部长袁贵仁在政协教育界别联组讨论会上阐述了他的中国教育梦，即"有教无类、因材施教、终身学习、人人成才"。智慧教育运用科技服务教育，显著提升教育智慧，能够实现"学有所教、有教无类""人人

教、人人学"的泛在教育，加快我国学习型社会的建设步伐。

智慧教育是国家信息化的重要组成部分，对于转变教育思想和观念、深化教育改革、提高教育质量和教学效果、培养创新型人才具有深远意义，是我国实现教育跨越式发展和教育现代化的必然选择。

第二节　智慧教育的基本内涵

智慧教育并不是一个全新的概念。在中文语境中，"智慧"是指"辨析判断、发明创造的能力"。智慧教育的思想最早由哲学家提出，指出智慧教育的出发点和归宿点是唤醒、发展人类的"智慧"。印度著名哲学家吉杜·克里希那穆提在其专著《一生的学习》中从智慧的高度解读了教育，认为真正的教育要帮助人们认识自我、消除恐惧、唤醒智慧。英国著名哲学家阿弗烈·诺夫·怀海德提出儿童智慧教育理论，认为教育的主题是生活，教育的目的是开启学生的智慧。

随后，智慧教育受到国内外教育学家、心理学家和科学家的关注。加拿大"现象学教育学"的开创者马克斯·范梅南提出了以儿童发展为取向的智慧教育学理念，指出教育者应该为儿童创造一种充满关爱的学习环境，要关注儿童真实的生活世界，关心儿童的存在和成长。美国著名心理学家斯滕伯格提出智慧平衡理论，倡导为智慧而教，认为教育应教会学生智慧地思考和解决问题，平衡人与人之间以及人与环境之间的利益，培养学生的社会责任感。

2002年，王玉恒在中国教育和科研计算机网上发表了5篇有关"智慧教育"的文章，对智慧教育进行了较为系统的阐述，指出智慧教育是一种直接的、可帮助人们建立完整智慧体系的教育方式，其教育宗旨在于引导学习者发现自己的智慧，协助学习者发展自己的智慧，指导学习者运用自己的智慧，培养学习者创造自己的智慧。

我国学者靖国平教授认为，传统意义上的智慧教育是以传授学生系统的科学知识、形成学生的技能、发展学生的智力以及培养学生的能力为目的的教育，具有一定的局限性。基于此，他提出了广义智慧教育的概念，对智慧教育的内涵进行了扩展。广义智慧教育是一种更为全面、丰富、多元、综合的智慧教育，它主要包含三个既相互区分又彼此联系的方面：理性（求知求真）智慧的教育、价值（求善求美）智慧的教育和实践（求实求行）智慧的教育。教育的根本旨趣在于促使受教育者全面地发挥自己的智慧本质，成长为理性智慧、价值智慧和实践智慧的统一体。

信息时代的到来赋予智慧教育新的内涵，并使其呈现一些新的特征。教育技术领域的研究者纷纷从信息化视角对智慧教育概念进行阐述。信息化环境下的智慧教育可以追溯到我国杰出的科学家钱学森在总结其一生的道德、学问和事业的基础上，于1997年倡导的"大成智慧学"。

"大成智慧学"与以往关于智慧或思维学说的不同之处主要在于它以马克思主义的辩证唯物论为指导，利用现代信息网络，采用"人机结合、以人为主"的方式，集古今中外有关经验知识、智慧之大成。"大成智慧学"是沉浸在广阔的信息空间里所形成的网络智慧，是在知识爆炸、信息如潮的时代里所需要的新型的思维方式和思维体系。"大成智慧学"指导下的智慧教育内涵包括：打通学科界限，重视通才培养；掌握人类知识体系；实现人机结合，优势互补；培养高尚的道德情操。大成智慧教育的宗旨是培养大批顶尖的创新型人才，服务于我国创新型国家建设，大成智慧教育对教育发展具有很强的现实指导意义。"大成智慧学"的英译名称为"science wisdom in cyberspace"，"cyberspace"是网络交互信息空间的总称，可见钱学森预见了信息化对智慧发展的关键作用。

关于智慧教育的概念，国内外尚未形成广泛认可的科学定义。目前的定义大体可以分为两类。

一、智慧教育的概念

何锡涛等人在《智慧教育》一书中给出了智慧教育的广义定义，指出智慧教育是指依托计算机和教育网,全面深入地利用以物联网、云计算等为代表的新兴信息技术,重点建设教育信息化基础设施,开发利用教育资源,促进技术创新、知识创新,实现创新成果的共享,提高教育教学质量和效益,全面构建网络化、数字化、个性化、智能化、国际化的现代教育体系,推动教育改革和发展的历史进程。尹恩德从教育信息化带动教育现代化发展的角度出发,指出智慧教育是指运用以物联网、云计算等为代表的一批新兴的信息技术,统筹规划、协调发展教育系统各项信息化工作,转变教育观念、内容与方法,以应用为核心,强化服务职能,构建网络化、数字化、个性化、智能化、国际化的现代教育体系。金江军认为,智慧教育是教育信息化发展的高级阶段,与传统教育信息化相比表现出集成化、自由化和体验化三大特征。马元福等人在分析数字教育与智慧教育区别的基础上,指出智慧教育就是依托物联网、云计算、下一代通信网络、高性能信息处理、智能数据挖掘等先进技术和云端设备,整合亟待建设和提升的各种应用支撑系统与服务资源,构建现代智慧教育信息化服务体系,通过智能化、智慧化管理和服务环境,推动建立直接、完整体系的智慧教育方式,协助学生发现智慧、发展智慧、应用智慧、创造智慧,从而促进学生智慧类型优化发展。

二、智慧教育的内涵

祝智庭在2012年发表的《智慧教育:教育信息化的新境界》一文和2014年发表的《以智慧教育引领教育信息化创新发展》一文中,从智慧教育的目的出发,对智慧教育的基本内涵进行了阐述,指出信息化环境下的智慧教育是信息技术支持下为发展学生智慧能力的教育,旨在利用适当的信息技术构建智慧学习环境(技术创新)、运用智慧教学法(方法创新)、促进学习者开展智慧学习(实践创新),从而培养具有良好的价值取向、较高的思维品质和较强的思维能力的智慧型人才(人才观变革,要培养善于学习、善于协作、善于沟通、善于研判、善于创新、善于解决复杂问题的智慧型人才),落实智慧教育理念(理念创新),深化和提升信息时代、知识时代和数字时代的素质教育，并进一步指出了智慧教育的三个基本组成，即智慧学习环境（Smart Learning Environments）、智慧教学法（Smart Pedagogy）和智慧学习（Smart Learning）。北京师范大学的余胜泉教授在2014年召开的"第四届全国中小学数字化校园建设学术交流暨技术发展展示大会"的主题发言中指出，智慧教育是依托物联网、云计算、无线通信等新一代信息技术所打造的物联化、智能化、感知化、泛在化的新型教育形态和教育模式，它的核心内涵是通过信息技术来分担大量烦琐的、机械的、简单重复的教学和管理任务，满足教师、学生、管理者、家长以及社会公众的智慧教育需求。杨现民在《信息时代智慧教育的内涵与特征》一文中，从生态观的视角出发，给出智慧教育的含义，认为智慧教育是依托物联网、云计算、无线通信等新一代信息技术所打造的物联化、智能化、感知化、泛在化的教育信息生态系统，是数字教育的高级发展阶段，旨在提升现有数字教育系统的智慧化水平，实现信息技术与教育主流业务（智慧教学、智慧学习、智慧管理、智慧评价、智慧科研和智慧服务）的深度融合，促进教育利益相关者（学生、教师、家长、管理者、社会公众等）的智慧养成与可持续发展。北京师范大学的黄荣怀教授从解决教育公平性的问题出发，指出智慧教育是一种智慧教育系统，该系统是一种由学校、区域或国家提供的高学习体验、高内容适配性和高教学效率的教育系统，它能利用现代科学技术为学生、教师和家长等提供一系列差异化的支持和按需服务，能全面采集并利用参与者群体的状态数据和教育教学过程数据来促进公平、持续改进绩效。

从以上对智慧教育内涵的定义，我们不难看出，信息时代的智慧教育是以物联网、云计算、无线通信等新一代信息技术为技术依托，以智慧教学、智慧管理和智慧学习方法为理论支撑而发展起来的新型教育体系，其宗旨是帮助人们在对学习环境、生活环境和工作环境灵巧机敏地适应、塑造和选择的过程中，不断发现智慧、发展智慧、应用智慧、创造智慧。

第三节 智慧教育的基本内容

信息化环境下的智慧教育是信息技术支持下为发展学生智慧能力的教育，旨在利用适当的信息技术构建智慧学习环境、运用智慧教学法、促进学习者开展智慧学习，从而培养具有良好的价值取向、较高的思维品质和较强的思维能力的智慧型人才。因此，智慧教育既是信息时代教育发展的新境界，也是教育现代化追求的重要目标。智慧教育不仅是指教育环境的智慧化，还包括教与学的智慧化、教育管理的智慧化、教育科研的智慧化、教育服务的智慧化、教育评价的智慧化等多个方面，是信息化推动下的全方位教育变革。教育现代化的核心是人的现代化，智慧教育旨在培养大批具备 21 世纪技能、拥有创新意识和创新能力的现代智慧型人才。

根据智慧教育的定义以及国内外专家、学者对智慧教育体系结构的分析，我们得出结论，智慧教育是新一代信息技术所打造的智能化教育信息生态系统。这个系统主要由三个部分组成，分别为智慧学习环境、智慧教学法和现代教育制度。这三个组成部分的关系如图 1–1 所示。

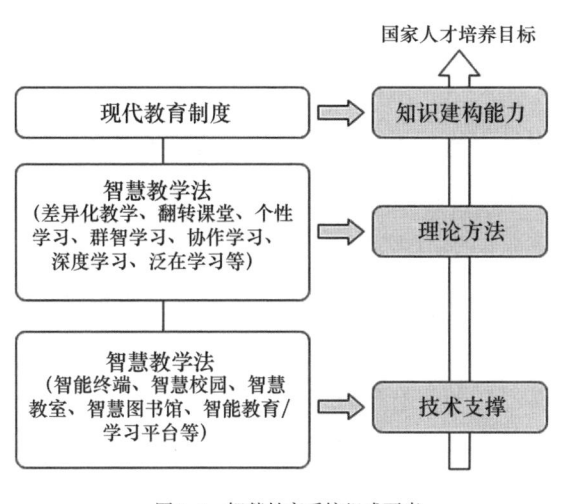

图 1–1　智慧教育系统组成要素

一、智慧学习环境

智慧学习环境是从智慧地球、智慧城市、智能楼宇的概念中迁移过来的，是智慧教育实施的基础和保障。智慧学习环境是信息技术发展的必然结果，对教与学有革命性影响。

我国著名的教育技术学领域专家祝智庭对智慧学习环境做了较为明确的定义，指出智慧学习环境是以适当的信息技术、学习工具、学习资源和学习活动为支撑，科学分析和挖掘全面感知的学习情境信息或者学习者在学习过程中生成的学习数据，以识别学习者特性和学习情境，灵活生成最佳适配的学习任务和活动，引导和帮助学习者进行正确决策，有效促进学习者智慧能力的发展和智慧行动的出现。从以上定义可以看出，智慧学习环境是一个学习场所或活动空间，这个场所或空间能感知学习情境，识别学习者特征，提供合适的学习资源与便利的互动工具，自动记录学习过程和评测学习成果，以促进学习者有效学习。智慧学习环境能够实现物理环境与虚拟环境的融合，能更好地提供适应学习者个性特征的学习支持和服务。[1]

智慧学习环境具有以下突出的基本特征：一是全面感知，具有感知学习情境、学习者所处方位及其社会关系的性能；二是无缝连接，基于移动、物联、泛在、无缝接入等技术，提供随时随地、按需获取学习的机会；三是个性化服务，基于学习者的个体差异（如能力、风格、偏好、需求）提供个性化的学习诊断、学习建议和学习服务；四是智能分析，记录学习过程，便于数据挖掘和深入分析，提供具有说服力的过程性评价和总结性评价；五是提供丰富资源与工具，提供丰富、优质的数字化学习资源供学习者选择，提供多种支持协作会话、远程会议、知识建构等的学习工具，促进学习的社会协作、深度参与和知识建构；六是自然交互，提供自然简单的交互界面、接口，减轻认知负荷，期望在这样的学习环境中，通过设计多种智慧型学习活动，有效降低学习者的认知负荷，提高知识生成、智力发展与智慧应用的含量；七是增强学习者的学习自由度和协作学习水平，促进学

---

[1] 董君，陈晓琴，徐瑞玲．2022．智慧课堂教育理论与实践［M］．长春：吉林出版集团股份有限公司．

习者个性发展和集体智慧发展；八是拓展学习者的体验深度和广度，提供最合适的学习资源，以提升学习者的成功期望。构建智慧学习环境的目的是促进学习者轻松、投入和有效地学习。

智慧学习环境主要包括硬环境和软环境两部分。硬环境包括智慧校园以内的智慧教室、智慧备课室、智慧语音室、智慧图书馆（学校）、智慧探究实验室等智慧型功能室，智慧校园以外的智慧博物馆、智慧美术馆、智慧图书馆、智慧公园、智慧社区、智慧教育探究基地等，以及各种智能学习终端，如电子书包等。软环境包括各类学习资源和智能学习工具。学习资源是实现教育系统变革的基础，是教育智慧沉淀、分享的重要载体。学习资源建设包括学习资源库建设、开放课程库建设和管理信息库建设。

二、智慧教学法

智慧教学法强调信息技术在促进教学方式、教学过程、学习方式、学习过程变革中的作用。智慧教学法主要包括智慧教学、智慧学习、智慧评价三个部分。

（一）智慧教学

智慧教学是指教师在智慧学习环境下，利用各种先进的信息化技术和丰富的教学资源开展的教学活动。智慧教学以提升教师教学智慧、促进教师专业发展、培养创新人才为目的，可以有效改善传统课堂教学存在的机械、低效、参与不足等现象，具有高效、开放、多元、互通、深度交互等基本特征。教学环境的改变对教师的信息化教学能力提出了更高的要求，需要进一步实施教师信息技术应用能力提升工程，开展全员培训，鼓励教师在智慧教室实施各种新型教学模式，如翻转课堂教学模式、对分课堂教学模式等进行班级差异化教学，构建智慧型课堂。

（二）智慧学习

智慧学习是继数字学习、移动学习、泛在学习之后的第四次学习浪潮，在泛在学习基础上新增了"智能分析"，意在对学习者所产生的大范围数据中的隐含意义进行挖掘，为评估学习过程、预测未来表现和发现潜在问题提供服务。智慧学习是在智慧环境中开展的完全以学习者为中心的学习活动。学习者不仅能够即时获取自己所需的信息，而且能够享受到个性化定制的资源和服务，不断发掘自己的兴趣爱好，挖掘自己的潜能，学习过程更加轻松高效。智慧学习具有个性化、高效率、沉浸性、持续性、自然性等基本特征，能够帮助学习者不断认识和提升自己，成为知识和智慧的创造者。智慧学习的开展需要学生具备较强的学习力。学习力是组织和个体掌握知识、创造知识、传承文化的基础，它主要包括组织学习活动的能力、获取知识的能力、运用知识的能力、创造知识的能力以及伴随学习过程而发生的一系列智力技能。智慧教育环境下，要着重培养学生在认知、创造、内省和交际四大领域的学习能力。学生开展智慧学习的方法包括：小组合作研究型学习、问题驱动学习、项目驱动学习、个人兴趣拓展学习、网众互动生成性学习等。

（三）智慧评价

智慧评价需要充分利用大数据、云计算等先进技术，定期、持续采集各类教育数据（学业成就、体质状况、教学质量等），并对数据进行深度挖掘，以得出更加科学、准确的评价结果。学生和教师的档案数据需要永久存储在云端，同时通过科学的评估模型，客观、全面地评价教师的教学绩效和学生的学习绩效，并提出更具针对性的发展建议。

三、智慧教育过程中的注意事项

（一）转换教育理念，突出智慧教育目标

智慧教育的核心理念就在于启迪学生的智慧，培养学生的智慧人格，要解决教育中出现的诸多问题首先需要从观念上转变，突出智慧教育的目标，这既是对学校教育的新诉求，也是对非智慧教育理念的反思，更是培养学生的智慧生存、生产、生活必须突出的教育目标。

1. 非智慧教育理念的转换

非智慧教育理念的转换，需要克服教育现实中的非智慧教育的消极影响，摆脱知识本位的极端化、功利化影响和学生主动性滥用的教育倾向，不断地强调理性在教育中的作用，但不是唯理性、唯知识教育，同时也要强调非理性的情感、意识、兴趣等在教育过程中的作用。智慧教育不是理性和感性的简单结合，而是在超越理性和感性的基础上的结合。因此，非智慧教育理念的转变要不断促进理性与非理性因素的超越性结合，推动智慧教育向纵深发展。

非智慧教育理念向智慧教育的转变，需要从学生的智慧人格出发，尊重学生的主体能动性、方式选择性和价值兼容性，促使教育向培养个性张扬、高效灵活、勇于实践的学生目标出发，立足现实的智慧要求与条件，不断地开发和挖掘学生的智慧潜能，在促进学生智慧性地参与、创造和享受社会的生产和生活中，实现向智慧性、价值性、生活性的教育理念转变。

2. 智慧教育目标的确立

智慧教育目标的确立，就是智慧教育的理念、目标显现到实际的教育教学活动中。这就需要不断普及智慧教育的理念与目标，将智慧教育的理念根植于学校、教师、学生和家长的思想理念中，让智慧教育目标真正地在教育中确立与实施，共同促进学生智慧的开发与养成。学校要从智慧教育理念出发，确立智慧教育的目标，以培养学生的智慧人格来建立学校的开放化管理和多元化的评价机制。教师要秉持智慧教育理念，以提高学生的理性智慧、价值智慧、实践智慧，培养学生智慧人格为主要目标，智慧地设计课堂教学，不可偏废学生的任何一个学习目标，营造智慧的课堂文化，关注课堂智慧的形成。学生要坚持从发展自身智慧的角度来学习，自觉在学习中发展自身的个性、人格和实践能力。家庭也是学生智慧成长的重要一环，家长要摆脱功利性的影响，为学生智慧的全面发展提供有力支持，促进学生智慧人格的形成。只有通过学校、教师、学生、家长等全方位地去实施和实践智慧教育，才能真正地在教育中实现智慧的生成。[①]

---

① 董君，陈晓琴，徐瑞玲，2022. 智慧课堂教育理论与实践［M］. 长春：吉林出版集团股份有限公司.

（二）智慧教育主体建设

1. 开发学生智慧需求

智慧教育的有效性不能从教师的角度来判定，而要从学生智慧层面来衡量。学生是否愿意学是培养学生智慧人格的首要条件，只有学生有提高自身智慧的意愿与动机，才谈得上智慧的教育。因此开发学生的智慧需求，激发学生的学习动机和兴趣是培养学生智慧人格的关键一步。学生的智慧需求是推动和维持学生智慧学习的动力源泉。学生明确了学习目标与方向，才能更有进取性、主动性、方向性和自觉性，去满足自身智慧成长的需要，不断持续地学习，增进智慧的发展，培养智慧的人格。

开发学生的智慧需要，激发他们不断对智慧的追求，促使他们不断地学习和创造，实现自身智慧的个性成长。首先，开发和培养学生对智慧目的的理解。通过将学习内容、书本知识、理论和技能与现实生活联系起来，促使学生了解学习在现实生活的功用和对自身智慧成长的重要性，明确自身知识、技能的缺乏，增强对智慧的期望和需要，进而从深层次了解智慧学习的动机与目的，从而开发自身的智慧学习的基础需要。其次，启发和引导学生对专业知识、技能和经验的更高层次智慧的渴求。在学习基础知识的基础上，让学生有机会去了解和欣赏专业层次的知识技能，懂得专业层次知识技能相较基础知识技能的优越性和超前性，鼓励学生去追求、学习更加专业、更高层次的知识技能，开发学生专业层次的智慧需要。最后，激发和培养学生的创造性需要。要鼓励和捕捉学生的创新之处和奇思妙想，创造机会和条件，通过教育使其想法能够得到实现，让其在活动中感受到创造的成就感，引导学生享受创造的乐趣，从而培养学生对创造性的需要。开发学生对基础、专业和创造的需要，使其能够主动、积极地投入学习中，不断在教育中发掘、发展学生自身的潜能，培养和促使学生智慧的开发与养成。

2. 培养教师教育智慧

智慧教育的实施需要智慧型的教师，教师在教育活动中的主导地位是不可忽略的，因此培养教师的教育智慧对智慧教育的实施至关重要。一位普通的教师向智慧型教师转变，除了自身的领悟力、理解力和执行力外，更需要后天的磨炼和培养，才能在教学中灵活应对各种教学冲突，让学生在智慧学习中体验到成长的快乐，达成提高学生智慧，培养学生智慧人格的目标。

培养教师的教育智慧，需要学校为教师提供智慧成长条件，也需要教师自主、主动地充实自身。首先，学校为教师提供多层次、个性化的培养目标和计划，营造学习合作、个性创新的校园氛围。智慧型的教师成长需要学校关爱教师生态，充分发挥优秀骨干教师的带动作用，利用有针对性的教研、讲座，提高教师的智慧水平，同时不断跟进教师智慧能力的调研、反馈和评价，从而更有针对性地提高教师的智慧能力；创建学习合作、个性创新的校园氛围，促进教师间的互相学习与交流，同时尊重教师对问题的多样化处理，形成尊重教师个性化、创新化的智慧文化氛围，使教师在实践中形成自身独特个性的教学风格。其次，教师自身要不断充实、更新智慧教育理论和理念，在教学活动中不断反思、评价、改进以提高自身教育智慧。智慧型教师的培养需要教师主动接受智慧教育理论和方法，并在教学过程中将有效的资源灵活运用到教学活动中，从而巧妙地处理教学中的活动和问题，准确把握教学进程，并不断对自身的教学能力进行反思、评价和优化。[1]

（三）开阔智慧教育视野，丰富智慧教育内容

1.理性智慧的培养

（1）系统科学知识的智慧学习

系统科学知识的学习是智慧形成的基础，没有科学知识的学习是不可能形成智慧的。由知识转化为智慧，那就需要对系统科学知识进行智慧的学习。在知识的学习中，不仅要学会"是什么"，而且要探索"为什么"，学习不只是需要学生去继承，更重要的是对其智慧的理解与运用。对系统科学知识的智慧学习，教师的作用尤为重要。教师要运用各种方式方法使学生更好地了解知识，掌握知识，同时在学习中不断地引发问题，促使学生不断地求知与学习。

---

[1] 王盛之，2017.智慧教师与智慧课堂——基于教育信息化的系统构建[M].上海：上海教育出版社.

首先，根据学生的知识结构，有序地呈现科学知识，促使其对知识的深化理解。学生原有的知识水平是学生学习新知识的基础，因此教师要了解学生的原有知识结构和接受能力，将其作为新知识学习的增长点，促使原有知识结构的深化和突破。同时，教师在传授知识的过程中要遵守知识和学科的内在逻辑顺序，从易到难，从具体到抽象，从特殊到一般，引导学生融会贯通，建立知识的逻辑联系，形成整体的知识结构。其次，提供引导性材料，创设认知冲突。在学习新知识之前要提供相关的引导性材料，架起新知识与旧知识的桥梁，增加知识间的联系，同时也由引导性材料引发问题，产生认知冲突，激发学生的好奇心与求知欲，使学生带着适度的问题进入新知识的学习，在认知冲突化解的过程中构建新的知识体系。引导性材料要充分使旧知识与新知识联系起来，引发的问题要适度，不可太难，否则会使学生感到气馁而厌学，也不可太容易，否则会使学生产生自满心理而导致学习热情降低。

（2）科学知识的智慧提升

科学知识的智慧提升，是指学生将所学的知识技能真正内化为自身的智慧。推动学生将科学知识内化和智慧的提升，要注重在教学中促进学生对学习方法和策略的学习，进而创造性形成符合自身的学习方式和方法。系统科学知识的智慧学习，不单是知识的学习，在掌握知识的同时还应学会学习方法和策略。首先，在传授科学知识时，教师要注重对思维方法、思考方式的系统诠释，让学生在知道是什么的基础上，也懂得为什么，多引发学生思考，尤其在解决问题时，鼓励和培养学生主动寻找最优方法、最佳途径的意识与能力，在分析问题和解决问题的过程中学会面对问题、难题的方法和策略，而不是简单直接地呈现知识与结论。另外，还应在学习之外监督和培养学生养成思考的学习习惯，充分利用班会、小组活动等帮助学生积累学习经验，提炼学习方法，分享和交流学习状态、反思和评价，促使学生养成良好的学习、思考和评价习惯。其次，在学生掌握知识、学习方法和策略的同时，教师应引导学生选择适合自己的学习方法。要实现科学知识的智慧提升，需要充分尊重学生的主体地位和差异，真正地淡化学生的差别，尊重学生不同的解决问题的方法、路径，在帮助学生之前充分了解学生的困难，诊断学情，对症下药，有针对性地帮助学生克服困难，鼓励学生形成自身的学习方法与习惯。最后，要引导学生自主思考与反思，结合自身情况，通过与老师、同学间的交流学习，不断地思考、探索和改进学习方法策略，创造性地形成符合自身特点、有利于自身智慧发展的学习方法与策略。

（3）深度学习

深度学习是学生主动、探究地在复杂的学习环境与情境中关注知识信息的深度加工、批判性地学习、反思，从而促进知识的有效迁移与应用。学生理性智慧的生成，需要通过批判性、创新性地对科学知识和信息进行深度加工、理解，主动建构个人的知识体系，并有效地迁移和应用到社会生产与社会生活中解决实际问题，促进学生智慧的深度发展。促进学生深度学习，需要在校园生活和课堂学习中共同熏陶和培养学生的创新和批判思维，促进学生创造性地对知识的融会贯通、迁移与应用。首先，在课堂教学中营造开放性的课堂氛围，以多样性的目的充分调动学生的想象力和思维能力，启动学生的自由天性，引导学生创新观察、质疑和想象，让学生成为课堂的主宰者，给予每个学生展示的机会与舞台，使其可以自由展示自身创新性的或不成熟的想法。其次，在教学中引导学生整合各学科内容，使各学科的教学内容紧密结合，引导学生自发地反思、评价自己是否对已学习的知识融会贯通，举一反三，查漏补缺，加深对知识的理解，为有效的迁移和应用奠定知识基础。

2. 价值智慧的培养

教育对学生智慧的培养和引导不只是知识的学习，更重要的是价值观的培养。智慧人格的形成需要学生自身有价值智慧，这是智慧人格形成的必要条件。教育要使学生发现自身智慧生存、生产和生活的价值，因此既要在教学中引导，也要在学生具体生活中引导。

（1）在教学中引导

在教学中引导学生价值的培养，既要设置直接价值知识课程，也要在科学知识的学习中关联价值的培养。在教学中，可以直接揭示价值，指导学生价值内容的学习，也可以创设一定的教学情境，在情境中指导学生学习有价值内容的知识，使学生能够学习到客观评价社会、自然、他人与自己的生态价值观念，摒除社会功利性等各方面的负面影响。同时，无论是在直接揭示价值还是在情境中的学习，都要引导学生进行反思，包括反思价值内容与自身价值的差异对自身行动选择的助益以及与社会价值观念的优缺，使学生能真正认识、理解和排除社会不良价值的影响，将生态性价值内容内化为学生自身的价值选择，从而在行动中坚持自身价值选择而不受其他因素的影响。

（2）在学生具体生活中引导

在学生具体生活中引导，需要教师在与学生的交往中，关注自身价值行为，不受社会功利性或其他不良价值的影响，给学生提供良好的示范作用，教师只有给学生树立了良好的榜样，以自身行动感化学生，才能在教学中以理服人，以德感化学生，否则教师行为与所教理论相违背，反而会使价值学习变成只是为应付课程而进行的，不能真正地使学生接受所学的知识，更不要说将所学知识转化为自身的价值行为，因此教师的榜样作用非常重要，教师应规范自身的价值行为，用自身的价值来影响和帮助学生形成价值选择。

从学生具体生活中引导，需要教师通过班会、课外活动等了解和关心学生的具体生活，帮助学生发现自身的价值选择，推己及人，并推及社会、自然等与生产生活相关的生态环境，从而引导学生价值选择的形成。教师在校园生活中要引导学生自己选择并对价值选择进行反思。学生的实践是价值形成的基础，是价值信念实现的体现。因此教师要更加关心学生，在学生遇到问题，或部分学生出现价值选择问题时，及时与其交流、谈心，帮助其正确解决问题，并反思问题，使学生在问题与困难中不断实现价值智慧反思和成长，促进智慧人格的形成。

（四）加强智慧教育实践，促进实践智慧的生成

智慧教育要面向生活，这既是为学生未来生活做准备，打好基础，也是学生能真正参与社会现实生活的过程，同时还是培养学生的实践智慧和学生智慧全面发展的必经之路。要做到教育面向生活，就需要实现教育内容和环境、教育方法和模式的实践化。

1. 教育内容和环境的实践化

教育内容实践化。首先，教材要与实践相联系，将社会中优良的价值观、方式方法等健康的内容引入教学内容中，充实和丰富教学内容，加大教材内容和社会实践、生活体验联系的部分，使学生在学习生活中能更多地了解社会，适应、应对社会的不断变化发展，促进实践智慧的提升。其次，教学活动与社会实践相联系。把知识应用到实践活动中，有目的、有意识、有计划地向学生呈现、介绍、分析现实的社会实践和生活中会遇到的情境。同时，创设教学情境，使学生体验、分析、应对和处理生活中遇到的问题，增加课外活动、课外实践，使学生亲身参与实践中，促进知识的应用与实践，促进实践智慧的成长。

教育环境实践化。首先，促使学校教育的开放化，逐步将社会生活中的健康内容、活动、机制引入学校。学校教育的开放化，一方面，体现在学校管理者、教师、学生和管理体制的各个环节。学校的管理者、教师都应该多接受社会的积极影响，将社会环境中的先进理念、思想带入学校，引导学校形成良好的学风校风。另一方面，学校的管理体制要与社会接轨，开放式的管理，给教师、学生更充分的自由和特色，促使学校教育不断地与社会接轨，开放性地将社会生活中的积极作用引入学校。其次，大力推进学校教育融入社会，使用教育中的价值观、行为准则等去引导和改良社会，不断扩大教育对生活的影响和引领作用。使用教育中的价值观、行为准则等去引导和改良社会，一方面，教师所教的高尚的内容、价值和行为，不再只是纸上谈兵，而是实实在在地影响学生。另一方面，学生也能够真实地感受到自身所学知识的优越性与实用性，也更加乐于将所学的知识转化为实际行为，从而影响身边的人，不断地促进社会的进步。

2. 教育方法和模式实践化

教育方法和模式的实践化，需要更多地关注学生的直接经验，引导学生观察，开展体验性和观察性教学。学生是生态系统中的一员，是活生生地生活在生态系统中，有体验、有情感、有观察的人。教学中要把抽象的书本知识融入学生的经验系统，增加教学活动的情境性、体验性，以具体、直接、感性的方式将知识呈现给学生，关注学生的兴趣和生活经验，使课堂教学变成学生体验的过程，将教师和学生的经验与体验联系起来。同时，增加学生在实践中学习的机会，在课堂之外多开展实践活动，通过组织学生参观文化展览、开展竞赛活动等方式提升学生在活动中的参与性、观察性和体验性，促使学生能够更多地体验到智慧学习的乐趣。

教育方法和模式的实践化，需要促进师生深入地互动。教师在与学生的互动过程中，双方处于自由平等地位，应相互尊重与体谅。在教学中，教师和学生都能自主地参与到课堂氛围中，在知识的学习中相互交流、沟通、回应和影响，教师应充分尊重学生的差异，尊重学生的自主性，学生应给予教师尊重与信赖，共同体验知识学习的乐趣。在教学之外，教师和学生平等地参与到课外活动中，平等地体验校园生活。教师是学生体验的倾听者、指导者，为学生智慧的成长提供广阔、自由的空间，使学生能够充分地彰显个性，师生在交流与交往中相互影响，共同成长。

（五）创设智慧教育环境，促进智慧教育实施

1. 创建启智的校园文化

学生的智慧发展需要良好的教育环境和学校氛围，校园文化会在逐渐熏陶中影响学生的成长，因此，创建启迪智慧的校园文化是学生智慧形成的必要保障。首先，学校教室、走廊、操场、食堂等要充分体现启迪智慧的设计理念。学校的物质文化传递着一定的育人理念，因此这些物质文化的设计要从培养学生智慧人格的角度来设计，使学生能在外在的景观中得到潜移默化的影响。其次，创建启智的校风，营造宽松人际关系环境。校风是校园精神的集中体现，宽松的人际关系环境对教师、学生都有内在的激励作用，可以使其在无形中得到引导和受到影响。启迪智慧的校风是教师、学生、学校管理者共同参与、创造而不断形成的，因此，宽松的人际关系环境更有利于学校的管理、教师的教学和学生的学习。学校管理者、教师、学生共同坚持启迪智慧的信念与价值追求，在校园生活中共同参与创造，不断形成智慧的教育。

2. 营造学生智慧成长的管理机制

启迪学生终身受用的智慧，依靠零散的渗透和熏陶是远远不够的，必须从管理、制度上来保证学生智慧的培养，激励学生智慧的开发与养成，形成健全的人格。首先，学校要充分利用自身拥有的各种资源，结合学校实际开设类型丰富的课程，在课程设置上使学生拥有更多的智慧选择。只有在课程设置上为学生智慧化、个性化的学习提供保障，才能够使学生在校本课程中促进自身智慧的不断发展以及智慧的生成。其次，学校为学生智慧课程的学习提供制度保障，实行多元化评价机制。学校管理、活动的组织要以学生智慧的形成为首要目标和关注点。尤其是学校的评价机制，对教师和学生的评价要多元化。对学生实行以综合素质评价为核心的评价体系，使学生的理性智慧、价值智慧、实践智慧等均衡地得到发展与评价。对教师评价要从教学、科研、德行、人际关系等多方面进行，促使教师、学生在互动中共同发展与成长。评价的多元化才能保证学生在智慧开发中得到全面发展。

第四节 智慧教育的基本特征

智慧教育是适应信息社会发展需要的高度发达的教育形态，具备公平性、终生性、创新性、开放性、个性化等多种教育现代化的核心特征。同时，智慧教育依托物联网、云计算、无线通信等新一代信息技术构建智慧教育环境，具有情感感知、无缝连接、全向交互、智能管控、按需推送、可视化的技术特征。

一、智慧教育的教育特征

杨现民从生态学的视角分析了智慧教育的教育特征，指出智慧教育是技术推动下的和谐教育信息生态，其核心教育特征可以概括为：信息技术与学科教学深度融合、全球教育资源无缝整合共享、无处不在的开放（按需）学习、绿色高效的教育管理、基于大数据的科学分析与评价。

（一）信息技术与学科教学深度融合

信息技术与教育的"深度融合"涉及方方面面，包括技术与管理的融合、技术与教学的融合、技术与科研的融合、技术与社会服务的融合、技术与校园生活的融合等。其中，信息技术与学科教学的深度融合是智慧教育的首要价值追求。课堂是教育改革的主阵地，学科教学是教育系统的核心业务。如果说信息技术与课程整合是教学改革的"物理反应"，那么信息技术与学科教学深度融合则是整合基础上的"化学反应"。

智慧教育环境下，笔记本电脑、平板电脑、智能手机等移动终端将成为课堂教学的常规工具，BYOD（Bring Your Own Device，携带着自己的设备办公）教学模式将在全国各级各类学校逐步推广普及。移动终端的引入将使课堂教学组织变得更加灵活多样，不囿于"排排坐"的固定形式。支持各种学科教学的专用软件（如超级画板、图形计算器、几何画板等）将越来越丰富，可以实现更高效率的学科知识传授与学科能力培养。[①]

智慧教育需要广大师生具备较强的信息技术应用能力，合理、有效地应用信息技术促进课前、课中与课后教与学活动的全程设计、实施与评价。信息技术在学科教学中的融合，将引导教师和学生从关注技术逐步转变到关注教学活动本身，是智慧教育成功的重要标志和核心特征。

（二）全球教育资源无缝整合共享

大踏步前进的科技正在创造一个新的、更小的、更平坦的世界，"地球村"正在从预言变成现实。智慧教育要培养的不仅是一般意义上的青少年学生，还应该是适应国家战略发展需要、具有全球视野和创新思维的知识青年。近年来，在世

---

① 张会丽，2020. 教育信息化 2.0 时代的智慧教学新探索［M］. 长春：吉林科学技术出版社.

界知名大学的努力推动下，OER（Open Educational Resources，开放教育资源）运动和MOOS（Massive Open Online Courses，大规模开放式在线课程）运动席卷全球，优质教育资源迅速传递到世界各个角落。智慧教育秉承"开放共享"理念，通过多种途径（自建、引进、购买、交换）实现全球优质教育资源的无缝整合与无障碍流通，使世界各地的学生和社会公众可以随意获取任何适合自己的教育资源（多媒体课件、视频课程、教学软件等）。全球优质教育资源的无缝整合共享，是突破教育资源地域限制的"大智慧"，将有可能缩小世界教育鸿沟，提升发展中国家和地区的教育质量。

（三）无处不在的开放（按需）学习

智慧教育环境不是一个割裂的教育空间，而是通过网络将学校、家庭、社区、博物馆、图书馆、公园等各种场所连接起来的教育生态系统。学习需求无处不在，学习无时无刻不在发生，云计算、物联网、移动通信等信息技术的发展为人类的学习提供了无限的可能。学习不应该固定在教室和学校，而应回归社会和生活，发生在任何有学习需求的地方。智慧教育环境下的学习将走向泛在学习。泛在学习不是以某个个体（如传统学习中的教师）为核心的运转，而是点到点、平面化的学习互联。"泛在"包含三个方面的内涵，即无处不在的学习资源、无处不在的学习服务和无处不在的学习伙伴，最终形成一个技术完全融入学习的和谐教育信息生态。

（四）绿色高效的教育管理

绿色教育强调教育事业的可持续发展，既是智慧教育的指导理念，也是智慧教育的重要特征。信息技术的普及应用为实现教育管理的智慧化、推动绿色教育的发展提供了条件。云计算技术通过整合基础设施（IaaS）、软件平台（PaaS）、应用软件（SaaS）三种计算资源，可以实现管理数据的统一采集与集中存储，以及管理业务流程的统一运行与监控，有效避免"信息孤岛"，减少教育管理中人力、物力和财力的浪费。物联网通过射频识别（RFID）、二维码（QR Code）红外感应、全球定位等技术，将各种教育装备与互联网连接起来，进行智能化识别、定位、跟踪、监控和管理，可以有效提高管理效率和质量。大数据技术全面采集各种教育数据，进行科学统计分析与数据挖掘处理，可以为教育决策（经费分配、学校布局等）提供数据支持，而科学的教育决策又将推动教育事业的可持续、均衡发展。办公自动化全面普及将大幅度减少纸张浪费，实现教育领域的低碳环保。不仅学生的学业需要"减负"，教育的管理业务也需要"减负"，精简管理流程，废除或优化一些不合时宜的管理制度（如烦琐的公文审批、设备招标、经费报销管理制度等），不断提高教育管理业务系统的运行效率。

（五）基于大数据的科学分析与评价

智慧教育需要更具"智慧"的教育评价方式，"靠数据说话"是智慧教育评价的重要指导思想。

物联网、云计算、移动通信、大数据等新一代信息技术的发展为教育评价从"经验主义"走向"数据主义"提供了技术条件，可以实现各种教育管理与教学过程数据的全面采集、存储与分析，并通过可视化技术进行直观的呈现。智慧教育环境下的大学学业成就评价、体质健康评价、本科教学质量评估、教育信息化与教育现代化发展评价等各种教育评价与评估，在智慧教学中将更具智慧性、科学性和可持续性。2013年9月1日，教育部开始推行全国统一学籍，每个学生都分配一个能够跟随自己一生的学籍号。"全国学生终身一人一号"的推行，为全国教育数据的统一采集提供了条件，学校不仅能对学生在校期间的学业成就进行评价，还可以通过学籍号持续跟踪学生毕业后的发展与学习情况，为教学质量评估提供更全面、更准确的科学数据分析结果。

二、智慧教育的技术特征

从技术的视角来看，智慧教育是一个集约化的信息系统工程，其核心技术特征可以概括为：情境感知、无缝连接、全向交互、智能管控、按需推送、可视化。

（一）情境感知

情境感知是智慧教育最基础的功能特征，依据情境感知数据自适应地为用户提供推送式服务。常用的情境感知技术包括 GPS、RFID、QR Code、各类传感器（如温度传感器、湿度传感器、二氧化碳传感器等）以及各种量表（如学习评测量表、学习态度量表等）。情境感知的对象包括两类，分别是外在的学习环境和人的内在学习状态。具体感知内容包括以下几点：

（1）感知教与学活动实施的物理位置信息；
（2）感知教与学活动发生、进行与结束的时间信息；
（3）感知教与学活动场所的环境信息，如温度、湿度等；
（4）感知学习者的情绪状态，如焦虑、烦躁、开心等；
（5）感知学习者的知识背景、知识基础、知识缺陷等；
（6）感知学习者的认知风格、学习风格等；
（7）感知学习者的学习与交往需求。

通过实时检测教室内的噪声、光线、温度、气味等参数，根据预设的理想参数，自动调节百叶窗、灯具、空调、新风系统等，将教室内声、光、温、气调节到适宜学生身心健康的状态；同时收集学生学习活动、学习场所、认知风格、知识背景等方面的信息，为"按需推送"提供基础。

（二）无缝连接

泛在网络是智慧教育开展的基础，基于泛在网络的无缝连接是智慧教育的基本特征。无缝连接具体体现在如下几个方面：

（1）系统集成：遵循技术标准，跨级、跨域教育服务平台之间实现数据共享、系统集成；
（2）虚实融合：通过增强现实等技术，实现物理环境与虚拟环境的无缝融合；
（3）多终端访问：支持任何常用终端设备无缝连接各种教育信息系统，无缝获取学习资源与服务；
（4）无缝切换：学习者在多个学习终端之间实现数据同步、无缝切换，学习过程实现无缝迁移；

（5）连接社群：为特定学习情景建立学习社群，为学习者有效连接和利用学习社群进行沟通和交流提供支持。

（三）全向交互

教与学活动的本质是交互，智慧教育系统支持全方位的交互，包括人与人之间的交互以及人与物之间的交互。全向交互具体体现在如下几个方面：

（1）自然交互：通过语音、手势等更加自然的操作方式与媒体、系统进行交互；

（2）深度互动：实现师生之间、生生之间随时随地的互动交流，促使深层学习发生；

（3）过程记录：自动记录教与学互动的全过程，为智慧教育管理与决策提供数据支持。

（四）智能管控

教育环境、教育资源、教育服务等的智能管理是智慧教育的核心特征。智能管控具体体现在如下几个方面：

（1）智能控制：基于标准协议，实现信令互通，进而实现教育环境、教育资源、教育管理和教育服务等全过程的智能控制；

（2）智能诊断：基于智能控制数据和结果，辅助管理者快速、准确诊断问题，及时、有效解决教育业务开展过程中、教育装备使用过程中存在的问题；

（3）智能分析：在系统内各类数据的汇聚与处理的基础上，进行挖掘与分析，为智慧教育系统的数据共享和业务流程升级改造提供科学决策依据；

（4）智能调节：感知教室、会议室、图书馆等物理场所的环境，依据教与学的实际需求，动态调节声音、温度、湿度等环境指标；

（5）智能调度：基于智能诊断、智能分析的结果，科学调度教育资源、调整教育机构布局、分配教育经费等。

（五）按需推送

智能教育的目标是"人人教、人人学"，教育资源可以按需获取和使用，教与学可以按需开展。按需推送又可以称为适配。按需推送是智慧教育的另一重要特征，具体体现在如下几个方面：

（1）按需推送资源：根据用户的学习偏好和学习需求，个性化推送学习资源或信息；

（2）按需推送活动：根据用户的现有基础、学习偏好以及学习目的，适应性推送学习活动；

（3）按需推送服务：根据用户当时的学习状态和需求，适时推送学习服务（解决疑问、提供指导等）；

（4）按需推送工具：根据用户学习过程记录，适应性推送用户学习所需的各种认知工具；

（5）按需推送人际资源：根据用户的兴趣、偏好、学习内容等，推送学伴、教师、学科专家等人际资源。

（六）可视化

可视化是信息时代数据处理与显示的必然趋势。可视化是智慧教育观摩、巡视、监控的必备功能，也是智慧教育系统的重要特征，具体体现在如下几个方面：

（1）可视化监控：通过视窗监控智慧教育应用系统的运行状态；

（2）可视化呈现：通过图形界面，清晰、直观、全面地呈现各类教育统计数据；

（3）可视化操作：提供具有良好体验的操作界面，以可视化的方式操作教育设备和应用系统。

三、智慧教育的社会特征

（一）公平

公平是指受教育者在受教育过程中，在教育权利、教育机会、教育资源和教育质量等方面享有平等权利。具体包括以下内容：

（1）入学机会公平：人人享有平等的受教育权利；

（2）教育过程公平：人人平等地享有公共教育资源；

（3）教育结果公平：人人具有同等的取得学业成就和就业前景的机会。

（二）和谐

和谐是指教育系统有序运行以及内部各要素有序配置的状态，是人们对教育的主观追求和美好理想，也是构建和谐社会的深厚动力。具体包括以下内容：

（1）城乡之间、地区之间、学校之间的和谐发展；

（2）教育系统内各级各类教育的和谐发展；

（3）教育经费、设备、校舍等硬指标的和谐；

（4）学生与教师的和谐发展；

（5）学生德智体美劳全面发展等。

（三）关爱

关爱是一种尊重学生的态度，一般是指教师通过共情、关注、尊重、肯定等行为，在与学生互动过程中，与学生建立并维持信任和支持关系。具体包括以下内容：

（1）关注学生的学习，充分考虑学生的个体差异，因材施教；

（2）关爱学生的生活，尊重学生的个性、特长和爱好；

（3）关爱学生的成长，为学生提供必要的未来规划。

第五节 国内外智慧教育的发展现状

一、智慧教育的国外发展情况

世界范围内的教育信息化建设开始走向融合创新的深层次发展阶段，推进教育系统重构、加速学校变革、打造开放性学习环境已成为全球教育信息化发展的基本特征。在物联网、云计算、大数据、移动通信等新一代信息技术的推动下，世界上多个国家和地区已将智慧教育作为未来教育发展的重大战略，从数字教育转向智慧教育已是全球教育发展的必然趋势。

智慧教育作为教育信息化的高端形态，在全球范围内的呼声越来越高，影响也越来越大。近年来，全球很多国家开展了一系列智慧教育的研究和实践。

（一）美国

美国智慧教育的推进，可以分为企业和政府两个层面。企业层面以IBM（国际商业机器）公司为代表，政府层面以相继在美国颁布的四个国家教育技术计划为特征，特别是2010年颁布的NETP2010。

1. IBM智慧教育框架

IBM率先提出智慧地球（Smarter Planet）概念，并将智慧地球的理念融入各个行业，衍生出一系列智能化的行业解决方案，其中就包括智慧教育。此外，IBM还提出了智慧教育的五大路标：一是学生的技术沉浸；二是个性化、多元化的学习路径；三是服务型经济的知识技能；四是系统、文化、资源的全球整合；五是为21世纪经济发展起到关键作用。

IBM智慧教育框架的核心是为学习者提供个性化的学习体验。随着社会对农业和工业劳动力的数量需求降低，学生需要掌握更多的技能以适应知识型工作。这要求教育机构开发新的教学方法，为每一名学生定制学习体验，使学生在模拟现实的情境体验中学习知识与技能。IBM 通过为教育机构提供云端课堂、交互社交媒体等教育平台，使其可以联结每一个学习者个体与其进行互动，并为每一个学习者提供独特的学习体验。[①]

教育大数据的存储与分析是 IBM 智慧教育框架的一个重要组成部分，通过对教学过程中学生和学习环境产生的海量数据的收集、过滤、分析，可以帮助学习者进行反思，优化学习，以开展适应性学习、个性化学习；可以帮助教师对学生进行评估，充分了解学生的认知水平与技能掌握情况，发现潜在问题，从而进行更有针对性的教学干预；可以帮助管理者评估课程和机构，以改善现有的绩效考核方式，制定更加科学的教育决策。IBM 智慧教育框架的另一个组成部分是对教育管理的优化。通过云计算和虚拟化技术，智慧化的管理方法不仅能够将数据统一集成到运营工作中，给管理人员和业务官员提供有关组织绩效的更多信息，而且能够使各机构与同行及合作伙伴进行协作，从而提高教育的可靠性和质量，同时实现规模效益。

IBM 在智慧教育框架下，又细分出若干独立的解决方案，方便政府机构与学校根据自身情况，选择适合自己的智慧教育解决方案。这些方案包括教育决策方案、教育评价管理方案、智慧校园建设方案、智慧教室建设方案、云虚拟实验室建设方案、教育数据分析方案等。

IBM 智慧教育方案的特色主要体现在以下几点：一是以增强学习者个性化体验、优化教育管理质量与效率为核心，突出大数据、云计算、物联网等先进技术的应用；二是化整为零，结合教育实际需求制定若干更加具体的解决方案，可操作性增强，因此其方案被许多国际知名高校采用；三是将数据视为宝贵资源，注重教育大数据的深度分析与应用。但是，IBM 提出的智慧教育框架也有其局限性，即主要聚焦硬件环境的建设与教育数据的处理，对教学方法和理念的变革以及教师和学习者的因素等方面关注较少。IBM 智慧教育方案能否取得预想中的效果，主要取决于教师、学生、学校管理者在 IBM 建设的智慧教育环境中能否发挥其能动性，能否充分利用信息技术对教育进行变革。

---

① 张会丽，2020. 教育信息化 2.0 时代的智慧教学新探索［M］. 长春：吉林科学技术出版社.

IBM 的智慧教育解决方案已经在美国的北卡罗来纳州立大学、南洋理工大学等国际知名高校得到实施。美国俄亥俄州的智慧教育具有以下特点：一是建立跟踪学生学业成就的学生数据系统，便于教师、家长和学校管理者了解学生在校情况；二是强调教学资源共享，建立资源共享机制，制定个性化教学辅导方案；三是强调社会交往，通过虚拟和现实结合的社交促进学习者社会性能力的提升。

2. 美国国家教育技术计划

美国政府在 1996—2010 年，相继颁布了 4 个国家教育技术计划，分别是 1996 年的《使美国学生做好进入 21 世纪的准备：迎接技术素养的挑战》（以下简称 NETP1996）、2000 年的《数字化学习：让所有的孩子随时随地都能得到世界一流的教育》（以下简称 NETP2000）、2004 年的《走向美国教育的新黄金时代：网络、法律和当今的学生如何变革着对教育的期待》（以下简称 NETP2004）以及 2010 年的《改革美国教育：技术助力教育》（以下简称 NETP2010）。作为国家层面推出的持续的教育信息化规划，NETP 计划给美国教育信息化指明了道路，为其他国家的教育信息化提供了参考。

NETP1996 是在美国社会与经济开始步入信息时代，计算机与通信技术已经走进美国社会的经济生活，人们开始认识到技术素养将成为继读、写、算之后的第四个基本技能的背景下提出来的，其目标正如时任美国总统克林顿所说，是"为了将信息时代的威力带进我们的全部学校，要求到 2000 年使每间教室和图书馆连通国际互联网；确保每个儿童都能够用上现代多媒体计算机；给所有教师以培训，要求他们能够像使用黑板那样自如地使用计算机，并且增加高质量教育内容的享用"。这个阶段属于对信息技术的乐观依赖期，认为只要有信息技术，教育就会往好的方面发展。

在随后的 4 年中，大量的资金投入学校硬件设施的建设，如电脑装备和网络接入，以及教师培训、内容建设和技术支持等方面，并取得了惊人的成绩。1996 年只有 4% 的学校生机比达到 5：1，9% 的教室能够上网，到 1999 年，95% 的学校和 63% 的教室接入了互联网，生机比上升到了 9：1，网速也有了很大的提高。但是，要让技术真正惠及学生的学习还需要更多的努力，相关调查显示，83% 的中大学教师认为没有足够的时间来学习和实践电脑与网络技术，68%的教师认为缺乏足够的支持来帮助他们把技术整合到课程中，66%的教师认为缺乏培训的机会，64%的教师认为缺乏技术支持，43%的教师认为缺乏行政上的支持。

为了解决以上问题，NETP2000被提出，并以使所有的教师和学生不管在教室、学校、社区还是在家里都能够使用信息技术，使所有的教师都能够有效使用信息技术帮助学生获取更高学业成绩，使所有的学生都能具备一些信息技能和素养，通过研究和评价来推动技术的教学应用，通过应用数字化内容与网络来改变教学为目标。经过两个阶段的国家教育技术计划的实施，到2002年秋，美国已经实现了99%的学校和92%的教室接入互联网，全国的生机比达到4.8：1。硬件设备的建设已经不是问题，关键的问题在于教师缺乏培训以及缺乏对技术如何丰富学习经验的知识的了解。

2002年，美国总统布什签署了 *No Child Left Behind Act*（《不让一个孩子落后》法案，简称NCLB法案），NETP2004是NCLB法案在教育技术中的延伸。NETP2004提出了以下七个主要的行动步骤：一是加强各级各类教育行政机构的领导；二是创新预算，使技术应用在获得资助的同时又能保证技术应用有利于学生学习；三是改进教师培训，如提高教师教育的质量，提高新教师使用技术进行教学的能力等；四是支持E-learning（数字化学习）与虚拟学校；五是鼓励使用宽带，只有通过密集的应用才能让教师与学生明白宽带的好处；六是使用数字内容，鼓励师生使用多媒体资源、在线资源来替代传统的纸质教材；七是建设一体化的数据系统，用它来收集资源，提高管理效能，在线评估学生业绩，从而给教育者实施个性化教学提供参考。

2010年11月，美国教育部发布了以"21世纪的学习是什么"为出发点的《改革美国教育：技术助力教育》。该计划作为美国未来五年教育发展的战略规划，倡导进行信息技术支持的教育系统的全方位、整体性的变革。该计划提出了一种技术推动的学习模式，其目标和建议涉及如下四个基本领域：学习、评价、教学、基础设施。

在学习方面，NETP2010要求教育工作者把注意力集中在"如何教"和"教什么"上，以适应学习者个性化的学习需求；要求把学习者放在社会生活或尽量贴近真实的情境中，利用技术为其提供各种方法，使个性化学习成为一种普遍、广泛的学习方式，以增加学习者的学习动力，提升学习者的学习能力和知识水准，使其获得更高的学业成就。

在评价方面，NETP2010希望采取更新、更好的方式来衡量、判断学习者的真实能力水平与发展趋势。关于21世纪的新型评价，奥巴马在2009年关于教育改革的谈话中说道："我呼吁我们国家各州主管教育的领导和国家教育部门制定评价标准，这种评价不只是简单地衡量学生是否在测试中可以像一个气球一样被填充，而要衡量他们是否拥有21世纪的技能，如解决问题的能力、批判性思维和创业创新精神。"因此，需要设计出能够衡量21世纪能力的标准和评估系统，这一系统应对解决复杂问题的能力、合作能力、创新能力、社会交际能力等作出评价。

在教学方面，NETP2010要求运用技术来促进教学模式的转变，帮助教师提升能力。新的教学模式中，教师与教学数据、教学工具相联系，使用相关数据进行评价；与内容、资源和系统相联系，以创设、管理为学生提供良好的学习体验；与学生相联系，以直接支持学生学习，无论其位于何处。这种联系给予教师接触资源和专业知识的渠道，促使他们改进教学实践，并且成为学生进行自我导向学习的促进者与协作者。该教学模式下，教学成为团队行为。

在基础设施方面，NETP2010认为基础设施配置应着力于构建可持续发展的学习模式，除了包含不断改进的硬件、系统和管理工具以外，还应涵盖人、过程、学习资源和政策。这种基础设施建设是一项长远的工程，应确保教师和学习者在校内外均可以便捷地接入网络，支持开放教育资源的开发与利用，配备合适的软件和资源，为教师和学习者提供进行交流和协作的在线学习社区和学习平台，促进校内外学习的无缝连接，使新的学习模式成为可能。

NETP2010从技术层面为上述四个领域发挥充分的支撑作用提供保障，借助技术构筑丰富而开放的学习资源，以及强大的、开放的和自适应的"连通小世界"，最大限度地促进知识信息的交流与共享；为所有的学生和教育者提供随时随地在有需要的时候都能获取学习的基本设施；建立基于技术的评价体系，借助技术以更新、更好的方式来测量学习过程要素，诊断学习过程中的优势与不足，开展形成性评价和总结性评价，改变教学与测评方式。从NETP2010可以看出，美国的教育信息化已经步入利用信息技术全面变革教育系统结构、关系和过程的深层阶段，重点关注学生的学习和对学生 21 世纪技能的培养。

美国教育部与大多数国家的教育部不同，它只对学校所在的州政府有一定影响，与学校系统没有直接的联系，对地方教育当局和学校没有行政控制的机制，NETP2010 只是一种建议而非强制政策，学校可以决定是否参照执行。因此，在向智慧教育转变的进程中，执行力度不同必然会导致区域发展不平衡的状况。这种不平衡在"力争上游"（Race to the Top）的教改计划中得到了体现：美国政府从教育评价、教育测量、教师专业发展以及教育变革实践等四个方面对各州进行了量化评估，结果可以清楚地反映出美国各州智慧教育的发展存在的差距。

（二）英国

在欧洲各国中，英国的教育信息化最引人注目。英国政府将信息通信技术看作是教育改革的核心，十分重视信息通信技术的发展与应用。2005 年，英国教育和技能部出台了教育信息化发展的五年政策"e 战略：利用信息转变儿童学习与服务的形式"。2008 年，英国教育传播与技术署（BECTA）发动"下一代学习运动"，颁布了《利用技术：下一代学习（2008—2014）》系统战略和两个阶段计划（2009—2012，2010—2013），成为英国政府以技术促进学习的国家信息化教育战略的一个重要组成部分。"下一代学习运动"旨在建设世界一流的、协作式的基础设施，为学习者提供高品质的定制资源，提高学习效率，促进可持续发展，以实现技术促进学习的愿景；强调个性化教育，提出开发一个可定制的学习权利框架，以满足不同环境中的不同年龄学习者的需要；注重领导者的战略地位，提出构建技术自信框架，建立国家技术网对学校或企业的领导进行信息技术培训；重视继续教育和技能培训，让学习者无论在何时何地都能更加有效地利用学习资源进行学习；强调多方参与，促进家长参与、技术供应商技术能力的提高。2010 年，英国大学生机比为 6.9 : 1，中学生机比为 3.4 : 1，特殊教育学校生机比为 3 : 1；93% 的中学和 67% 的大学拥有学生学习平台以及信息管理系统；大部分（中学 69%，大学 64%）的中大学教师都可以在家里访问学校学习平台。英国非常重视教师信息通信技术能力的发展。BECTA 专门设立"下一代学习奖"鼓励广大教师有效应用 ICT，目前

99%的中大学教师能够在课堂教学中运用ICT（信息与通信技术），超过一半的教师每周都会围绕课程和作业通过ICT上传和存储数字化学习资源，同时也会要求学生使用计算机或通过互联网来完成作业。

英国教育信息化的一个显著特点是重视资源建设，特别是网络资源的建设。1998年，英国全国学习网开通，并将学校、研究机构和图书馆等连为一体，目前已经连接英国所有家庭、街道社区、医院、工作单位、社会服务以及大众媒体传播体系，是欧洲最大的教育门户网站。同时，英国还建有教师网，为广大教师提供与国家课程相配套的各类网络资源和网络交流平台。在高等教育阶段，英国因以开放大学为代表的远程教育而著称于世。

（三）日本

日本的教育信息化一直走在亚洲国家的前列。1990年，日本文部省制订了"教育用计算机装备"的五年计划，以在校的学生平均每5个人拥有一台计算机为标准，开始在全国范围内有计划地配备计算机。日本除了重视ICT外，还十分重视校园网络建设，1993年制定"100校计划"，由政府机构赞助支持，每所学校设立一个网络服务器，并提出一个活动计划，实现资料信息共享，以便进行高科技研究。

日本在2010年底，实现100%的家庭建成高速、高效的信息互联网络。在学校信息化教育方面，日本重视开展信息教育工作，在中学阶段开设"信息基础""信息处理"等选修课，在高中阶段开设"信息技术"必修课；重视电子数字化教材的开发，积极开展信息技术与课程整合，重视教师信息教育技能的培训。这些措施极大地推进了日本教育信息化建设的进程。

（四）韩国

韩国政府把信息化作为国家的核心发展战略。1997年，韩国教育部开始实施教育信息化全面规划，推进"教育信息化基础建设工程"，投入大量资金，加大基础设施建设。2000年，韩国完成信息化基础工程建设，全国中大学入网率达到100%，生机比达到6∶1。2003年，韩国教育部联合16个地方教育厅，投入

52.1亿韩元建成国家教育信息系统，形成全国统一的、开放的教育行政管理信息化平台。韩国教育部在推进教育信息化过程中，非常注重构建基于信息化平台的良好教学环境和教师信息素养、信息技能的培养。2001年，韩国建立数字资料室支援中心，并于2003年在全国所有中大学和所有市道教育厅普及，为中大学校随时随地检索资料创设了良好环境。同年，韩国启动实施适应ICT的"教育推动计划"，为教师提供信息技术培训，以提高课堂教学水平。同时，韩国在国家课程计划层面规定教师必须应用ICT教学，2003年，规定从大学一年级到高中一年级的所有科目教学必须实行20%ICT应用教学。近年来，韩国在利用网络开展E-learning的基础上，积极探索实践U-learning（泛在学习），创造让学生随时随地、利用任何终端进行学习的教育环境，并通过配套课程改革、制定网络课程标准、制定专门的法规和政策等措施努力构建"网络学习体系"。

韩国教育科学技术部（MEST）于2011年6月向韩国总统府提交了《通往人才大国之路：推进智慧教育战略》提案，并于同年10月发布了"智慧教育推进战略"，目的是进行智慧教育变革，改造课堂，提高技术支持的学习效果，培养适应未来信息社会的创新型国际人才。MEST在战略提案中将智慧教育中的"smart"一词，分解成五个单词的首字母缩写，这五个字母代表了智慧教育的五大特征，分别是自我导向（Self-directed）、激励（Motivated）、自适应（Adaptive）、丰富的资源（Resource-enriched）和技术融入（Technology-embedded）。

韩国智慧教育发展战略是在教育信息化高度发展的基础上推进实施的。经过教育信息化综合发展一至三期规划与教育、科学和技术信息化总体规划等政策的实施，韩国的教育信息化基础设施已经普及，教育信息化的相关法律和标准较为完善，教师信息化能力达到较高水准，数字教学资源快速发展，数字学习与研究环境已经初步建成。2009年，在OECD（经济合作与发展组织）组织的PISA（国际学生评估项目）测试中，韩国学生在数字阅读素养评价中位居首位，说明该国学生应用数字技术支持学习的水平相对较高。[①]

此外，韩国的一些国际信息企业也致力于推动教育信息化产业的发展，为韩

---

① 梁立国，2022. 走智慧教育的办学之路［M］. 长春：吉林出版集团股份有限公司.

国"智慧教育推进战略"的落实提供了有力的技术支撑。

韩国"智慧教育推进战略"包含以下七项主要任务：一是数字教科书的开发和应用；二是推广在线学习，构建在线评价系统；三是推进教学资源的公共利用，规范信息通信伦理教育，以避免信息技术带来的社会问题；四是强化教师的智慧教学能力；五是推行以云计算为基础的教育服务；六是升级智慧教育推动体系；七是宣传扩大韩国智慧教育政策在国内乃至国际的影响力。

为了落实"智慧教育推进战略"的七项任务，韩国政府采取了如下策略：一是对相关政策法规进行制定和修改，以应对教学模式变革带来的变化，如制定隐私保护法，修改远程教育产业发展法，修改私人学校与课外补习班建立与运作规定，修正版权法与版权保护制度等；二是建立并推广涵盖教学环境、教学资源、教学方法、教师和学习者等各教学要素并可以产生良性循环的智慧教育生态系统；三是尽力降低智慧教育环境中的数字鸿沟以及其他由信息技术应用引发的负面影响；四是将飞速更新换代的技术引入课堂时尽量选择相对经济的方案。

韩国"智慧教育推进战略"的制定与推进有如下亮点：关注相关法律法规的制定，通过立法为智慧教育的发展保驾护航；对信息技术给教育带来的负面影响尤为重视，并努力消弭这些负面影响对智慧教育推进造成的阻碍；突出公众宣传，获得国民对智慧教育变革的理解和支持，汇聚各方力量共同建设与发展智慧教育，努力提升其在国际上的影响力；打造智慧教育产业链，努力抢占国际智慧教育市场。

（五）新加坡

2006年6月，新加坡公布了为期10年的宏伟计划——"智慧国家2015"（intelligent Nation2015，iN2015）计划，由新加坡资讯通信管理发展局（IDA）主导，总投资约40亿新加坡元，计划在2006—2015年这10年间，投资上百亿新加坡元构建一个活跃的、与时代并进的信息通信生态系统，将新加坡打造成一个以信息通信产业为支撑、信息技术无处不在的智慧国家，以提升国家的经济竞争力和创新能力。

智慧教育是iN2015计划的重要组成部分，目的是使公民能够更好地适应未来的信息社会，并能够运用信息技术手段随时随地进行个性化学习与终身学习，保持个人乃至整个国家的竞争力。IDA 和新加坡教育部联手实施的 iN2015 计划，其战略重点包括以下几点：一是使用信息技术改变教学方式，开发全新的学习资源，建立以学习者为中心的个性化学习空间；二是建设国家范围的教育基础设施，使所有学校都可以便捷与低成本地接入高速宽带网络，同时使学习者可以方便地获取需要的数字资源；三是使用信息技术的创新中心，iN2015 计划通过一些项目的实施来落实，该项目的目标是提供一个延伸至课堂以外的以学习者为中心的交互式学习环境。项目分为三部分：iACCESS，即为学习者的学习提供随时随地的信息接入，以满足随时随地发生的学习需求；iLEARN，即为学习者提供交互式数字学习资源；iEXPERIENCE，即为学习者提供交互式智能学习应用，以满足不同学习方式的需求。

iACCESS、iLEARN、iEXPERIENCE 三管齐下，新加坡教育部从所有学校中选择 15%—20% 的学校作为实验学校，实验信息技术在教学中的创新应用，如协作式学习工具的使用、移动学习设备的使用等。另选 5% 的学校作为"未来学校"的试点，希望这些试点学校走在信息技术应用最前端，成为在教育和学习领域全面整合信息技术的示范学校。

关于"未来学校"的建设方向，每个学校不尽相同，这些方向包括：创新课程体系和教学方法；培养学生的自主学习能力；开发 3D 仿真学习环境；开发试验人工智能聊天机器人，通过启发式提问支持学习；开发工具提供虚拟环境，以加深并展现学生对概念的理解与学习；开发支架式算法探究性学习系统，对学生学习进度及内容掌握程度进行评估等。新加坡教育部不仅希望这些"未来学校"能够提升教学内容的丰富性，以满足学习者的需求，而且希望这些"未来学校"能够提供各种可能的模式，以实现信息通信技术与教育教学实践的无缝整合。

"未来学校"项目的发展得到了各方面的积极参与，IDA 希望通过 PPP（People、Private、Public——个人、企业、政府公共部门）合作模式与教育技术研究团体、信息技术研究人员以及海外教育技术机构建立合作关系。这种 PPP 合作模式是新加坡智慧教育变革的亮点之一。与美国相比，新加坡为教育机构开发教育信息技术工具及应用的公司要少很多，但是这些公司与新加坡教育部和学校之间的联系相当紧密：新加坡教育部发布标准，公司根据教育部的目标为试点学校免费开发技术应用，当试点项目证明该技术应用是成功的时候，公司才有机会将该技术应用推广到其他学校以获得收益。[①]因此，企业并不只是单纯向学校出售产品，销售人员更多地也在扮演教育工作者的角色，直接参与试点项目中，提供培训与技术支持，并且与教师管理者保持良好的互动。在这种模式下，学校与教师在电子教材以及其他教育资源与应用的开发方面有了更大的话语权，有效避免了企业开发的产品与学校实际需求背道而驰的情况出现。

（六）其他国家

马来西亚早在1999年就提出了"智慧学校计划"，旨在将所有学校都转型为智能学校，从而促进马来西亚教育系统的整体性变革，为培养信息时代人才奠定基础。

2012年，澳大利亚提出"转变澳大利亚教育系统"的智慧教育方案，目标是吸引更多学生，提高教师和管理者的能力。

泰国"智慧教育计划"采用以学习者为中心的发展模型和"一对一"的数字教室进行学习范式的转换，让每位学生在教室里都拥有平板电脑，实现内容的探究、自主学习、协作交流以及过程性的评价。

（七）国际智慧教育的发展对我国的启示

发达国家的智慧教育发展，大多始于2008年，它们有相同的时代背景：全球经济危机之后各国更加注重教育对经济和社会的推动作用，注重培养创新型人才，以增强本国核心竞争力；教育信息化发展多年，为教育创新奠定了一定基础，但技术对教育的变革作用仍未充分显现。深入研究国际智慧教育的发展，我们得到如下启示。

1. 教育的"智慧"转型迫在眉睫

新加坡和韩国的智慧教育发展战略均以2015年作为关键的时间节点。韩国政府希望所有中大学全面使用数字教科书，逐步淘汰纸质教科书，并以此为核心带

[①] 梁立国，2022. 走智慧教育的办学之路［M］. 长春：吉林出版集团股份有限公司.

动教育方式的全面变革。新加坡则将信息技术完全渗透到包括教育在内的各行各业中，以期打造一个全球化的智慧国家。与之相比，我国的智慧教育才刚刚起步，尽管祝智庭、黄荣怀、杨现民等学者对智慧教育理念与智慧教育环境的体系架构等方面进行了深入探讨，北京、上海、苏州、宁波等一、二线城市开始了智慧教育方面的尝试，部分信息企业也提出了智慧教育解决方案，但政府、社会和教育机构对智慧教育的认识仍不统一，智慧教育的发展也缺乏来自各方面的推动力量。智慧教育对于我国教育而言是一次走向世界舞台的好机会，我国必须加速研究和推进。

2. 智慧教育理论亟须突破

目前各国的智慧教育发展或多或少都存在技术和应用先行，而理论相对滞后的状况，对技术沉浸环境中的学习与认知规律缺乏深入的研究和清楚的认识，一定程度上忽视了智慧教育理论的发展。以传统教育理论去指导教育变革，对学习者"智慧"的激发必然事倍功半。新一代信息技术使教育工作者对教育现象有了更加丰富的认识，对教育过程中产生的海量数据的分析与挖掘也促使教育工作者更加容易透过教育现象归纳出教育和学习的本质。因此，智慧教育理论和实践的发展相辅相成，仅靠实践"一条腿走路"是行不通的。只有通过智慧教育理论指导教育实践，在教育实践中验证并不断完善这些理论，如此循环往复，才能促进智慧教育的良性发展。理论的突破，要紧紧围绕建构中国特色的智慧教育道路而进行。

3. 加速建设以学习者为中心的智慧教育环境

智慧教育环境是智慧教育开展的基础，脱离了智慧教育环境，智慧教育便无从谈起。纵观各国的智慧教育发展战略，无一例外强调智慧教育环境的建设，强调将技术融入学校、家庭、社区等现实教育环境，以及在线课堂、远程教学等虚拟教育环境，将其无缝整合为以学习者为中心的智慧教育环境，使学习可以随时随地发生，保持学习的无障碍性和连续性。

智慧教育环境应通过物联网、云计算、增强现实、大数据等新一代信息技术，感知教学发生的情境，自动判断学习者的特征与学习需求，根据学习者的个体差异提供个性化的学习工具与资源，为学习者创设虚拟的互动学习情境，提供个性化的独特学习体验，有效地激发学习者的学习兴趣与学习动机，培养学习者的自主学习能力、探究能力以及创造能力。智慧教育环境应能够将简单的、结构化的非挑战性任务交由计算机处理，让学习者将更多时间和精力集中在复杂的、非结构性的挑战性任务之上。

4. 将教与学方式的根本转变作为智慧教育的核心

智慧教育将信息技术与教育进行深层次融合，构建智慧教育环境，提供智慧教育资源、评价和管理等服务，为新的教学模式与学习方式的实现创造了条件；而智慧教育环境也需要从根本上变革教学方式和学习方式才能充分发挥其价值。教与学方式的变革是各国智慧教育的核心目标之一，我国也要顺应国际智慧教育的发展趋势，通过教与学方式的变革带动整个教育的结构性升级。韩国期望通过电子教科书的普及实现教与学方式的根本性转变，我国可以借鉴并通过建设深层学习的网络学习资源和立体学习资源，更好地促进学习方式的转变。

实现这些转变，要求颠覆传统观念，摆脱已有思维对教学的束缚。目前的慕课、翻转课堂乃至微课程等就是利用信息技术对现有教学方式进行改造与变革的成功范例，教育工作者应在此基础上继续探索更多适合智慧教育的新型教学模式，充分利用教育大数据进行科学的分析评价，有效提升教与学的效率和质量。我国探讨的"视传研创"模式，值得高度重视，力求在模式、内容、评价、平台等方面全面支持学习者的研究和创造。智慧教育对教师的信息技术应用能力也提出了更高要求，教师应将信息技术融入整个教学过程中，为学生创设个性化学习体验，对学生进行持续、全面的跟踪评价。

5. 顶层设计，以点带面，汇聚多方力量共建智慧教育生态系统

智慧教育的实现是一项宏大的系统工程，离不开国家政策层面的引导与推进。走在智慧教育发展前列的国家，无一不是根据本国教育信息化发展状况，在已有教育信息化战略实施的基础之上，严密论证，制定出切实可行的智慧教育发展战略的。我国应尽快制定智慧教育建设指南与发展水平评估标准，有序推进全国各地智慧教育的建设与发展。

国家推动智慧教育变革，并不意味着立刻在全国范围内推广。韩国、新加坡等国家都是先选择师生信息素养较高、具备智慧教育变革条件的学校或地区进行试点；充分发挥试点学校或地区在促进信息技术变革教育中的示范作用，以点带面，逐步推开，使其他学校可以借鉴其经验，然后更快捷地将技术与课程和教学相融合，最终达到实现智慧教育的目的。我国应加强政府、学校和相关企业的紧密合作、通力配合，打造中国特色的智慧教育示范区，探索智慧教育建设与应用模式。此外，还应加快推进智慧教育系列标准的制定和智慧教育产业的发展。

二、智慧教育的国内发展情况

（一）我国典型的智慧教育建设

世界各国（包括发达国家与发展中国家）已经把教育信息化作为促进各级各类教育改革与发展的重大战略举措。我国智慧教育作为智慧城市的核心部分之一，是一个由政府、学校、企业三方共同参与构建的现代教育信息化服务体系。作为教育信息化发展的新趋势，国内对智慧教育的重视程度比较明显，相关建设和研究都取得了初步进展。

为了加快我国教育的发展，2010年7月29日，我国政府颁布了《国家中长期教育改革和发展规划纲要（2010—2020年）》。该纲要明确指出，信息技术对教育发展具有革命性影响，必须予以高度重视，同时把"加快教育信息化进程"作为独立一章，并将"教育信息化建设"列为十个重大项目之一，从国家高度上对教育信息化作出了指示。

2013年，教育部发布了《教育信息化十年发展规划（2011—2020年）》，进一步明确指出了我国教育信息化发展的方向和目标。智慧教育在《教育信息化十年发展规划（2011—2020年）》中已有所体现。例如，建设智能化教学环境，构建稳定可靠、低成本的国家教育云服务模式，建设教育云资源平台，推动省级教育行政部门建设云教育管理服务平台，建设覆盖全国、分布合理、开放开源的基础云环境，支撑形成云基础平台、云资源平台和云教育管理服务平台的层级架构等。

自 2010 年起，我国一些城市相继出台了智慧教育的发展规划，建设的侧重点和思路各不相同。

上海市在智慧教育建设的过程中紧紧抓住两条主线：一条是教育信息化基础设施的建设，另一条是智慧教育应用的研发。《上海市推进智慧城市建设 2011—2013 年行动计划》提出了"数字教育工程"，采用"数字课程资源 + 移动学习终端 + 教育服务平台"，并且以"上海学习网"为依托，为市民提供在线学习、终身学习档案建立等服务。2013 年，上海市建成全国首个 100G 主干教育宽带网，开通了文献资源"共知、共建、共享"服务平台、网上公益课堂、高校"跨校认证"等平台，实现了教育资源远程共享。

佛山市在"智慧佛山"建设中制定了《佛山市智能教育工程实施方案》，推进"智能教育"工程建设；广州市以"一网一平台两库四中心"为重点，研发了天河部落、师生多媒体创作天地、网络教研系统、易时代 3D 仿真虚拟机器人系统、中高职虚拟商务中心等一大批特色应用项目。

南京市"智慧教育"系统在硬件部署、软件应用、服务方式等多方面可以紧密依靠南京市政务数据中心云计算平台所提供的 SaaS、PaaS、IaaS 服务模式进行建设。信息技术应用深入开展，镇海教育门户网站成为全区教育系统信息发布、政务公开、资源共享、业务交流的重要平台，E-mail、FTP、DNS、区域版杀毒软件、VOD 视频点播、音频点播、网络直播等应用全面展开。南京市在确保各级学校、教育行政部门及教育事业单位全部 10M 以上光纤接入的基础上，建成了资源总量达到 3T 的南京市中大学教育教学资源中心，应用了交互式电子白板、Moodle 平台、教育博客、大学数学万用拼图、远程网络教研等教育信息化技术，还实现了区级以上教育行政部门 90% 的教育行政许可事项网上在线办理。

宁波市将智慧教育纳入智慧城市规划建设，提出以智慧教育推进智慧城市的建设，更加注重教育云平台的建设和教育资源的共享，强调任何人可以在任何时间、任何地方，借助电脑、数字电视、手机等各种云端设备进行主动、高质量和个性化的学习。宁波市教育局是宁波市"智慧教育"建设的牵头主导机构。2012 年，宁波市着力推进智慧教育总体方案设计与先期项目实施，构建教育公共服务管理平台，整合各类教育应用服务管理软件，实现教育基础数据共建共享。2013 年和 2014 年，宁波市打造国家高新区实验学校"智慧校园"试点项目，建成"智慧教育"三大平台：面向中大学生的人人通"空中课堂"、面向市民的终身学习公共服务平台和面向科技工作者的数字化学习平台。宁波市教育部门组织拍摄了宁波本地名特优教师的课堂和讲座录像，推出《网络公益家教》《名师大讲堂》等专题栏目，内容紧贴新课改的重点难点，创新了网络教学模式。

以上所提及的城市或者将智慧教育纳入智慧城市建设，或者单独制定智慧教育相关的方案或意见，大多提出要构建教育公共服务管理平台，整合各类教育应用服务管理软件，实现教育基础数据共建共享等，建设重点放在智慧校园建设，以及智慧课堂、电子书包和云计算辅助教学等方面。总体来讲，这些城市的智慧教育建设仍处在探索阶段，虽然并未形成统一的认识和建设概念、目标与标准，但是这种勇于创新的理念和对教育信息化发展趋势的把握和探索，符合教育信息化工作的内在规律和需要，必将极大地促进信息化与教育教学的融合，有利于教育信息化整体推进和带动教育现代化发展。

（二）我国智慧教育发展中存在的问题和挑战

我国教育信息化正由初步应用融合阶段向着全面融合创新阶段过渡。目前关于智慧教育的研究还处于起始阶段，所存在的问题也逐渐凸显。如：缺乏专门的研究和管理机构，导致系统化的解决方案和应用研究较少，多停留在个别终端产品的开发和应用阶段；缺乏统一的建设标准和技术规范，导致各系统、各产品间的兼容困难，难以真正发挥系统优势，阻碍了智慧教育的发展和应用；缺乏有效的政、产、学、研合作机制，难以整合优势资源，实现优势互补，不利于有关成果的大面积推广和应用；现有产品和技术多为企业在各自已有的技术基础上进行的转型应用，缺乏创新和核心成果孵化平台与基地，新技术、新设计难以有效转化为教育服务；完整健康的产业链仍没有形成，难以实现智慧教育产业的可持续发展。

综合国内外智慧教育案例分析，我国智慧教育建设主要存在以下问题。

1. 缺乏有效的顶层设计

"智慧教育"是在"智慧城市"的理念下衍生发展而来的，出现的时间较晚，国内尚无公认的可以借鉴的模式，尚未形成普遍认可的基本体系结构。

2. 重视基础设施的建设而忽视"软实力"的发展

国内智慧教育的建设资金基本都投入在智能设备的购买和资源的建设、教育教学设备的购买、教育信息基础设施的建设等"硬实力"的发展方面，但是却从根本上忽视了创新型人才培养、公共教育资源服务体系等"软实力"的发展。

3. "信息孤岛"难破解

在各个省、市、县，每个教育系统都有自己独立的教育信息中心、教育数据库、操作系统，且市区之内的不同学校之间也有自己独立的校园网，造成教育信息化基础设施重复建设，"信息孤岛"大量存在，这与《国家中长期教育改革和发展规划纲要（2010—2020年）》《教育信息化十年发展规划（2011—2020年）》的目标（实现"校校通"）还有差距，特别是高校资源的建设，还存在低质量教学资源重复建设，而高质量教学资源不能实现共享等问题。

4. 教育体制保障问题

由于智慧教育从提出到应用时间间隔比较短，目前还只是处于建设和实验阶段，对于教学评价仍需借鉴原有的教育评价体制、教育管理体制等。

5. 教师信息技能提升、学生主体性调动问题

智慧教育的目标是通过信息化手段赋予学生智慧。一个完整的智慧教育系统，必须包括教师、数字资源、信息学习环境和学习者，所以要促进智慧教育向前发展，还需要更深入地研究智慧教育环境下教师信息技术技能、信息化教学策略及信息化学习策略等。

第六节 智慧教育的发展前景

当前，智慧教育的声音已经渐行渐响，作为教育信息化发展的一个重要方向，智慧教育使教学过程更加自主、更加灵活，在优化教师教学能力和学生学习效果的同时，构建出一个未来式的学习环境。智慧教育改变了传统的教学方式，是一种新的教学模式，重在体现"以学习者为中心"的教育思想，智慧教育是以教育信息化来促进教育现代化，将信息技术与传统教学模式相融合。在教育领域全面发展的今天，更需要通过运用智慧教育来提升教育教学质量，切实解决教育过程中的问题，为未来教育的发展提供坚实的基础。

我国的智慧教育作为智慧城市的重要构成内容之一，不仅充分利用了物联网、云计算和大数据等新一代信息技术，更重要的是教育体制的优化和教育理念的革新。要通过智慧教育这一智能化、数字化、网络化和多媒体化的新教育发展模式，全面提升教育质量，切实解决实际教学中的问题，为实现中国特色社会主义新时代下的教育事业奠定坚实的基础。在未来，智慧教育有广阔的发展前景。

一、科学性发展

为了促进智慧教育的发展，必须充分利用现代化信息技术，结合新媒体时代的背景，对现有的教育体系进行全面而科学的规划。首要任务是在确保智慧教育模式全面发展的基础上，特别关注经济欠发达地区的教育环境改善。这需要与地方政府紧密合作，制定相关政策，投入必要的资金和技术支持，建设智慧教室和网络基础设施，确保所有学生都有机会接触并受益于智能化的教育环境。

同时，可以考虑设立智慧教育示范区，选择一些学校密集的区域进行试点。通过对比试点学校与传统学校的教学效果，收集具体的数据，并邀请教育领域的专家进行实地考察和研究，分析其中的优缺点，以此为基础不断优化和完善智慧教育模式。这样既能验证智慧教育的实际效果，又能为后续的大规模推广提供可靠的依据。

在取得了一定的研究成果之后，还需要根据不同学段的特点，对学生的思想发展和认知能力进行深入研究。教育者和研究人员需要根据各个年龄段学生的实际情况和社会发展趋势，设计出适合他们的课程内容和教学方法。这要求智慧教育体系不仅要覆盖从小学到高等教育的不同阶段，还要考虑到学生个体差异和社会需求的变化，构建一个既完整又灵活的智慧教育框架。①

二、信息化发展

在新媒体时代背景下，随着数字技术、网络技术和通信技术的飞速发展，学生们能够享受前所未有的智能化服务。智慧教育模式正是在这种技术浪潮中孕育而生的，它旨在通过互联网信息技术的力量，彻底改变传统的教学方式，实现教育的现代化转型。这一模式不再局限于实体教室内的纸质教材，而是广泛利用网络数据库资源作为教学的辅助和扩展，将课本上的静态信息转化为多维度的知识展示，从而使学生能够更加全面地获取和理解信息。

对于那些经济相对落后、地处偏远的地区而言，加强网络基础设施建设显得尤为迫切。通过网络，这些地区的师生能够跨越地理限制，接触到更广泛的信息资源。教师们可以利用网络平台提供的丰富资料，结合自身的教学经验，引导学生们探索外部世界，拓宽视野。与此同时，网络集成化资源的优势还体现在它可以实现实时的信息更新与传播，这意味着即使是地处边远的学生也能及时获得最新的学术成果和前沿知识，这对于缩小城乡间的信息差距具有重要意义。

进入人工智能2.0时代后，智慧教育的潜力得到了进一步挖掘。基于AI技术，我们可以开发出更多高质量的教学资源，并且通过云端平台实现资源共享，使优质教育资源不再局限于某些特定的学校或地区。此外，不同学校之间可以建立智慧教学联盟，共享智慧课堂，通过在线协作的方式促进教育资源的均衡分布。这样一来，不仅学生受益，教师也可以通过相互间的交流与合作，不断提高自身的教学水平，最终共同推动智慧教育事业的全面发展。

---

① 董君，陈晓琴，徐瑞玲，2022. 智慧课堂教育理论与实践［M］. 长春：吉林出版集团股份有限公司.

三、师资教育发展

智慧教育模式作为一种现代教育手段,其发展不仅依赖于先进的信息技术支持,更在于它能够有效地提升学生的学习效率。这种模式强调个性化学习路径、灵活的教学方法,以及实时的数据反馈机制,从而让每个学生都能根据自己的节奏和能力水平来掌握知识。为了确保教育资源得到最大化的利用,教师的角色变得尤为重要,他们是连接技术与学生的桥梁,是智慧教育成功实施的关键所在。

因此,学校应当重视对教师的专业培训,帮助他们深入理解智慧教育模式的核心理念和技术应用。这包括但不限于数字工具的操作技巧、在线课程的设计与管理、数据驱动的教学评估方法等。只有当教师具备了相应的技能,并能够在课堂上灵活运用这些技能,才能更好地规划课堂时间,确保教学内容的连贯性和完整性,从而提高教学质量。

此外,学校间应加强合作,建立常态化的交流机制。通过定期举办研讨会、工作坊等活动,共同探讨在推行智慧教育过程中遇到的问题及解决方案。这样的资源共享不仅有助于发现并解决实际操作中的难题,还能促进教师之间的技术与经验交流,激励他们在实践中不断改进,将各自的技术优势与丰富的一线教学经验结合起来,共同推动智慧教育模式的持续进步和发展。这样的合作模式不仅能促进教育公平,还能加速整个教育行业的数字化转型。

四、全方位提升教育效果

智慧教育作为教育信息化未来的重要方向之一,其核心在于通过技术手段全面提升教育的质量和效率。"智慧"不仅仅体现在技术的应用上,更重要的是通过这些技术来增强学生的学习能力,优化课堂教学质量,创新教学策略,从而真正实现教育过程的智慧化,帮助师生减轻教学和学习的负担,提高教育教学的整体效率。

我国智慧教育的发展正处于起步阶段,尽管已经取得了一定的成绩,但在理论研究、实践应用等方面还有很大的发展空间。智慧教育的目标是培养具有创新能力的人才，它倡导"以学习者为中心"的教育理念，鼓励学生主动参与到学习过程中，培养批判性思维和解决问题的能力。

为了进一步推进智慧教育的发展，还需要更多的学者和研究者的参与，从理论和实践两个层面进行深入探索。一方面，要不断研究如何将现代信息技术与教育深度融合，创造出更适合当代学习者特点的教学方法和工具；另一方面，也要关注智慧教育在不同地区、不同群体中的应用效果，确保其能够促进教育公平，惠及更广泛的受教育者。

此外，智慧教育的成功还依赖于教育工作者的专业成长。教师需要不断更新自己的知识结构，学会使用新的教学工具，转变教学观念，成为智慧教育的积极践行者。通过教师的专业发展，可以进一步提升智慧教育的质量，使其更好地服务于学生的发展需求，最终培养出适应新时代要求的全面发展的智慧型人才。

第二章　智慧教学理论与环境

智慧教育的理论模型与教学环境建设是构建高效、灵活、适应性强的教育体系的关键。智慧教育不仅是技术上的革新，更是教育理念和实践方式的重大转变。因此，成功的智慧教育需要综合考虑智慧教育各方面因素，并不断探索适应新时代要求的新模式、新方法。本章主要内容包括智慧教育的理论模型、智慧教育平台分析、智慧教学环境建设等。

第一节　智慧教育的理论模型

通过对智慧校园的内涵和特征的分析与把握，笔者将智慧校园的理论模型概括为四大体系、四大支撑平台和八大应用系统。四大体系包括标准体系、安全体系、云平台监控体系和教育云服务体系。四大支撑平台包括云平台基础设施支撑平台、云系统支撑服务平台、智慧校园云服务总线和云应用支撑服务平台。八大应用系统包括教育资源平台、智能管理系统、智能教学系统、移动学习系统、数字化实验系统、家校通系统、智慧校园文化系统和数字图书馆系统。

一、四大体系

（一）标准体系

基于教育云的智慧校园标准目前还没有统一的规范。云计算本身就缺乏统一的标准，在云平台上运行的应用系统又千差万别，难以有统一的资源管理、资源发布、资源应用。因此，智慧教育系统平台的构建首先需要建立一套标准体系。

系统平台遵循从信息编码和数据交换，软件开发、集成到硬件环境、在线应用三个层次的标准体系建设。具体内容包括如下方面。

1. 建立完整的信息编码与数据规范体系

采用国际通用标准和中国教育信息化标准委员会制订的学习技术系统《系统架构与参考模型（CEL TS–1）》和《教育资源建设（CELTS–41）》等 10 个标准以及《智慧校园示范学校自定义信息编码标准》，多种代码体系相互补充；代码分层定义，方便用户分级选择输入信息，同时支持代码扩充、自定义和更新。[①]

2. 软件开发采用国际与国家标准

软件开发采用《GB/T 19003—2008 软件工程 GB/T 19001—2000 应用于计算机软件的指南》《计算机软件文档编制规范（GB/T 8567—2006）》和《信息技术基于角色的访问控制标准 ANSI INCITS 359—2012》等国际与国家标准。

3. 智慧校园硬件设施标准

采用 2011 年中国教育技术协会技术标准委员会编著的《多媒体教学环境工程建设规范》。

（二）安全体系

智慧校园安全体系包括操作系统级安全、网络级安全和应用级安全的三层次安全体系。

---

① 沈丹丹，2022. 智慧教育背景下的信息技术应用研究［M］. 武汉：华中科技大学出版社.

1. 操作系统级安全

在操作系统级，平台使用最新的 Linux 操作系统，启用 Linux 的内核防火墙和身份认证机制保障操作系统的安全，并基于心跳（Heart Beat）技术检测系统的崩溃并尽可能自动恢复。如果安全服务系统没有收到某一计算节点的定时心跳数据流，则说明该节点或网络出现了故障，此时重新启动该节点，如果不成功就将该节点排除在计算之外。

2. 网络级安全

在网络级，平台使用下列手段保证平台的网络传输安全，使用硬件防火墙保障整个云平台的安全。

（1）为了防止教育云平台系统被非法侵入，在前端计算机安装双网卡将内部和外部网络隔离开。在系统区域网络中使用在 Internet 上没有实际意义的内部 IP 地址，并用 IP 伪装（IP Masquerading）和 IP 端口转送（IP Port Forwarding）技术实现网络地址转换。

（2）为了防止云平台与用户之间的网络通信被窃取，教育云平台采用了基于 SSL 安全协议的扩展 HTTP 协议——HTTPS。

3. 应用级安全

在应用级，平台使用下列手段保证平台的应用安全。

可信的单点登录（SSO）。单点登录是解决门户系统安全认证问题的一种理想和有效的认证策略，CAS（Central Authentication Service）是耶鲁大学发起的一个开源项目，作为智慧校园平台的一个安全而又简单的 SSO 实现。

云平台权限控制。为了防止非授权用户的非法入侵和授权用户的越权使用，教育云平台进行各种级别的权限控制，并具备审核功能，自动记录用户访问的情况和操作过程，以备日后查询。

在系统开发中，由于不同身份用户的业务处理逻辑不同，如果单独为每类用户开发与之工作相对应的应用程序，无疑将十分复杂，也不利于以后的维护工作。系统为控制信息的阅读范围和业务办理权限，将用户划分为不同的角色。不同的用户角色具有不同的系统操作权限和查询权限。通过权限控制为不同身份的用户赋予与其身份对应的各项操作权限，屏蔽不能执行的操作调用，以此实现分工负责。系统用户按照其职务、业务类别、管辖区域等，被授予不同的操作权限。操作权限包括数据库（表）操作限制、业务模块操作限制、地理范围限制、数据读写改操作的限制等。平台采用专业的用户细分，针对教育系统的独特性，研发出一套专业的用户系统，将用户根据教育部门、学校、地区、身份、角色、岗位、职位、科目、年级、班级等分类归档，并赋予不同的功能和权限，同时，云教育的用户将终身有效。

该系统也采用严格的权限和隐私设置，用户可为自己发布的内容和上传的资料快速设置或详细设置读写权限。详细设置可将权限赋予指定地区、身份、年级等细分用户和指定好友等。同时还能为用户提供私密保护，设置为私密的信息，除了用户本人，其他任何人包括平台管理员也无法查看到该信息，最大限度地保护了用户的隐私。

（三）云平台监控体系

对教育云平台访问量数据统计分析、用户数据统计分析、功能模块访问统计分析、用户使用习惯统计分析、用户在线时长统计分析、流量统计分析等平台使用监控体系。

（四）教育云服务体系

教育云服务体系以教育资源共享为核心，形成多层次的服务推广体系。

1. 基础设施即服务（Infrastructure as a Service）

平台以服务的形式提供虚拟硬件资源和服务器等的租用，使教育相关部门无须购买服务器、网络设备、存储设备，只需通过互联网租赁即可搭建自己的应用系统。

2. 平台即服务（Platform as a Service）

平台能提供完善的平台即服务功能，包括云应用支撑服务、云系统支撑服务和智慧校园云服务总线。平台通过提供二次开发接口、教育软件定制接口等功能以及开放式的支撑服务功能，提供完善的应用服务引擎和应用编程接口，用户可以通过应用服务引擎，构建相应的教学应用。

3. 软件即服务（Software as a Service）

区域智慧校园服务平台的用户和客户端软件均能通过标准的 Web 浏览器来使用云平台上的各类在线服务，用户不必另行购买软件，平台能提供完善的软件，即服务功能。

二、四大支撑平台

（一）云平台基础设施支撑平台

包括底层的服务器集群、数据仓库集群、云存储和监控系统。该平台为整个系统提供稳定、可靠的应用基础支撑平台。

（二）云系统支撑服务平台

包括系统中间应用服务器，进行系统支撑。系统支撑层能提供业务功能模块与云平台层的连接，包括对单点登录和统一用户授权、统一消息服务、统一数据交换服务、工作流服务、信息门户服务、统一搜索服务、统一信息发布服务等云支撑服务。

（三）智慧校园云服务总线

这是各类学校和教育机构的数据融合和交换中心，包括数据融合、重组、加工、管理、变换和集成，服务感知、消息感知、事件感知、任务调度、服务编排和调度、服务 QoS、数字证书等功能。

（四）云应用支撑服务平台

该平台形成用户的基本信息数据、教育资源数据、师生成长档案，并提供数据分析和挖掘、教育资源共享等功能。

三、八大应用系统

八大应用系统分布在教育应用在线服务层，能提供各类在线教育软件服务，包括教育资源平台、智能管理系统、智能教学系统、移动学习系统、数字化实验系统、家校通系统、智慧校园文化系统、数字图书馆系统等八大在线服务系统。

（一）教育资源平台

教育资源平台是七个子系统的接入口。通过整合各类学校的教学资源，建立涵盖中小学各学科的素材库、课件库、教案库、电子教材库、试题库、名师讲堂库、同步视频课堂库等优质的教学资源，实现了跨校共享。教育资源平台具有良好的用户体验。支持教学资源的智能管理、智能检索和智能汇聚，用户可以对资源进行订阅与推荐，可以设定资源的访问、下载权限，保护知识产权。支持动态生成作业和试题，并具有作业发布、作答、批改、查询、修改、删除和统计分析功能。①

（二）智能管理系统

智能管理系统以先进的物联网技术为基础，实现了校园进出人员身份管理、考勤管理、学校资产监控与数据泄密管理、办公管理、教学活动管理、教学设备管理、教务管理和安防管理的智能化。智能管理系统提供智慧校园各个业务系统的单点登录接口和用户管理配置。办公管理系统根据学校管理架构和业务流程定制开发，包括公文管理、个人事务管理和统计查询系统，实现了办公业务全流程的跟踪管理、统计查询和辅助决策。教学活动管理系统提供各类校园活动申请、安排、跟踪和查询等功能。教学设备管理系统提供设备申购、入库、报损、借用、领用、维修管理、账物卡管理、重要设备跟踪管理和统计、查询等功能。教务管理系统提供智能化的教学排课、成绩录入、教务信息发布、查询、教学评价、成

---

① 沈丹丹，2022. 智慧教育背景下的信息技术应用研究［M］. 武汉：华中科技大学出版社.

绩统计分析等功能。

（三）智能教学系统

智能教学系统依托教学资源平台，为教师编写教案、制作课件、批改作业和辅导答疑提供智能化服务，包括智能备课系统、互动课堂系统、课堂录播系统、辅导答疑系统、电子作业系统和综合评价系统。

智能备课系统提供了基于教学流程选择、备课资源智能汇聚、轻松编辑素材、快速制作教案、自动生成教学网站的智能备课功能，让老师备课像写博客（Web Log，网络日记）一样轻松省力。

互动课堂系统由教师电脑、电子白板、短焦投影、实物展台、录播系统、电子书包、无线网络和智能讲课系统组成，为老师开展互动教学提供了先进的教学环境。利用智能讲课系统，老师可以按备课的教学流程在电子白板上点播素材、任意调整播放窗口、任意书写，既像写黑板一样轻松自如，又能随时保存。在课堂练习环节，老师通过电子白板把题目发给学生，学生利用电子书包接收、作答、提交答案，老师可以在白板上看到每个学生的答题结果，及时、精确地掌握每个学生的学习情况。课堂练习的结果可以保存在学习档案中。学生利用电子书包按照老师控制的课堂活动进度进行自主学习、练习、提问和做笔记等。

课堂录播系统可以将教师的授课过程自动录制成视频，供学生课后复习。辅导答疑系统直接建立了老师和学生之间的信息交流。

电子作业系统提供了覆盖各个学科的作业库和试题库，具有作业布置、提醒、作答、批改、统计分析和自动组卷、智能评分等功能。

综合评价系统提供了学生平时的成绩、课程作业、考试统计分析等信息，为老师教学决策提供了重要依据。

（四）移动学习系统

移动学习系统依托教育资源平台的支持，以移动学习终端为载体，将"教育无处不在，学习随时随地"的理想轻松变为现实。学生借助移动学习终端，能够随时随地获取学习内容，享受学校和老师提供的各种服务。只要取得身份认证，凡是进入系统的人员，都可以不受时空限制，任意互动交流。

（五）数字化实验系统

数字化实验系统主要由传感器、数据采集器、计算机、实验教学平台和多媒体互动投影系统组成。实现了实时数据采集、传输、处理和生成输出全过程数字化，为学校师生创设了开放、协作的科学探究实验环境。数字化实验系统还具有实验教学管理、实验设备管理、实验室开放管理和实验成绩管理功能，并与智慧校园其他子系统无缝对接。

（六）家校通系统

家校通系统实现了家校沟通无障碍。老师和家长之间可以直接使用家校通系统进行互动交流。譬如学校向家长报告学生在校情况、发布通知、布置作业，家长查询学校的规章制度、课程安排，或与老师一起切磋教育心得等，十分便捷。

（七）智慧校园文化系统

智慧校园文化系统是通过多媒体技术、三维动画技术、虚拟现实技术等现代信息技术构建学校、家庭、社会"三位一体"的精神家园。以多媒体、数字化方式展示学校形象与文化特色，彰显学校办学理念，汇集学校教育教学成果，营造师生共同成长的文化氛围，打造积极和谐、共享协作的学习社区。同时，也为广大教师交流教学经验，分享教学智慧，学生分享学习心得，开展科技创新活动提供有效的支持。智慧文化系统主要包括校园 VI 展示、虚拟校园智能导游、校园文化多媒体展播、智慧讲坛、创意乐园、智慧活动等。

（八）数字图书馆系统

数字图书馆系统是为了适应图书馆未来的发展要求，满足示范学校对馆藏资源充分共享、高效管理等方面的实际需求。利用最新的信息技术，构建应用系统，实现图书、报刊、教材、光盘、音像等多种文献资料的集中管理。本系统包含了目前图书馆管理业务的每个环节，具备系统图书采访、图书编目、图书流通、期刊管理、公共查询、系统管理等功能，并实现与本区 e 卡通系统无缝对接，实现成员馆馆藏资源的互借、互还、互通。

第二节　智慧教育平台分析

现如今，众多的 IT 企业都不断地同教育部门、教育机构以及各大院校进行深入的合作，开发并建设了许多智慧教育平台。从对智慧教育平台的认识中我们能够了解，一个完善的智慧教育平台，能够有针对性地对平台系统当中智慧教学、智慧学习、智慧管理、智慧科研、智慧评价、智慧服务等方面做出全面的建设。而现阶段各大智慧教育平台的具体发展情况，我们也从上述几个方面进行具体分析。

一、智慧教育平台的类型

在我国，当前各种类型的在线教育平台众多，有 B2B2C 平台型（由 IT 企业建立，联合各个教育机构让教师或讲师入驻，向学习者提供教学直播或录播的平台形式）教育平台，如百度传课、腾讯课堂、淘宝课堂、网易云课堂等；以及 B2C 服务型（由平台自主开发高质量的教育资源来服务用户）教育平台，如酷学习等；也有以 IT 培训为主的教育平台，如 51CTO、麦子学院等，还有以语言学习类为主的教育平台，如 51Talk、中欧课堂等；甚至还有针对个人兴趣的教育平台，如好知网、影享网、艺殿堂等。

总体来说，若以平台的教育教学类型来划分，可分为由政府主导，教育部监督，各高校参与并委托教育机构筹建的学历型智慧教育平台；由各地区教育部门主导、学校参与、IT 企业建设的基础教育在线学习和辅助教学智慧教育平台；以及各 IT 巨头或互联网公司自行研发建设的以实用技术、资格认证、科普认知为主要功能的专业技术型智慧教育平台。

二、学历型智慧教育平台分析

（一）教育部组建的学历型智慧教育平台——国家开放大学

2012年创办的国家开放大学是教育部直属的远程开放式教育的国家新型高等学校。国家开放大学是在原中央广播电视大学和地方广播电视大学的基础上组建，以现代信息技术为依托，面向全体社会成员开展学历继续教育和非学历继续教育的新型大学。国家开放大学通过推进现代信息技术与教育的深度融合，为学习者的终身学习建立系统全面的学习环境。国家开放大学的办学体系由总部、分部、地方学院、学习中心和行业、企业、学院共同组成。国家开放大学的学习模式包括通过高清、快速的双向视频系统为学习者提供随时随地的远程学习支持服务的网络自主学习，以及通过遍布全国各地的学习中心为学习者提供远程学习支持服务与面授辅导相结合的新型学习模式。

1. 教育教学分析

在国家开放大学的门户网站上，参与学历教育的学习者可以通过学习平台进入国家开放大学学习网选择自己需要的专业科目。目前，国家开放大学的学历教育专业包括法学、工商管理、会计学、金融学、土木工程、汉语言文学、行政管理、学前教育、建筑施工与管理等。同时，针对学院的各个学部（文法教学部、理工教学部、外国语教学部、教育教学部、经济管理教学部等）也有专门的学部概况和师资介绍。学习者对各专业有所了解之后就可以通过招生报名界面进入国家开放大学的阳光招生服务平台，选择专业所在地区和培养层次看到各省的学校名称、教学点以及相关的网址和联系方式，通过咨询各地的学习中心，进行相应的报名流程。当学生报名成功后，就可以进入国家开放大学学习网，输入自己的学号和密码，登录到学生空间开始学习。学生在学习空间内可以查看自己的学习课程、学务管理、学习计划、学习活动等内容。在具体的课程学习当中，每个课程都包含了视频课堂、问题库、经典案例、参考资料、课程论坛等多方面的学习内容。例如，在视频课堂部分，有课程每一章节的系统讲授，重点难点指导和考试指导；而在问题库中可以用关键词搜索的形式查看到在课程学习中常遇到的问题；经典案例则通过模拟案例问题的方式让学生依靠课程学习知识进行解答；参考资料中向学生展示了课程的参考文献、参考论文和参考网站，供学生查阅。此外，在课程学习的期末复习阶段，还有相关的学习辅导，为期末考试做相应的准备。值得注意的是，所有课程都不仅有在线学习课程、单向视频活动和讨论，还包含面授学习的安排。

国家开放大学的门户网站还加入了非学历学习的相关资源，其课程内容包含了国开视频公开课、国开网络核心课、国开名师经典课、国开五分钟课程、国内精品课和国外公开课，以及同行业企业教育项目相结合的现代制造行业、教育培训行业、旅游酒店行业、汽车行业、互联网和 IT 行业等多方面的教育培训课程。同时，国家开放大学图书馆还将国内常用的数字资源平台综合在一起，让在线学习者通过馆藏资源检索来找到自己所需的学习资源。[①]

从对国家开放大学学习网的分析能够了解到，国家开放大学的学历教育由原广播电视大学教育系统继承而来，所以在课程教学的各方面都比较完善。而在非学历教育的课程资源和学习方面，无论是公开课、精品课还是各行业的教育项目，教学资源都十分匮乏，资源数量少；而且网站课程的推广也没有做好，与大众所熟悉的网易公开课等平台相比，课程资源的访问量极低；此外，非学历的在线教育学习方式太过简单，只有视频资源，而电子文档、课程检测、在线交流等相关的辅助教学资源相对欠缺。

2. 管理科研分析

在管理科研方面，国家开放大学依靠其各省的分部、行业学院和直属学院，从学生、教师、管理员三大方面进行教育教学管理。其管理系统涵盖了网上办公系统（公文管理、档案管理、评优管理、年报年检、高基报表等）、招生管理系统、教务管理系统（中央平台、省级平台）、远程教学平台（中央平台、省级平台、

---

① 童春燕，2020. 智慧教育背景下高校课堂教学评价体系的构建与创新［M］. 长春：吉林人民出版社.

分校平台)、考试系统(形成性测评、考务系统、机考系统)、数字化资源库和远程接待系统等126个应用系统。同时,为促进全民终身学习,还建立了学分银行系统,为每个学习者提供终身学习的档案管理机制,促进终身教育管理体系的形成。

3. 评价服务分析

国家开放大学在平台教育评价方面,建立了国家开放大学(中央广播电视大学)网络考试平台,其考试分类包括形成性测评系统、终结性考试系统、时钟狗征订、考试中心论坛、预约考试系统和学位英语考务管理系统,以为每位学习者提供完善的专业课程评价和结业体系。在平台服务方面,国家开放大学学习网通过在线视频教学(云教室、虚拟课堂、视频点播、远程视频研讨)和个性化的交互功能(协作交流、即时灵活通信)为全体学习者提供支持协作学习、个性化学习,并记录学习过程、推送资源和及时评价,以满足学习者全天候、多形态的在线学习需要。同时,为满足教师的在线教学、教研和社交需求,平台建立了包含教研活动、教研社区、课程团队、教研工具、教学过程、任务提醒、课程管理、学生查询和个人信息动态等功能的教师空间。

(二)高校组建的学历型智慧教育平台——高校网络教育学院

网络教育即现代远程教育,是因现代信息技术的发展而形成的一种新型教育模式。自1998年清华大学、北京邮电大学、浙江大学和湖南大学成为教育部正式批准的第一批国家远程教育试点院校之后,至2018年,国内具有自主招生资质的现代远程教育试点高校已达到68所。其中涵盖了北京大学、中国人民大学、清华大学、南开大学、天津大学、复旦大学、上海交通大学等全国著名的高等学府。网络教育学院的招生对象以在职人员为主,为已经步入社会的大众提供技术学习和学历提升的机会。需要报考网络教育学院的考生可在报名前通过"全国网络教育阳光招生服务平台"或"中国现代远程与继续教育网"查询相关高校的网络教育学院所招生的专业,以及不同专业的入学条件、学习形式、学习年限、学习费用、学历文凭等详细信息。全国各高校的网络教育学院在教学形式、学习过程、教学管理、教学科研、教学评价和服务方面大致相当。下面以"中国人民大学网络教育学院"为例，对网络教育学院进行具体分析。

1. 教育教学分析

中国人民大学网络教育学院的在线教育平台简称"网上人大"。学生可以通过电脑或智能手机下载客户端后登录"网上人大"平台。在平台的教育分类里，包含学历教育和非学历教育，学历教育目录下有招生专栏、课程资源、数字图书馆、数字论文库等相关子分类，而非学历教育目录中有单科选修、会计类考试辅导和云平台服务项目三个方面。同时，为了方便学生报名和学习，还设立了学历通道和非学历通道。在学历教育方面，学生通过学历通道的网上报名、用户申请和入学测试，查看是否被学院所录取，录取后预先支付30学分的费用就可开始在线学习。在线学习的方式有课件学习和视频学习，在学习过程中还包括在线时长、在线测试、在线作业、教学论坛等学习辅助、交流和评价机制。"网上人大"在各省市也有相应的线下学习服务中心，但除课程考试等集中教学活动必须到服务中心以外，其他的学习环节均可通过计算机和互联网来进行。

"网上人大"平台的线上学习功能已经非常完善，但在课程教学方面，教学资源单一的问题依旧存在，电子课件加视频的教学形式依然是在线教学的唯一形式，有的课程甚至只有PPT课件和音频，极大地影响了学生的学习兴趣。

2. 管理科研分析

在管理科研方面，"网上人大"平台同样以学生登录和教师登录进行分类管理。通过学生管理系统，对学生的学习过程、学习进度、上课时间、作业完成情况、测试成绩等相关数据进行整合与归纳，为平台教育科研提供数据支持。而教师管理则包含了对学生的各项学习数据进行了解和总结，对教学课程的制作和改进，对专业学习情况进行教研，对教学任务设置提醒和建立课程团队，以及教研工具制作等方面的管理权限。

3. 评价服务分析

学生通过网络教育学院学习的中心目的是能够在空闲时间学到自己所需的知

识技能，并且能够拿到国家认证的学历证书。而为了保证教学的质量，网络教育学院在教学过程上实行"宽入严出"的准则。所以，所有网络教育学院的考试评价体系都相当严格，"网上人大"也不例外。在"网上人大"网络教育平台中，学生学习的过程、作业的完成情况、专业测试的成绩和论文的评分都要以学分的形式来累计。在专业课程结束时，学分成绩要达到学校的要求，同时，教育部对现代远程教育试点高校网络教育的部分公共基础课实施全国统一考试，统考通过后，才能由学校为学生颁发毕业证。

三、专业技术型智慧教育平台分析

（一）网易教育平台

网易公开课是由网易公司在 2010 年推出的一个开放式的在线学习平台。据官方介绍，网易公开课平台已拥有超过 4 万个线上教育视频资源，其中包含 2 万个网易自费翻译视频，其平台内的移动用户数已经超过了 4300 万人；而网易云课堂是网易公司旗下领先的实用技能学习平台；中国大学 MOOC（Massive Open Online Courses，简称慕课）是由网易云课堂与高教社"爱课程网"合作推出的中文 MOOC 学习平台。

1. 教育教学分析

网易公开课可以利用各类智能终端设备实现学习者对平台的需求访问。其课程的来源涵盖了 TED（Technology，Entertainment，Design）大会、国际名校公开课、中国大学视频公开课、可汗学院（Khan Academy）等。在学习内容方面，网易公开课的教学资源包括文学、数学、哲学、语言、社会、历史、商业、传媒、医学/健康、美术/建筑、工程/技术、法律/政治、宗教、教育/学习等多方面的教育学习资源。与网易公开课资源的全面性不同，网易云课堂以技能学习为主。其课程包括编程开发、办公软件学习、设计和产品方案、生活方式（摄影、乐器、烹饪、健身等）、职业发展以及市场营销。中国大学 MOOC 的课程资源来自北京大学、南京大学、浙江大学、复旦大学等全国知名的大学。课程所涵盖的范围包括工学、理学、生命科学、哲学、法学、教育学、外语和文学历史等多个方面。

在中国大学 MOOC 中，对于学习者的在线教学和课程进程等方面建设已经相当细致。以具体课程学习为例，当学习者登录到平台后，根据自己的学习需求和平台的智能推荐选择并开始课程。第一，在课程第一部分的新学员必读中，可以让学习者了解在平台使用过程中会出现的疑问和解决办法；第二，在第二部分公告中，学习者能够看到课程的简单介绍、目标定位、教学设计、作业安排、成绩测定和学习注意事项，以及课程交流的 QQ 群或微信群加入方式等；第三，是课程的教学计划和评分标准部分，主要介绍在线课程的教学日程和节奏以及在课程学习中的评分标准；第四，是课程的课件学习部分，在课件的每一章节都有相应的视频资料和电子文档（可在线阅读或下载阅读），并在阶段性学习过程结束后有相应的测验题来验证此部分的学习情况，在章节的最后讨论区内，学习者可以通过发帖的方式分享自己的学习心得；最后是课程的测验与作业、考试两部分，在测验与作业中，通过课程的阶段性学习进程和接下来的学习需要，由教师制定和批改作业，学生完成并提交作业，第五，在平台上公布作业成绩，课程结束后会有相应的在线考试，考试结束后将平时的课程评分、作业评分、考试成绩相加，就得到学习者的课程总成绩，通过教师和学校的认定，学习者可以得到电子版的课程学业认证书。

在网易公开课智慧教学方面，平台教学资源非常丰富，但其课程来源的自由度极高，并且不包含小学、初中、高中等教学资源，因而平台使用范围和用户层次阶段的涵盖面较低，很难成为正式的教学资源。网易云课堂补充了网易公开课在实用技术教学方面的缺失，但教学资源并非免费且收费标准不一，影响了其用户数量的发展。中国大学 MOOC 的出现整合了当前著名大学的优质教育资源，虽然 MOOC 在教学方面已经相当全面，但由于其教学课程计划和制作相当耗费大学老师和平台课程制作者的时间，所以中国大学 MOOC 的教学课程资源较少；并且 MOOC 课程在开放教学过程中需要教师和助理对学习者持续关注，所以 MOOC 课程一般都有时间方面的限制，这也就进一步限制了 MOOC 课程在平台教学中的使用效度。

2. 管理科研分析

在平台管理方面，网易公开课和网易云课堂都属于相对开放的网络视频课程平台，在平台的教育管理和教育科研方面也并没有过多的设置，因此在这两个平台主要的还是不断增加视频课程的数量和涵盖范围。而中国大学 MOOC 作为以云计算为基础面向大学校园提供在线学习的一个专业化平台，其在平台科研管理方面做了相当细致的规划。

在中国大学 MOOC 平台中，其"学·问"分布中，推出了学习分享、课程推荐、优质回答、问题库、学术体系等方面的贴吧和论坛，让更多的学习者了解到不同领域、不同学科的知识信息，同时从"学·问"中显现出学习者对不同学科的关注程度，这也让平台的教育管理和教育科研有了明确的方向。不仅如此，学校云还让每所学校建立起自己的在线教育平台，在云平台中将教务处、老师和学生紧密地联系在一起，保证线上线下的无缝连接。同时，通过大数据的支持，从用户在平台注册和登录，到用户在平台课程的选择、学习、练习、笔记和互动交流，任何的个体线上学习行为都会被整理成数据进行相关的数据统计和分析，分析研究出的数据作为在线课程教学和平台发展的实证数据，更好地指导和管理中国大学 MOOC 平台。

3. 评价服务分析

虽然网易公开课的课程资源非常丰富，但由于其课程来源的自由度极高，所以网易公开课还没实现在课程学习过程中对学习者进行具体的个性化服务，不能针对学习者的学习需求来安排相应的学科学习；对学习者的学习进程和课程的了解程度没有相关的评定标准，如课堂练习、课程检测等。同时，网易公开课的互动交流平台单一，以发帖的形式开展交流互动，没有展现出智慧教育平台应有的可以让众多学习者同时同步异地进行互动交流的需求。

网易云课堂的学习方式和网易公开课类似，但在课程的学习进程上已经有了一定程度的数据保留，学习者登录到平台的学习页面就能查看到自己的学习进度，同时针对每门课程都有相应讲师的介绍，在有的课程当中，讲师还能够解答学习者在讨论区里提出的问题。虽然云课堂相较于公开课在平台的整体设计和管理上有所提升，但在网络课程教学资源方面依旧单调和有限；没有针对学习者的个性化学习进行相关的指导，学习者只能有什么课程学什么课程；讲师和学生、学生和学生之间的互动交流方式没有即时性。中国大学 MOOC 的智慧评价和服务体系已经相当完善，从课程的测验、作业、考试，到课程资源的推送，在线的平台交流和服务方面都有相关的技术支撑。但是，智慧评价内容和测验方式的增多并没有解决 MOOC 学习时的诚信度问题，替学或替考还是会出现，从而导致课程的学业认证没有含金量，影响学习者的学习兴趣。同时，课程的推送和互动交流过于一般化，难以同步跟踪到学习者的学习兴趣和动力，导致退课率依旧居高不下，阻碍教育平台的发展。

（二）百度传课

百度教育是百度公司旗下的互联网在线教育资源平台。平台内含有 1.8 亿个教育资源文档，10 万个以上的正版图书资源，5 万多个精品课程资源，让所有用户都能满足自己的学习所需。平台利用了先进的人工智能技术，大数据技术和教育云技术，为用户提供个性化的学习方案及资源，也为教育企业提供专业的商务解决方案。百度教育的核心产品包括百度文库（文档类资料汇总）、百度阅读（在线电子书籍）、百度大脑（学术、文献资源检索）、百度优课（教师教学资源）、百度题库（智能备考服务）和百度传课（智慧教育教学平台）。

1. 教育教学分析

百度传课的用户可以通过 PC、iPhone、iPad、Android 四大智能终端系统下载平台客户端并登录平台系统。在课程内容方面，百度传课针对各类实用技能的学习，课程涵盖了 IT/ 互联网 / 计算机、职场 / 求职 / 办公技能、语言学习、市场营销 / 金融管理、医疗 / 保健等方面。针对文化兴趣的学习，课程涵盖了生活技巧（美食 / 化妆 / 礼仪等）、文化艺术（国学 / 美术 / 音乐等）、兴趣爱好（摄影 / 旅游 / 象棋等）以及各类名校、TED 等教育机构的学术性公开课。针对各类认证和人才招聘、选拔类考试，课程涵盖了资格考试，例如：财会考试（会计证、会计职称、会计资格等）、建造考试（室内设计师、一级建造师等）、金融考试（银行从业资格、经济师、精算师等)，医药考试(执业药师、执业医师、护士资格)，职业资格(司法考试、教师资格证等)以及IT类考试(软件水平考试、计算机资格等级考试等)等各方面的资格教学课程资源；公务员/学历考试包括国考、省考、学历考试等方面的教学课程资源；大学生考试包括考研、四六级考试等方面的教学课程资源；出国留学包括雅思、托福、留学技巧、留学指导等方面的教学课程资源。同时，针对学校教育，百度传课还推出了中小学教学课程资源和家长教育学习课程资源等教育课程资源。

在教育教学方面，首先，百度传课的学习方式依旧为单一的教学视频和电子文档，没有出现类似于课堂实验、模拟操作等方面的学习内容；其次，百度传课的课程来源和课程内容不再局限于学校、教育机构的讲师和教授，任何人都可以在平台上发布自己制作的某一研究方向的教学资源，这样虽然扩大了知识的覆盖范围，但造成了教学资源档次的参差不齐，例如，课程视频资源清晰度低，课程讲述内容差，让学习者无所适从或没学到知识等；再次，教学资源档次的差距也使用户在学习过程中缺少一些在线学习课程应有的练习、测验等方面的内容；最后，付费与免费的课程混杂于一起，影响学习者对学习资源的选择和使用。

2. 管理科研分析

百度传课在平台的管理科研方面，以"我的课程""我是校长""我是老师"这三个方面对平台内用户的目的需求进行分类管理。学习者在注册平台账户时就自动加入"我的课程"分类当中，实现在线课程的搜索、学习等；而教学资源的发布者则被分配到"我是老师"的平台分类当中，制作和发布在线教学资源；而"我是校长"的平台分类则是针对各学校、教育机构、网络公司甚至一个教学领域内多个教师的组合。从而形成了"我是校长"管理和整理"我是教师"的各类教学资源，让学习者在"我的课程"中进行学习的全链条学习体系。同时，依靠百度强大的数据搜集和整理能力，实现学习者对在线课程的选择和评价等行为数据的分析和研究，向平台中更多的学习者推送此类精品课程的学习，让百度传课的运作和使用更加便捷。

3. 评价服务分析

在百度传课平台的评价与服务方面，在学习者的"我的课程"页面中，有我的课程、我的作业、我的测验、学习资料、我的笔记、我的问答、我的订单和我的信用等面对在线课程学习的评价和服务类项目，学习的课程也分为在线直播和视频资料两大类。在针对教学资源发布方的"我是老师"页面中，平台为其提供了课程教学的直播和录像，在线教学的互动白板、屏幕共享，课后的测验评价以及个人家教市场等方面的服务功能。在针对学校、教育机构及网络公司等管理者的"我是校长"页面中，平台为其提供了多样的授课工具，如成熟的营销支持和完备的拓展管理等服务功能。[①]

虽然百度传课平台的评价及服务包含的内容十分全面，但是由于教育教学水平、教学资源的来源等多方面的问题，学习者在具体的学习过程中并没有学习测验、课程评价等方面的内容，更难以实现针对学习者而进行的个性化在线教学。同时在课程的互动交流方面，发帖、发评论这类简单传统的方式，并没有实现更便捷、更同步的互动交流；在课程直播时虽然可以与老师进行互动交流，但却有极为苛刻的时间、人数和付款款项等方面的限制。这对学习者的在线学习产生了极为消极的影响。

（三）腾讯课堂

腾讯教育包括了腾讯公司旗下多个在线教育课程和资源平台。腾讯教育以腾讯 QQ 的网络功能和资源为基础，通过各类教育网站、平台的设立和搭建，将国内外优秀的教育资源汇集到一起，服务不同阶段的有学习需求的用户。腾讯教育的核心产品包括腾讯课堂（O2O 在线教育）、腾讯大学（含微信学院、互联网学院、开发平台学院、电商学院）、腾讯精品课（网络公开课和网络在线精品课程）、QQ 智慧校园（通过 QQ 公众号体系、QQ 钱包等多种产品在应用场景的支持，连接校园的行政、教学、校园生活等方面）。

---

① 梁立国, 2022. 走智慧教育的办学之路 [M]. 长春：吉林出版集团股份有限公司.

1. 教育教学分析

腾讯课堂与网易公开课和百度传课的平台登录方式相同，不仅有面向各类智能终端设备的客户端系统，也能直接登录网站进行学习。但腾讯课堂依靠QQ通信平台和手机微信平台上丰富的客户资源，扩展了用户登录平台的方式。在教学课程内容方面，腾讯课堂与百度传课相似，课程包含了IT·互联网（互联网营销、编程语言、前端开发、移动开发、网络与运维、软件开发及云计算大数据等），设计·创作（平面设计、UI设计、绘画创作、影视后期设计及服装设计等），语言·留学（实用英语、出国留学、国内考试、日语、韩语及小语种等），职业·考证（公考求职、法学院、财会金融、医疗卫生、建造工程、职业技能等），升学·考研（小学、初中、高中、大学及考研等），兴趣·生活（投资理财、音乐乐器、文艺修养、母婴亲子及生活百科等）等方面。

腾讯课堂在教学方面凭借QQ通信平台的优势，主要以在线即时互动教学为主；并利用QQ通信平台先进的音视频能力，提供流畅、高音质的课程直播；同时也支持PPT演示、屏幕分享等多样化的授课模式，还为教师提供白板、提问等功能。虽然腾讯课堂在教学资源、教学环境和互动平台上都有很好的体验，但是整体课程资源在免费与收费、在线直播与录播等推送方式方面没有较好地整理和分类；同时大多数课程只有教学视频，少部分附带文档资料，但却没有针对课程章节和课程整体的任务或测验布置，这使课程学习在教学过程中有很大欠缺，并且对平台的管理科研和评价服务造成影响。

2. 管理科研分析

腾讯课堂在平台管理方面以个人中心为个人主界面。在个人中心里，用户能够看到自己的课程表，包括课程进度、开课预告、当天上课时长等；全部订单，即用户所选的所有课程展示，以及收藏、我的余额、学团和用户联系方式等。同时，在个人中心的"我要讲课"部分，分为教育机构开课和个人老师开课，通过填写个人信息、身份资格的认证、教学成果的展示等方面的信息认证，教师或教育机构就可以在平台上发布课程获得收益。而在科研方面，腾讯课堂以"精选合辑"和"学团"两方面展示其对课程和用户需求的研究。在"精选合辑"中，平台根据课程的面向方向和使用人群，将同一类课程做成一类合辑，并以简短的标签将其链接在一起。而"学团"则是将相同需求的用户汇集到一起共同交流的兴趣部落。

3. 评价服务分析

腾讯课堂平台中的课程缺少课程过程练习、课程章节测验和课程学习评定等各类评价环节，这是平台的一大短板。但在平台推送及互动交流服务方面，腾讯课堂确有其独到之处。在腾讯课堂平台中，腾讯QQ用户和微信用户都可以方便地登录到平台当中，通过首次登录时对平台需求趋向问题的回答，为用户选择相适应的课程教学资源。当用户选择课程时，有免费课程和收费课程两类，免费课程可以直接加入学习；而对于收费课程，用户可以通过平台所提供的课程教师的QQ或微信链接，直接打开后会弹出QQ或微信的对话框，通过交流让用户对课程有一定认识后再决定是否缴费学习。在腾讯课堂的学习方式里，录播即是对视频课程的整理；而直播则是腾讯课堂所独有的在线学习方式。在直播课程学习中，首先加入课程学习，系统会记录用户的QQ或微信信息；在课程即将开始时会通过QQ或微信向用户推送课程即将开始的提示框；当用户进入平台后，在线课程会自动以视频框加对话框的形式在直播平台弹出，教师可以将自己的电脑、电子白板等映射到直播平台中开始讲课，而学习者也可以在课程讲授过程中向教师提问，教师根据所看到的提问来进行相应的解答；教师还会推送自己的QQ群或微信群让学习者加入，从而实现学习者与教师或学习者与学习者之间的相互交流。

第三节　智慧教学环境建设

所谓智慧教学环境，从本质上来说就是信息化教学的高端形态，主要是指能感知学习情境，具备合适的学习资源和便利的互动工具，自动化记录学习过程、评测学习成果，促进个性化学习、泛在学习的智能场所和空间。智慧教学环境的基本技术特征是能够实现资源同步和共享，学习情境采集和智能学习分析，结合移动互联的现实社区，自动匹配圈子，可随时随地交流，依赖于媒介素养，同时高度突出群体的协同知识构建，关注高阶认知目标。在此环境下的教学实践要重视活动设计和思维引导，形成开放、高效的信息化学习方式，以此满足学生多层次、差异化的学习需求。智慧教学环境建设主要体现在智慧校园建设、智慧教室建设等方面。

一、智慧校园建设

（一）智慧校园建设的总体目标

智慧校园建设的总体目标就是在现有校园网络的基础上，体现"以人为本"的理念，把 EPC、RFID 以及各种传感器装配到教学、科研、后勤、生活等学校领域的各个部门，通过智慧校园平台，连在一起形成物联网，将各种信息融合到学校的每个人和每件物上，实现人与人、人与物、物与物的互联与协作，做到服务于全体师生。[①]

（二）智慧校园建设的总体原则

智慧校园建设主要遵循以下原则。

1. 统一标准，资源共享原则

智慧校园的建设需要充分考虑相关信息系统与学校所在省、市教育信息资源的共享，建立信息资源共享机制，充分利用网络基础、业务系统和信息资源，加强整合，促进互联互通、信息共享，使有限的资源发挥最大的效益。

2. 开放性原则

智慧校园的建设要对各个应用系统的开发平台、数据库和运行环境进行统一

---

① 童春燕，2020. 智慧教育背景下高校课堂教学评价体系的构建与创新［M］. 长春：吉林人民出版社.

考虑。智慧校园在后期的应用过程中，校园网上的应用和资源会越来越多，如果对各项应用缺乏有效的组织和管理，技术升级存在风险，那么业务系统维护的成本将会不断增加。因此，前期的建设必须考虑学校未来需求的变化和扩展，通过开放性的平台进行持续改进，并实现更加方便的系统维护。

3. 先进性原则

系统设计采用先进的智慧校园理念、先进的技术和先进的系统工程方法，目标是建设一个可持续发展的、具有先进性和开放性的智慧校园。

4. 系统安全性原则

在系统软件设计与建设中，应该充分考虑数据安全、网络安全、传输安全、管理安全等。

（三）智慧校园建设的总体架构

智慧校园建设的总体架构从下到上分别为智能感知层、网络通信层、智能信息采集与管理平台层、智慧应用支撑平台层、智慧校园应用层和统一信息门户，辅以信息标准与规范体系、运行维护与安全体系两个体系保障智慧校园的规范建设与运行维护。

1. 智能感知层

在智慧校园中，智能感知层位于系统的最底层，通过无处不在的传感器、二维码标签、RFID、摄像头等感知和识别校园中相关物体的信息，实现对校园内人员、设备、资源等环境的全面感知，具体包括物与物的感知、人与物的感知，以及系统间信息的实时感知、捕获和传递等。这就要求传感器不仅要实时感知人员、设备、资源的相关信息，而且还要感知学习者的个体特征和学习情境。

2. 网络通信层

网络通信层的主要功能是实现移动网、物联网、校园网、视频会议网等各类网络的互联互通，实现校园中人与人、物与物、人与物之间的全面互联互通与互动，为随时、随地、随需的各类应用提供高速、泛在的网络条件，从而增强信息获取和实时服务的能力。

3. 智能信息采集与管理平台层

智能信息采集与管理平台层包括智能信息采集网络、物联网数据/元数据、物联网互通管理中心、物联网设备运行管理，主要功能是实现对收集的数据的整理及不同系统之间数据的格式转换。

4. 智慧应用支撑平台层

智慧应用支撑平台层负责对收集的信息进行全面集成、数据挖掘和智能分析，依赖于智慧校园中沉淀的多源、海量的非结构化和结构化数据，所有这些数据均通过 Hadoop 集群进行挖掘，数据分析和处理的结果存储在专用数据库中供系统和用户使用。

智慧校园以实现个性化服务为目标，客观上要求对校园用户的实际需求进行挖掘。校园网、无线网、一卡通、MOOC、数字学习、社交平台等系统的海量日志蕴含了用户日常工作、学习、生活中的行为习惯和爱好等，这为通过数据挖掘提升用户的使用体验、改进服务流程和提高服务质量提供了条件。

5. 智慧校园应用层

智慧校园应用层主要提供个性化服务、智能决策服务等。通过将教务管理系统、科研管理系统、人事管理系统、财务管理系统、资产管理系统等典型业务系统，传感系统、视频监控系统、社交网络系统等新型业务系统，以及各种应用系统进行高度融合，构建开放的学习环境，最终为师生提供个性化、智能化的应用服务。

6. 统一信息门户

智慧校园通过对各种服务进行融合，展现在用户面前的不再是一个个孤立的应用系统，而是统一、友好的使用入口界面——综合信息服务平台（统一信息门户）。统一信息门户提供统一的接入门户和入口界面，针对不同授权角色的用户，提供个性化的信息服务。用户只需访问个性化的校园门户，就可以进行各种信息资源的查询、交互与协同。同时，信息化的服务方式提高了管理效率和管理水平，有助于监控服务质量，提高服务能力。

7. 信息标准与规范体系

信息标准与规范体系确定了信息采集、信息处理、信息交换等过程的标准和规范，规范了应用系统的数据结构，满足了信息化建设的要求，为数据融合和服务融合奠定了基础。

8. 运行维护与安全体系

运行维护与安全体系是智慧校园正常运行的重要保障。智慧校园中的安全涉及物理安全、网络安全、数据安全和内容安全四个方面。物理安全包括设备安全、环境安全、介质安全等。网络安全包括风险评估、安全监测、数据备份、追踪审计、安全防护等。数据安全包括数据库安全、数字签名、认证技术等。内容安全包括数据挖掘、隐私保护、信息过滤等。

（四）智慧校园系统的主要功能模块

1. 身份管理模块

身份管理模块是对全校师生身份的统一认证和管理。全体师生可以到智慧校园管理中心申请，在 SIM 卡中以 RFID 电子标签的形式填写自己的个人基本信息，即自动身份识别的终端。这样，师生的 SIM 卡的射频标签与师生的基本信息就可以通过师生信息的基本数据库进行转换。在教师离职、退休或者学生毕业时，可以申请删除自己手机 SIM 卡中的个人信息，SIM 卡会因失去自动识别功能而再次成为一张普通手机卡。当教师或者学生的信息发生改变时，也可以申请更改，这些都是信息管理的功能。通过师生 SIM 卡的识别记录可查询其动态信息，比如考勤情况、到寝情况等。此外，还可以通过最近一次身份识别时标签识别器的位置来定位或追踪手机。[1]

2. 智慧教学模块

智慧校园在教学方面需要提供智慧的环境，智慧学习环境是一种能感知学习

---

[1] 段维清，2022. 现代教育技术与智慧课堂的构建研究［M］. 北京：中国商业出版社.

情景、识别学习者特征、提供合适的学习资源与便利的互动工具、自动记录学习过程和评测学习成果，以促进学习者有效学习的学习场所或活动空间，主要有以下特点。

第一，智慧学习环境包括融合的网络和先进的教学平台，旨在实现无处不在的网络学习。学生不仅可以在机房、图书馆、自习室、宿舍等用电脑进行网络学习，还可以在操场、食堂、草坪上通过无线网络随时随地接入网络，接收课程通知、参与课程讨论、提交作业等。

第二，学习终端不再局限于普通电脑，以 iPad 为代表的移动终端得到更广泛的应用，学生可以在课堂内外进行电子教材的学习，参与师生互动、生生互动等网络学习活动。

第三，教与学的方式将发生很大改变，教师通过智慧学习环境能够快速地识别学生特征，根据其课内、课外的学习过程，对其进行合理的分析与判断，将学习资源进行个性化推送，并在小组协作中进行优化组合，发挥学生的特长，激发其学习兴趣与热情，提高学习效果。基于 Web3.0 理念的技术将得到充分的应用，Wiki、日志、博客、微信等在教学中将会发挥重要作用，支持学生的共同学习与反馈，培养学生的自主学习能力，有利于知识的建构，并实现知识的共建共享。

智慧教学模块主要包含 5 个子模块：智慧教室、教学设备、智慧课程、实验实训、智慧考核。智慧教室通过对教室中的人、设备、环境、师生情绪等进行精确感知和监控，对信息进行综合运用，根据不同的教学内容，利用现代教育技术等教学手段及当前教室的电气装置和设备，提出情景教学模式，体现智慧教室具有教学内容呈现的优化性、学习资源获取的便利性、课堂教学互动的深度性、教学情景体验的感知性、教室电气布局的管理性等特征，最终达到提高教学质量和提升学生就业能力的目标。教学设备是相互独立的，彼此之间的关联不太紧密，通过物联网将各个教学设备连接成一个互联互通的网络，可以提高教学设备的利用率。智慧课程借助于互联网将 PC 机、手机等终端设备连接到专业资源库上，使师生随时随地都可以方便快捷地访问专业资源库。在没有专业人员在场的情况下，通过自动识别学生或教师的身份并自动检测设备的状态，让他们自由出入实验实训场地，实现实验实训的智慧化。智慧考核既是对教师教学质量的考核，也是对学生学习情况的考核。智慧考核可以公平公正地实现对教师和学生的同时考核。

3. 智慧科研模块

高等院校不但要进行教学研究，而且还要进行科学研究。智慧校园提供了创新的科研协作平台，通过知识管理，建立组织合理和分类规范的单位级、部门级的知识库，实现知识的获取、存储、学习和创新，为学校科研人员提供统一的知识资源服务，为科学研究提供强大的知识平台支撑；同时，加强科研团队协作建设，创新科研协作模式，科学研究不再是个人单打独斗的行为，也不是简单的工作叠加，而是团队合作创新的过程。通过协作平台，为科研协助支持、业务管理等方面创造条件，使科研人员的科研成果得到有效共享与交换，促进科研人员的科研水平及其工作效率的提升。具体而言，在智慧校园中构建智慧科研服务平台，对科研的方向、成果、动态等进行跟踪，对科研工作进行智能管理，将使科学研究活动的开展变得更为快捷、高效和便利。在科研项目申报过程中，教师申报的过程将会更为便捷，科研项目申请表中个人的基础信息将可以实现自动填报，还能主动推荐合作成员，校内团队成员的基础信息也能实现自动添加。在科学研究活动过程中，智慧校园将提供更加智能的知识管理服务、高效的协同支持服务、便利的科研项目事务管理服务等，使研究工作更加高效、协同。另外，智慧校园还能实现科研成果的智能汇集和跟踪。例如，发表论文被引用、检索的自动跟踪，科研成果的自动汇集和统计等。

智慧科研模块主要包括4个子模块：项目管理、成果管理、政策法规、学术交流。项目管理子模块可以借助互联网，实现与上级主管部门及其他相关部门在科技方面的沟通，及时了解政府部门的科技政策与信息，组织横向和各级纵向科研项目的材料申报、统计报表、合同管理、过程检查管理、项目结题验收等，还能实现对科研经费的管理与监督。成果管理子模块可以实现专利申请、科技成果的鉴定并利用各种渠道发布科技成果，促进科技成果的转化。政策法规子模块负责及时向全校师生发布关于科技的政策法规，并起草学校层面的科技管理制度。学术交流子模块负责组织和管理校内的学术交流活动，促使校内单位或个人加入学术团体的管理工作等。

4.智慧管理模块

智慧校园提供智能高效的校务管理，包括数字迎新、学生管理、教务管理、协同办公、人事管理、资产管理、财务管理、智能环境监测管理等。

（1）数字迎新

数字迎新系统是智慧校园的重要应用。新生入学报到时，通过手机或者电脑等终端，可以便利地了解需要办理的手续。"新生导航"模块会非常智能地引导新生先到哪里办理身份确认，然后到哪里进行缴费，如何领取开学物品，最后如何办理住宿登记等，每个环节都安排得有序而有效，节省了时间，实现了入学手续办理的智能高效。同时，学校通过统一数据平台实时将迎新系统的数据共享给学生处、教务处、财务处、后勤等相关部门，便于学校各部门能及时掌握新生报到动态，提前安排好各项准备工作。

（2）协同办公

协同办公可以实现多校区、各级单位工作的快速协同，协同办公是将时间上分离、空间上分散，但又相互依赖、相互协作的个体之间进行联系的过程。通过设计表单与流程，实现公文网络审批的智能流转、电子签章、多人会签等，既规范了管理流程，又大幅提高了工作效率。同时，支持移动办公，相关领导和工作人员可以利用手机进行公文批阅，重要的校内新闻、通知、公告、公文等会以手机短信、手机邮件等各种方式推送到手机，实现重要事务的应急响应与及时处理。

（3）智能环境监测管理

学生可以随时随地查询有空闲座位的自习室、开放的实验室，节省时间，提供学习便利；对于教室的使用情况，系统实时监控，管理人员可以根据系统反馈的情况，远程控制教室资源，如果教室已经处于完全空闲状态，系统就会自动以声光形式反映，管理员可以视情况远程关闭教室电灯、空调、多媒体等设备，节能减排，建设绿色校园；同时，教室、机房、宿舍安装了智能传感器系统，实时感应烟雾、温度、湿度等环境情况，并通过网络传输给监控大厅，如有异常，会及时发送手机短信提醒，便于管理人员及时排查隐患。

5. 智慧后勤模块

智慧后勤模块分为智慧安防、智慧医疗、智慧楼宇、路灯管理和图书管理5个子模块。智慧安防子模块通过射频识别、GPS、遥感等技术，并结合日常的视频监控系统，全面感知校园的环境、人和物的变化，然后计算机系统将感知信息进行汇总、处理，适时地进行提示或报警。智慧医疗子模块利用物联网技术实现教师和学生的医疗感知，为师生提供智慧医疗体验。智慧楼宇子模块借助物联网技术实现办公楼和学生宿舍楼的智慧管理，包括水电管理、消防管理等。路灯管理子模块旨在管理校园内部的全部路灯，根据时间、天气的不同对路灯进行实时智能管理。图书管理子模块通过物联网技术为每本图书设置RFID卡，师生可以方便地进行借阅和归还，并能进行实时查询，实现图书馆的无人化、智能化管理，并可以降低在图书馆人员和资金上的投入。

6. 智慧门户模块

智慧校园为用户提供一体化信息服务，实现信息的自动流转，而用户感受到的则是简单、便捷与实用。信息门户平台与业务系统进行深度融合，可实现对业务的集成，建设一个智能的、协同的智慧门户。智慧门户不仅是一个综合信息展现中心，而且是一个应用集成中心；智慧门户的内容能够随需而变，根据业务需求智慧构建；智慧门户能够将各个独立的信息系统联系起来，相互感知，实现智慧关联；智慧门户能够对分散于各系统的相关业务进行集中处理与查询，实现智慧集成；智慧门户能够对业务数据中有价值的信息进行分析、提炼，得到各类数据分析结果与趋势预警信息，以图形、报表、仪表盘等形式实时展现，帮助学校领导和相关管理人员作出科学决策。

7. 智慧消费模块

高校的校内消费是师生日常学习生活的重要组成部分，全体师生都持有一张含有RFID电子标签的校园卡，当师生在身份可识别的地方进行消费时，相应的信息就会被读取出来，可以查询到卡主的相关信息及卡中余额，产生消费后，消费记录会以短信的方式反馈给卡主。高校师生日常消费的校内场所包括食堂、超市、洗衣房、浴室、理发店、开水房等。

二、智慧教室建设

（一）智慧教室平台架构

智慧教室的平台构架由设备层、门户层、应用层、服务层、数据层、基础层、网络层组成。

1. 设备层

智慧教室支持多种设备接入用于设备连接。设备主要包括电子白板、电子黑板、笔记本电脑、平板电脑、网络摄像头、打印机、手机、监视器等一系列智慧教室的设备。另外，还包含智慧教室的周边辅助设备，如充电柜、网络设备、备用电源等。

2. 门户层

教育云服务网站通过统一的登录服务，可以支持用户在电子书、手机、电脑等终端登录，登录后可享受多种服务，并在门户网站上集合教育资源管理、家校联络管理、学校教学管理、账号服务管理等多种相关功能的入口。

3. 应用层

综合智慧教室的主要功能，按照模块化、独立化的原则进行设计，主要包括远程教育系统、互动教学系统、教育应用商店、教室智能控制、教学质量评估系统、云书城、教师线上备课系统及智能阅卷系统。

4. 服务层

提供支撑应用层操作的相关基础服务，包括数据挖掘服务、身份认证服务、数据库服务、多媒体点播直播服务、全文检索服务及文件服务。

5. 数据层

智慧教室平台拥有多数据库的支撑，保证了平台数据的庞大性、可靠性、稳健性及账号数据的安全性，主要包含用户数据库、教学系统数据库、资源数据库及评价系统数据库。

6. 基础层

基础云服务包括存储服务、服务器服务、网络连接服务。支撑智慧教室平台系统的基础设施可以在云环境下稳定工作。

7. 网络层

智慧教室平台所依赖的基础网络包含平台所涉及的网络，有 5G 网络、4G 网络、3G 网络、2G 网络、无线网络、有线网络等。

（二）智慧教室系统功能组成

智慧教室一般由内容呈现系统、学习资源系统、教学交互系统、环境感知系统、实时记录系统、在线测试和评价系统及身份感知与识别系统组成。这些系统共用教室内的信息资源和各种软硬件资源，在完成各自功能的同时，彼此相互联动与协调。[①]

1. 内容呈现系统

内容呈现系统是智慧教室的重要部分，也是开展课堂教学的基础。设计良好的内容呈现系统可以提高教学内容的传递效果。内容呈现系统包括交互演示子系统、虚拟现实子系统，通常由黑板、投影仪、电视、交互式电子白板（双板）、移动终端、电子书包、虚拟设备、无线机顶盒、扩音设备等组成，其基本功能如下：

（1）呈现教师的演示文稿、教学软件、操作过程等。

（2）呈现学生移动终端或者电子书包上的内容、作品以及操作过程等。

（3）呈现教师与学习资源的互动内容。

（4）呈现教师与学生的互动内容。

（5）呈现学生与学习资源的互动内容。

（6）模拟出现实物理环境不容易实现的虚拟教学环境。

（7）实现对室内视觉、听觉呈现相关软硬件的管理。

（8）呈现语言扩声和音乐扩声。

---

① 郑永强，2018. 智慧教育［M］. 长春：东北师范大学出版社.

交互演示子系统由移动终端、电子书包、交互式电子白板、黑板等构成。根据需求，呈现教师上课的教学内容，教师可以与云端教学资源实时交互，学生利用电子书包上课，也可以与云端学习资源实时交互。而且，交互演示子系统可以根据需求实时呈现教师与学生、学生与学生、小组与小组的交互内容，提高教学效率。交互演示子系统代表着智慧教室的教学信息呈现能力。

虚拟现实子系统旨在借助虚拟设备，实现物理环境与虚拟环境的无缝融合，让学生体验虚拟出的不同学习环境，避免资源浪费。利用虚拟现实子系统可以更方便地实施情境教学，进行混合教学。

虚拟现实子系统又包括相互关联、协同工作的视觉呈现子系统和听觉呈现子系统。视觉呈现子系统由各种无线终端（信号源）、无线机顶盒（转换传输设备）、投影仪和电视机（显示设备）构成。无线终端通过局域网将画面发送给无线机顶盒，无线机顶盒连接到显示设备，实现显示功能。听觉呈现子系统可以实现教学过程中的语言扩声和音乐扩声。语言扩声主要用于教室内拾音、放大和扬声，一般采用以前置扬声器为中心的音响系统。音乐扩声主要用来播放音乐、歌曲等内容，采用双声道、立体声形式，有的采用多声道和环绕形式，多以低阻抗的方式与扬声器配接。

2. 学习资源系统

学习资源系统主要是指学习资源的存储、分发系统。学习资源系统将开发的资源放置在云端，师生可在上课过程中实时同步课程资源，并保存教学过程中的生成性资源。此外，对于课堂教学过程，学习资源系统可实时录制并存储到云端。学习资源系统通常由电子书包、课堂教学资源、学习过程记录、云服务平台等构成，可实现上传教师开发的教学资源、同步学生终端的学习资源、录制师生上课过程、存储教学过程等功能。

学习资源存储、分发系统的主要功能是由教师将开发的数字化资源和教学过程中的生成性资源上传到云服务平台。学生也可以将自己开发和收集的学习资源上传到云服务平台，分享给其他同学。

教学过程录播系统是生成性资源录入的主要辅助系统，主要是在现在学校流行的录播系统上增加记录学生学习轨迹与教师教学轨迹的功能。

3. 教学交互系统

教学交互系统是课堂教学过程中师生、生生交互的支持系统。该系统支持课堂讲授、协作学习以及学生自主探究等多种学习方式，对于实施形成性评价具有重要价值。课堂交互系统通常由各种学习终端、云服务平台组成，可实现师生、生生的互动，小组讨论和学习，学生个人的探究，学习过程、学习评价的记录。

4. 环境感知系统

环境感知系统的使用有利于为学生营造一个健康、舒适的学习环境。该系统通常由温度传感器、气体成分传感器、压力传感器、光纤传感器组成。其基本功能如下：感知室内温度，当温度超过预设范围时发出警报，并启动温控设备；感知室内气体成分，当气体成分超过预设范围时发出警报，并启动新风设备；感知学生坐姿，当学生坐姿出现问题时，给予振动或声音提示；感知室内光线，当光线过强或过弱时，开启窗帘或照明设备。

（1）气候监控系统

气候监控系统由三部分组成：室外气象站、室内空气感知系统和空气调节系统。室外气象站可测量风向、风速、温度、湿度等常规气象要素，并将测量的气象信息及时传送到教室内的空气感知系统，由其决定是否发出警报、调节窗帘控制进光量或启动空气调节系统。空气调节系统一般由进风、空气过滤、空气热湿处理、空气的输送和分配、冷热源等部分组成。

（2）气味监控系统

气味监控系统能够对教室内的一氧化碳、二氧化氮、苯、氨气、烟雾等有毒气体和物质进行探测，其核心设备有感烟雾传感器、感温式传感器、感光式传感器。

（3）照明监控系统

在智慧教室中，照明监控系统有两个任务。一是环境照度控制，即根据日照情况自动调整窗帘和室内灯光的开关。二是照明节能控制，将教室划分为若干区域，安装6~8个光学传感器，可以根据不同区域的光线的强弱，自动开关该区域的灯光，从而达到节能的目的；也可利用光电、红外传感器检测室内的人员活动情况，一旦人员离开教室，就会自动关闭灯光，达到节能的目的。

以上智能环境感知系统（又称为环境控制系统）主要基于 RFID 等的物联网技术对课堂内的光、电、声、温等根据学习者学习的需要进行控制，根据课堂外的光照条件调节照明，根据季节气候的不同调节温度，根据课堂内的声场环境调节声音系统等。

5. 实时记录系统

实时记录系统主要是在现在学校流行的录播系统上增加记录学生学习轨迹与教师教学轨迹的功能。教师可对教学视频进行分析，反思教学过程，撰写反思日志。实时记录系统可为教师教学决策和学生自主学习提供参考和有效的数据支持。

6. 在线测试和评价系统

在线测试和评价系统主要包括教师可以利用即时反馈系统在教学的过程中随机出题进行意见征集和应答反馈，以收集学生对某一具体内容和问题的观点或掌握情况，反馈结果可以及时呈现，便于教师及时调整自己的教学内容或过程。学生也可以利用同步标记系统对教师讲课时的声音大小及语速进行反馈，在教师的教学终端上会即时显示学生对教师讲课声音大小和语速快慢的评价，教师可以根据学生的整体评价意见进行及时的调整，以保证教学的最佳效果。

另外，在课程学习开始前和课程学习结束时，可以利用在线测试和评价系统对学生的预习情况和本堂课程的学习情况进行测试，测试结果通过学习支持系统的后台运算，可以及时地提供测试分析结果。预习测试可以帮助教师了解学生的预习情况，从而确定自己的教学起点；学习结束时的测试可以帮助教师了解学生课堂学习完成时的学习目标达成情况，对出现的问题采取及时的补救措施。

7. 身份感知与识别系统

智慧教室可通过射频识别、人体识别系统等传感装置，按约定的协议，对教室里师生的出入情况进行记录，把各种设备连接起来并进行信息交换，实现智能化识别和感知。

第四节　教育元宇宙

随着虚拟现实、人工智能、区块链、大数据、5G 通信、可穿戴设备等底层技术的应用日渐成熟，这些技术的结合运用使打造元宇宙成为可能。元宇宙作为数实融合的高级形态，能够推动新经济、新业态、新模式发展，可以作为新质生产力的抓手和引擎，助力我国经济、教育等领域高质量发展。

一、元宇宙的概念

元宇宙是一个不断演变、不断发展的概念，元宇宙的技术生态和内容生态都尚未成熟，对元宇宙和教育的融合有许多想象。对于元宇宙，不同的学者有不同的定义，2022 年 9 月 13 日，全国科学技术名词审定委员会在北京举行元宇宙及核心术语概念研讨会，与会专家学者经过深入研讨，将"元宇宙"释义为"人类运用数字技术构建的，由现实世界映射或超越现实世界，可与现实世界交互的虚拟世界"。

未来元宇宙的三大特征为"与现实世界平行""反作用于现实世界""多种高技术综合"。元宇宙的连接体系主要包括内部连接和外部连接两部分。内部连接，即元宇宙内部不同应用生态之间的连接；外部连接，即元宇宙与现实世界的连接。

元宇宙是整合多种新技术而产生的新型虚实相融的互联网应用和社会形态，它基于扩展现实技术提供沉浸式体验，以及数字孪生技术生成现实世界的镜像，通过区块链技术搭建经济体系，将虚拟世界与现实世界在经济系统、社交系统、身份系统上密切融合，并且允许每个用户进行内容生产和编辑。因此，元宇宙具有沉浸式体验、虚拟身份、虚拟经济和虚拟社会治理的特征。

沉浸式体验是指能够实现在现实世界中的感觉，这种感觉包括触觉、嗅觉、听觉等；虚拟身份是指在虚拟空间中有一个或者若干个数字身份，可以通过虚拟身份在虚拟世界中进行社交、工作等；虚拟经济是指在虚拟世界中能够实现类似现实世界中的货物交易；虚拟社会治理是指同样有一个存在于虚拟世界的组织，制定社区秩序和规则。

元宇宙包含八大要素：身份、朋友、沉浸感、低延迟、多元化、随时随地、经济系统和文明。

元宇宙未来会分为三个阶段：数字孪生阶段、数字原生阶段和虚实共生阶段。数字孪生是将现实世界映射到虚拟世界中，而数字原生是创作者在数字世界或虚拟世界中生产产品，进行交易；虚实共生是将虚拟世界和现实世界联动起来，能够在两个世界中进行自由切换。

二、元宇宙的核心技术

元宇宙概念爆发后，相关学者对元宇宙技术进行了总结，目前比较公认的是赵国栋提出的六大技术，简称为BIGANT（大蚂蚁），具体包括区块链技术、交互技术、游戏引擎和空间计算技术、人工智能技术、网络技术和物联网技术。《中国元宇宙白皮书》中将技术与应用关系结合起来，分为硬件技术层、接入技术层、基础软件层等六大技术群。如图2-1所示。

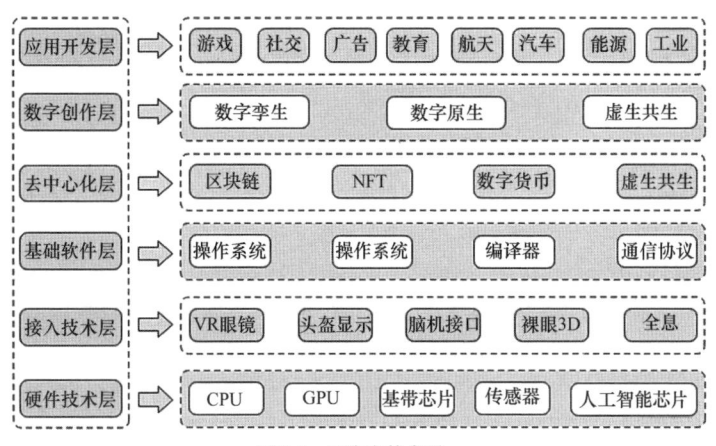

应用开发层	→	游戏	社交	广告	教育	航天	汽车	能源	工业
数字创作层	→	数字孪生		数字原生			虚生共生		
去中心化层	→	区块链		NFT		数字货币		虚生共生	
基础软件层	→	操作系统		操作系统		编译器		通信协议	
接入技术层	→	VR眼镜		头盔显示	脑机接口		裸眼3D		全息
硬件技术层	→	CPU		GPU		基带芯片	传感器		人工智能芯片

图2-1 元宇宙技术群

三、教育元宇宙的影响

由于视觉仿真因素的全面融入，推动信息传递从二维平面升级到三维立体空间，未来内容输出形式更加生动灵活，有力增强了用户的真实感、临场感和沉浸感，极大扩充和丰富了元宇宙的内容体系。

教育元宇宙可理解为元宇宙的教育应用，它为教师、学生、管理者等相关者创建数字身份，在虚拟世界中开拓正式与非正式的教学场所，并允许师生在虚拟的教学场所进行互动。

元宇宙能够从三个维度赋能数字教育。

第一，场景赋能。作为物理世界的延伸与拓展，元宇宙能够拓宽传统学习的空间维度，打造低延迟、高沉浸的虚拟学习场域。

第二，资源赋能。一体化平台能够为学习者提供多领域、多层次、多元化的学习资源，并促进学习者共同参与学习资源的共建共享。

第三，体系赋能。元宇宙能推动构建高质量学习体系，促进未来教育产业的智能化升级，催生新的教学理念与教育模式，培养新时代所需要的人性化人才。

教育元宇宙对教学的影响主要表现在：一是虚拟教学设备将弥补各类教育的办学短板，以及教育资源不均衡；二是数字智能教师实现全时伴读的个性化教育；三是 NFT（Non-Fungible Token，非同质化代币）为学生提供学习成果积累和不同体验的学习奖励；四是沉浸式互动教学环境更有利于深度学习和激发学生兴趣。

第五节　智慧教学资源建设

一、智能录播系统

微课、慕课等学习资源既是学生自主性、个性化学习的基础，也是促进教育均衡发展的保证，教师开发高质量的教育资源是信息化时代教师必须具备的数字能力。教育资源开发、管理与应用是智慧校园建设与评价的重要指标。

智能录播系统可在教师现场授课的同时，自动生成课堂教学实况录像，完整地记录教师授课的全过程，包括教师讲授的过程、板书书写的过程和使用的多媒体教学课件等，按照授课的时间顺序自动编辑生成授课实况录像，同时还可以以流媒体的方式在互联网上进行直播，使广大用户如在课堂现场一样，课后还可以在网上点播重放。

（一）智能录播系统架构

全自动智能录播系统一般由视音频信号采集系统、摄像跟踪定位系统、录播控制系统、多媒体录播服务器系统等几部分组成，如图 2-2 所示。其全自动智能性主要体现在摄像跟踪定位系统和智能自动编辑系统上。

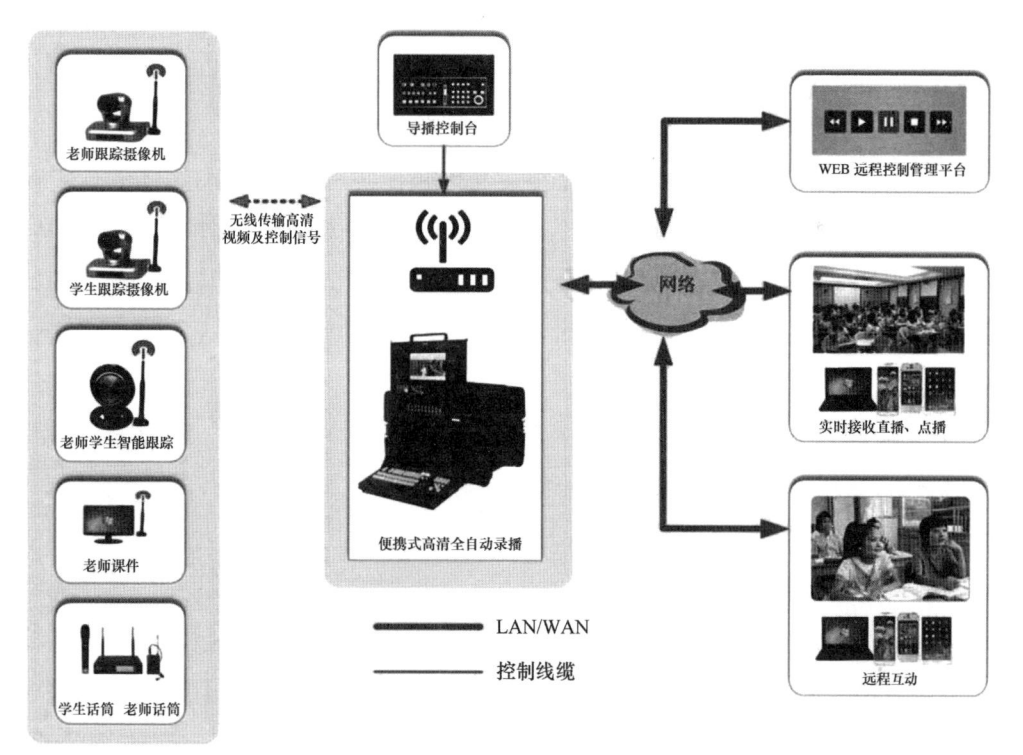

图 2-2　智能录播系统结构

（1）音视频信号采集系统

高性能的音视频设备是实现音视频清晰记录与还原的保证。视频信号采集系统一般由教师摄像机、学生摄像机和板书摄像机三种类型的高清的摄像机组成，通常教师摄像机和学生摄像机都采用带有旋转云台的快速球形摄像机，分别对准跟踪拍摄目标。板书摄像机应能清晰拍摄黑板上书写的全部文字和图形，既能拍摄黑板的局部，又能拍摄黑板的全景，根据黑板宽度和摄像跟踪定位方案的不同，板书摄像机可采用多台定焦距摄像机或一台旋转云台的快速球形摄像机等方案。拾音设备由教师拾音话筒和学生拾音话筒组成，通常选择高性能的电容话筒或无线话筒。

（2）摄像跟踪定位系统

摄像跟踪定位系统是多功能录播系统的"大脑"，可实现对教师、学生位置的智能跟踪，并根据讲课过程自动切换视频。跟踪控制系统的实现方式主要包括红外线控制、图像识别控制、超声波控制、声音识别控制等。

（3）录播控制系统

录播控制系统包括录播软件、录播控制台和智能切换控制系统。为了使录播系统成为日常教学的重要辅助手段，必须降低操作的复杂程度，实现自动录制、自动切换、自动停止。录播软件能完成单画面、画中画、多画面模式的课件录制，并能自动生成片头片尾。录播控制台设备可自动或手动控制设备协同工作，控制设备的切换、使用、参数调节，并通过显示、指示功能直观地得到结果。智能切换控制系统能实现智能剪辑，自动编辑，提供多组输入输出接口，自动镜头切换，实时录播。智能录播控制系统如图2-3所示。

（4）多媒体录播服务器系统

多媒体录播服务器系统，除将视频、音频和计算机屏幕信号进行一体化的同步录制、直播和点播外。服务器可以配合所有标准H.323的MCU（多媒体通信单元）和终端产品，完成实时录制、实时直播、随选点播、后期点播、在线远程导播、后期编辑、远程管理、文件管理等多种功能。

图 2-3　智能录播控制系统

（二）云录播系统

数字视频种类多、数据量大，多个录播教室的视频录播和管理，对录播服务器的性能提出了更高要求，服务器价格昂贵，同时还存在安全性低、易瘫痪等弊端，直接影响录播教室的高效使用。随着云存储技术的发展，云录播系统应运而生。

云录播是基于物联网模式并且采用云存储、云传输技术来满足现代化教学需求的一种方式。具体实现是指通过集群应用、网格技术、分布式转换编码设备、集中式解码资源服务器等系统集合，将高清摄像、教学电脑、实物展台、语音等信号通过分布式转换编码设备转换成网络信号，传输至资源管理中心的云录播资源管理服务器，并通过云录播管理平台，实现整个学校的校本教研、微格教研、自主学习、直播、远程点播等功能。全自动云录播系统拓扑图如图 2-4 所示。

云录播系统具有可扩展性、兼容性、稳定性和安全性，并可减少将来的运营成本，视频图像在网上直播具有较高的清晰度和流畅性。

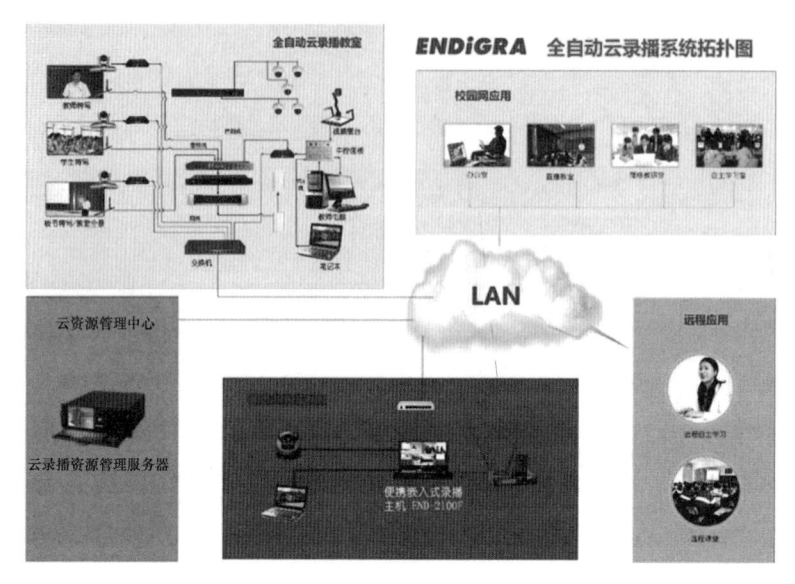

图 2-4 全自动云录播系统拓扑图

（三）虚拟演录播系统

虚拟演录播系统就是将虚拟演播室系统和快课工具（Articulate Storyline、Camtasia 等）集成开发，能够简单、经济、高效、有效地创作出品质高端、体验互动、多终端应用的优秀电子学习内容。虚拟演录播系统如图 2-5 所示。

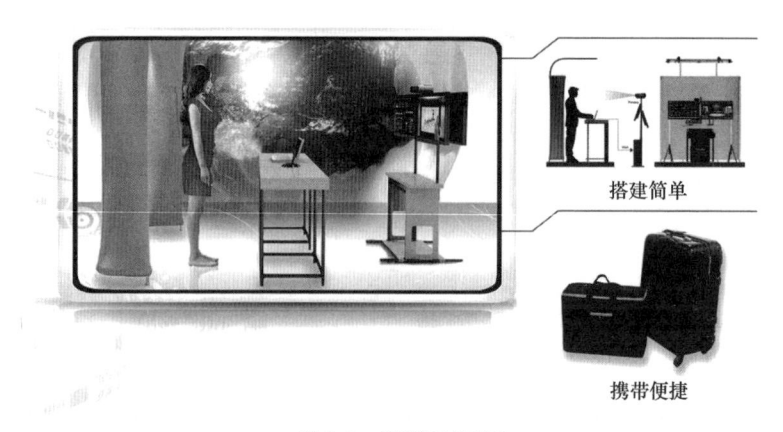

图 2-5 虚拟演录播系统

二、扩展现实

扩展现实（Extended Reality，简称 XR），是指通过计算机将真实与虚拟相结合，打造一个可人机交互的虚拟环境，这也是虚拟现实（VR）、增强现实（AR）、混合现实（MR）等多种技术的统称。通过将三者的视觉交互技术相融合，为体验者带来虚拟世界与现实世界之间无缝转换的"沉浸感"。

（一）虚拟现实

1. 虚拟现实的基本概念

虚拟现实（Virtual Reality，简称 VR）是一种可以创建和体验虚拟世界的计算机仿真系统，它利用计算机生成一种模拟环境，是一种多源信息融合的、交互式的三维动态视景和实体行为的系统仿真，使用户沉浸到该环境中，如图 2-6 所示。虚拟现实是我们活在未来的方式。

图 2-6　虚拟现实

VR 主要包括模拟环境、感知、自然技能和传感设备等方面。模拟环境是指由计算机生成的、实时动态的三维立体逼真图像。感知是指理想的 VR 应该具有一切人所具有的感知，除计算机图形技术所生成的视觉感知外，还有听觉、触觉、力觉、运动等感知，甚至还包括嗅觉和味觉，也称为多感知。自然技能是指人的头部转动、眼睛、手势或其他人体行为动作，由计算机来处理与参与者的动作相适应的数据，对用户的输入作出实时响应，并分别反馈到用户的五官。传感设备是指三维交互设备。

2. 虚拟现实的特点

（1）沉浸感：又称临场感，是指用户感到作为主角存在于虚拟环境中的真实程度。通过计算机图形构成的三维数字模型，编制到计算机中产生人为的、逼真的虚拟环境，用户感到作为主角存在于模拟环境中，专注于当前的目标情境下感到愉悦和满足，而忘记了真实世界的情境。

（2）交互性：指用户对虚拟环境中对象的可操作程度和从虚拟环境中得到反馈的自然程度。也就是虚拟环境能够响应人的自然行为，能够与人互动，产生与真实世界一样的感觉。交互形式主要包括眼球追踪交互、动作捕捉交互、肌电模拟交互、触觉反馈交互、语音交互、方向追踪交互、真实场地交互、手势跟踪交互、传感器交互等。

（3）想象性：指用户在虚拟世界中根据所获取的多种信息和自身在系统中的行为，通过逻辑判断、推理和联想等思维过程，随着系统的运行状态变化而对其未来进展进行想象的能力。

3. 虚拟现实系统的分类

（1）桌面式 VR 系统：桌面虚拟现实系统是基于个人计算机、图形工作站及立体显示器产生三维空间的交互场景，用户使用位置跟踪器、数据手套、力反馈器、三维鼠标或其他手控输入设备，实现虚拟现实技术的重要技术特征。系统主要包括 VR 立体图形显示、效果观察、人机交互等，成本相对较低，用户会受到周围现实环境的干扰而不能获得完全的沉浸感。

（2）沉浸式 VR 系统：利用头盔显示器把用户的视觉、听觉封闭起来，产生虚拟视觉，同时，它利用数据手套把用户的手感通道封闭起来，产生虚拟触动感。系统采用语音识别器让参与者对系统主机下达操作命令，与此同时，头、手、眼均有相应的头部跟踪器、手部跟踪器、眼睛视向跟踪器的追踪，使系统尽可能地达到实时性。常见的沉浸式系统有：基于头盔式显示器的系统、投影式虚拟现实系统。

（3）分布式 VR 系统：是基于网络的虚拟环境，在这个环境中，位于不同物理环境位置的多个用户或多个虚拟环境通过网络相连接，或者多个用户同时参加一个虚拟现实环境，通过计算机与其他用户进行交互，并共享信息。系统中，多个用户可通过网络对同一虚拟世界进行观察和操作，以达到协同工作的目的。

4. 虚拟现实系统的组成

典型的虚拟现实系统由计算机软、硬件系统（包括VR软件和VR环境数据库）和VR输入、输出等设备组成，如图2-7所示。

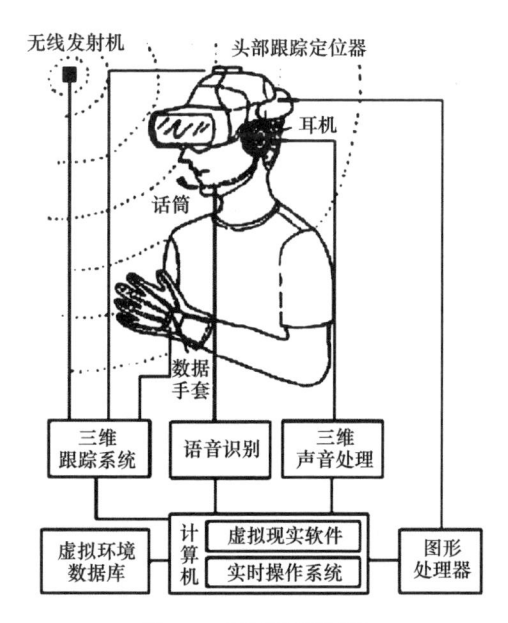

图2-7　虚拟现实系统结构

硬件主要包括以下部分：

（1）跟踪系统：用以确定参与者的头、手和身躯的位置和姿势；

（2）触觉系统：提供参与者感知力与压力的反馈；

（3）音频系统：提供立体声源和判定空间位置；

（4）图像生成和显示系统：产生视觉图像和立体显示；

（5）高性能计算机处理系统：具有高处理速度、大存储量、强联网特性。

软件方面除了要有一般所需的软件支撑环境以外，还要能够接收各种高性能传感器的信息，生成立体的显示图形，把各种数据库（如地图地貌数据库、物体形象数据库等）、各种CAD软件进行调用和互联等。

5. 虚拟现实的核心技术

（1）动态环境建模技术

虚拟环境的建立是虚拟现实技术的核心内容。动态建模技术的目的是获取实际环境的三维数据，并根据应用的需要，利用获取的三维数据建立相应的虚拟环境模型。三维数据的获取可采用CAD技术（有规则的环境），而更多的情况则需采用非接触式的视觉建模技术，二者有机结合可有效地提高数据获取的效率。

（2）实时三维图形生成技术

三维图形的生成技术虽然已比较成熟，但如何"实时生成"仍然是实现虚拟现实技术的严峻挑战。为了达到实时的目的，至少要保证图形的刷新率不低于15帧/秒，最好高于30帧/秒。在不降低图形品质和复杂程度的前提下，如何提高刷新频率是该技术的一项重要研究内容。

（3）立体显示和传感器技术

虚拟现实是在三维空间中完成人机交流，为了准确及时地获取人的动作信息，需要各类高精度、可靠的三维人机交互设备和传感设备，即虚拟现实的交互能力依赖于立体显示和传感器技术的发展。现有的虚拟现实设备还远远不能满足系统的需要，例如，数据手套有延迟大、分辨率低、作用范围小、使用不便等缺点；虚拟现实设备的跟踪精度和跟踪范围也有待提高，因此，有必要开发新的三维显示技术。

（4）应用系统开发工具

虚拟现实应用的关键是寻找合适的场合和对象，即如何发挥想象力和创造力。选择适当的应用对象可大幅提高效率，减轻劳动强度，提高产品品质。达到这一目的，必须研究虚拟现实的开发工具，例如，虚拟现实系统开发平台、分布式虚拟现实技术等。

（5）多种系统集成技术

由于虚拟现实系统中包含大量的感知信息和模型，因此，系统的集成技术起着至关重要的作用。系统集成技术包括信息的同步技术、模型的标定技术、数据转换技术、数据管理模型、模式识别与合成技术等。

虚拟现实技术的应用前景广阔，商业、教育、娱乐和虚拟社区等成为虚拟现实产品开发与应用的主要领域。

（二）增强现实

1. 增强现实的基本概念与特点

增强现实（Augmented Reality，简称 AR）是一种将真实世界信息和虚拟世界信息"无缝"集成的新技术，把原本在现实世界的一定时间、空间范围内很难体验到的实体信息（如视觉信息、声音、味道、触觉等），通过电脑等科学技术，模拟仿真后再叠加，将虚拟的信息应用到真实世界，被人类感官所感知，从而达到超越现实的感官体验。简单来说，增强现实是一种实时地计算摄影机影像的位置及角度，并加上相应图像、视频、3D 模型的技术，其目标是在屏幕上把虚拟世界套在现实世界并进行互动。增强现实技术可广泛应用于军事、医疗、建筑、教育、工程、影视、娱乐等领域。

增强现实技术包含了多媒体、三维建模、实时视频显示及控制、多传感器融合、实时跟踪及注册、场景融合等新技术与新手段。AR 具有以下三个突出的特点：①真实世界和虚拟世界的信息集成；②具有实时交互性；③在三维尺度空间中增添定位虚拟物体。

2. 增强现实系统组成

一个完整的增强现实系统是由一组紧密连接、实时工作的硬件部件与相关的软件系统协同实现的，常用的有如下三种组成形式。

（1）基于计算机显示器（Monitor-Based）

在基于计算机显示器的 AR 实现方案中，将摄像机摄取的真实世界图像输入到计算机中，与计算机图形系统产生的虚拟景象合成，并输出到屏幕显示器，用户从屏幕上看到最终的增强场景图片。这种技术组成简单，不能带给用户太多的沉浸感。其工作过程如图 2-8 所示。

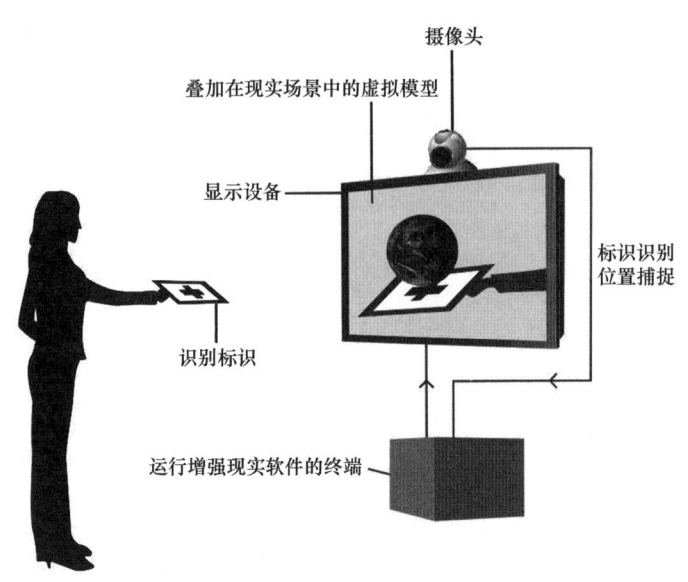

图 2-8　基于计算机显示器的增强现实系统

（2）光学透视式

头盔式显示器（Head-mounted displays，简称 HMD）被广泛应用于虚拟现实系统中，用以增强用户的视觉沉浸感，增强现实技术同样适用。根据具体实现原理又划分为两大类：基于光学原理的穿透式 HMD 和基于视频合成技术的穿透式 HMD。光学透视式增强现实系统实现方案如图 2-9 所示。

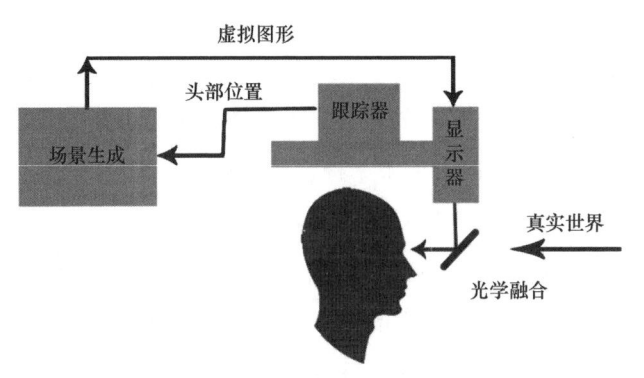

图 2-9　光学透视式增强现实系统

光学透视式增强现实系统具有简单、分辨率高、没有视觉偏差等优点，但它也存在着定位精度要求高、延迟匹配难、视野相对较窄和价格高等不足。

（3）视频透视式

视频透视式增强现实系统采用的是基于视频合成技术的穿透式HMD（Video See-through HMD），实现方案如图2-10所示。

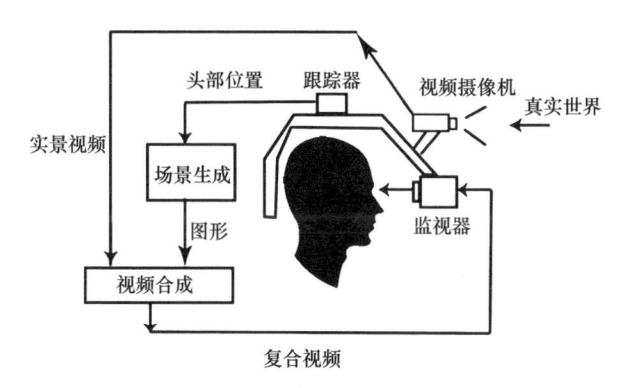

图2-10 视频透视式增强现实系统

（三）混合现实

混合现实（Mixed Reality，简称MR）是虚拟现实技术的进一步发展，该技术通过在虚拟环境中引入现实场景信息，在虚拟世界、现实世界和用户之间搭起一个交互反馈的信息回路，以增强用户体验的真实感，如图2-11所示。混合现实包括增强现实和增强虚拟，是合并现实和虚拟世界而产生的新的可视化环境。

图2-11 混合现实

混合现实先通过扫描周围的物理环境，然后创建一个周围的3D模型，将数字内容加入这个空间里，通过手势控制的方式进行交互操作。

如果一切事物都是虚拟的，那就是虚拟现实。如果展现出来的虚拟信息只能简单叠加在现实事物上，那就是增强现实。混合现实的关键点就是与现实世界进行交互和信息的及时获取。

第三章　智慧环境下的智慧学习

智慧学习是学习者在智慧环境中按需获取学习资源，灵活自如开展学习活动，快速构建知识网络和人际网络的学习过程。智慧学习以发展学习者的学习智慧，提高学习者的创新能力为最终目标，是在智慧教育理念指导下，充分运用思维导图、知识管理等工具组织管理学习过程的新型学习方式。本章介绍了智慧环境下的学习、信息技术支持下的高效学习等内容。

第一节　智慧环境下的学习

以人工智能为代表的智慧学习时代，学习的方式、内容和场景正在经历前所未有的变革，人工智能技术为学习提供了前所未有的便利和高效，使学习途径更加多元化，知识获取更为快捷，人工智能可以根据每个学习者的学习速度、兴趣和能力来定制课程，使个性化学习和按需学习成为可能，使教育更加高效和更具针对性。

一、学习的进化

从技术支持的学习来看，人的学习经历了自然学习、经典学习、现代学习三个阶段，并正在向超级学习阶段迈进。

自然学习阶段是具象的学习，生活空间即学习空间。该阶段的主要矛盾是学习者的生存需要和所处环境的偶然性之间的矛盾。经典学习阶段以文字符号学习为主，学校教育是其最主要的学习方式。该阶段的主要矛盾是学习者学习的需要和学习资源不足之间的矛盾。现代学习阶段是图文学习，也就是虚拟世界和现实世界的双重学习空间。该阶段的主要矛盾体现在学习者学习能力停滞不前和知识增速不断加快之间的矛盾。而超级学习阶段是未来学习的特征，大脑成为被改造的新空间。该阶段的主要矛盾是学习者思维、情感发展的多样性需求和知识获取的机械化之间的矛盾。

有学者认为，AI时代的超级学习阶段具有以下五个基本特征：一是在学习生物基础方面，学习将是基于脑科学的全脑学习，学习的奥秘被逐步揭示，将从脑环境的改善角度提升学习效率；二是在学习方法方面，学习将是基于大数据的精准学习，这个大数据不仅包括学习者个人的学习过程分析，也包含其他人和前人的学习数据，从而能够精准制定每个人的学习进度和学习方式；三是在学习内容方面，学习将是基于新技术的高阶学习，特别是随着脑机接口技术的成熟，学习者只需要学习智慧类和工具类的知识，在每个人大脑里形成独特的神经元连接，而那些仓储式的知识可以外挂在云上随时调取；四是在学习价值方面，学习将是基于人格化的创新学习，学习的目的是提高责任感、形成个性、培育创新精神；五是在学习通道方面，人脑和电脑协同学习，学习不再仅仅发生在脑神经元之间，也将发生在每个芯片的算力之中。

二、智慧环境下的学习方式

学生的学习有主动学习和被动学习之分。被动学习是指学生在学习过程中处于被动的地位，通常是由教师主导，学生只是接受知识的传授。在这种学习方式下，学生往往缺乏对学习的积极性和主动性，对所学知识也缺乏深入的理解和思考。主动学习是指学生在学习过程中处于主导地位，通过自主学习、自主思考、自主实践等方式获取知识和技能。

不同的学习方式，直接影响着学生对知识和技能的掌握程度，如表 3–1 所示。智慧的教学环境，为学生的主动学习提供了便利，可实现学生的高质量个性化学习。

表 3–1　学习方式与知识技能掌握

学习方式		知识或技能掌握
被动学习	演讲	5%
	阅读	10%
	视听	20%
	演示	30%
主动学习	小组讨论	50%
	应用实践	75%
	教其他人/同伴互教	90%

下面简略地介绍一下当前教育界研究较多的几种学习方式。

（一）数字化学习

数字化学习是指学习者在数字化的学习环境中，利用数字化学习资源，以数字化学习方式进行学习的过程。

1. 数字化学习要素

（1）数字化学习环境。它经过数字化信息处理，具有信息显示多媒体化、信息传输网络化、信息处理智能化和教学环境虚拟化的特征。它主要包括设施、资源、平台、通信和工具等。

（2）数字化学习资源。是指经过数字化处理，可以在多媒体计算机上或网络环境下运行的多媒体资料。它主要包括数字视频、数字音频、多媒体软件、在线学习管理系统、计算机模拟、在线讨论、数据文件以及数据库等。数字化学习资源是数字化学习的关键，具有切合实际、即时可信、富有创造性，可用于多层次探究、可操纵处理等特点。

（3）数字化学习方式。教师、学生可以利用数字化平台和数字化资源，开展协商讨论、合作学习，并通过对资源的收集利用、探究知识、发现知识、创造知识以及展示知识的方式进行学习，主要包括资源利用、自主发现、协商合作和实践创造等几种途径。

数字化学习主要具有以下几个特点：学习环境虚拟化；学习资源数字化和全球化；学习内容的不确定性；非正式学习比重加大。

2. 数字化学习模式

（1）资源利用型的自主浏览模式

学习资源库为学习者提供了大量可利用的资源。学习者既可以根据自己的爱好和需求等选择相关学习资源，还可以根据评测系统的反馈及时改进自己的学习方法。

（2）主题探究型的延伸训练模式

在学习相关课程时，老师为学习者设置一定的任务和问题，学习者充分利用信息化工具针对某个主题进行探索，构建自己的认知结构。

（3）互动交流型的合作学习模式

学习者在学习过程中，既可以与其他学习者组成小组，组内成员相互交流、相互激励，激发学习兴趣，也可以与其他小组进行竞争，提升学习的动力。

（4）远程协助型的专家辅导模式

学习者可能无法解决有些专业领域的问题，可以在线与异地的专家进行交流以寻求帮助，同时也锻炼了学习者的交流能力。如今随着信息技术的发展，通过QQ、微信、远程电话连线等技术实现实时技术交流已经变得十分方便。

（二）移动学习与泛在学习

1. 移动学习

移动学习是在数字化学习的基础上，通过有效结合移动计算技术，利用移动设备在任何时间、任何地点开展的学习。移动学习是指学习者在非固定和非预先设定的位置下发生的学习，或有效利用移动技术发生的学习。

移动学习的内涵主要有以下几点：

移动学习不仅仅是使用可便携设备的学习，也应该强调是发生在一定情境中的学习；

移动学习不是一种孤立的学习方式，而应该是同其他的学习方式的混合；

移动学习不应该仅仅意味着向小屏幕呈现或推送内容，也要关注它对于高效学习流程执行的驱动。

移动学习独有的特征有以下几点：

（1）提供随时随地的学习环境；

（2）学习活动更具有情境相关性，碎片化特征明显；

（3）提供 Just-in-Time（适时的，恰到好处的）的学习内容；

（4）给学习者以强烈的拥有感。

2. 泛在学习

泛在学习，又名无缝学习、普适学习、无处不在的学习等，顾名思义就是指每时每刻的沟通，无处不在的学习，是一种任何人可以在任何地方、任何时刻获取所需的任何信息的方式，同时也是数字化学习的延伸。

泛在学习的主要特点包括学习的持续性、可访问性、直接性、交互性和主动性。学习者可以持续地获取信息，并且能够访问多种形式的学习资料，如文字、图片、视频和音频等。此外，学习者可以在任何地方、任何时间，通过各种方式（如点击在线视频）获取信息，这些信息通常是即时的。在交互性方面，学习者可以通过同步或异步的方式与其他学习者进行讨论交流，实现信息交互和学习互动。泛在学习也强调学习的主动性，即学习者可以根据自己的需求选择学习内容和教师。

泛在学习还涉及教学行为的场景性，即学习可以融入学习者的日常生活中，使得学习者所遇到的问题或所需的知识能够以自然有效的方式被呈现出来。这种学习方式有助于学习者更好地注意问题情境的特点。

（三）探究式学习

探究式学习又称为研究性学习，是指从学科领域或现实生活中选择和确立主题，在教学中创设类似于学术研究的情境，学生通过动手做、做中学，主动地观察、实验、操作、调查、收集与处理信息、思考与交流等探索活动，获得知识，培养能力，发展情感与态度，特别是发展探索精神与创新能力。探究式学习倡导学生的主动参与，是一种积极的学习过程，探究既是学习过程又是学习目的。

1. 探究式学习的过程

最早提出在学校科学教育中采用探究方法的是约翰·杜威。他认为科学教育不仅仅是要让学生学习大量的知识，更重要的是要学习科学研究的过程或方法。他主张教学应当遵循以下步骤：创设疑难情境、确定问题、提出解决问题的假设、制定解决问题的方案并实施等。

在进行探究式学习的时候，学习者要注意以下几点：

（1）要围绕科学性问题开展探究活动；

（2）要获取可以帮助他们解释和评价科学性问题的证据；

（3）要根据事实证据形成解释，对科学性问题作出回答；

（4）要通过比较其他可能的解释，特别是那些体现出科学性理解的解释，来评价自己的解释；

（5）要交流和论证他们所提出的解释。

2. 探究式学习的特点

（1）学生主导

探究式学习强调学生的主动性和自主性，学生在教师的指导下自主选择学习内容、制定学习目标，并通过自主学习与实践来达成学习目标。

（2）问题导向

探究式学习也被称为问题导向式学习，问题是探究式学习的核心。探究式学习注重培养学生的解决问题能力，学生通过收集信息、分析数据和寻找解决途径来解决问题。

（3）合作学习

探究式学习鼓励学生进行合作与交流，在合作中促进对知识的理解和运用，并培养他们的团队合作精神。

（4）多元评估

探究式学习不只是关注学生的学习成果，更注重评估学生的思考过程和学习方法，采用多种评估方式来全面了解学生的学习情况。

3. 探究式学习对学生学习的影响

探究式学习理论是一种重要的学习理论，它强调学习者要培养自主探索的能力，而不是完全依赖教师的指导。此外，它还强调学习者要及时反思、调整和完善自己的学习方法和策略，以达到更好的学习效果。探究式学习对学生学习的影响有以下几点：

（1）激发学生的主动思考和求知欲

探究式学习拓展了学生的思维空间，激发了他们对问题的思考和求知欲，培养了其主动学习的态度和技能。

（2）培养学生的批判性思维能力

通过提出问题和分析数据，学生不再仅记忆知识，而是学会了质疑和思考，培养了批判性思维和创新思维能力。

（3）培养学生的合作与沟通能力

探究式学习强调学生之间的互动和合作，培养了学生的团队合作、沟通交流和领导能力。

（4）增强学生的学习动机和学习兴趣

在探究式学习中，学生可以根据自己的兴趣选择学习内容，从而增强了他们的学习动机和激发了他们的学习兴趣。

探究式学习理论的发展，为学习者提供了一种新的学习观念，也为教育者提供了一种新的教育思想，使学习者能够更好地培养自主学习的能力，从而提高学习效率。

（四）混合式学习

混合式学习（Blended Learning）是在"适当的"时间，通过应用"适当的"学习技术与"适当的"学习风格相契合，对"适当的"学习者传递"适当的"能力，从而取得最优化的学习效果的学习方式。

1. 混合式学习的含义

混合式学习是多种学习理论、学习资源、学习环境、学习方式的混合。

学习理论的混合：混合式学习倡导以学习者为中心，主动探索式地学习。其学习策略需要多种学习理论的指导，以适应不同的学习者，不同类型的学习目标，不同学习环境和不同学习资源的要求，包括建构主义学习理论、人本主义学习理论、教育传播理论、活动理论、虚实交融理论、情境认知理论等。

学习资源的混合：混合式学习依赖于多种学习资源，包括在线课程、课堂面对面讲授、课程资源包等，把这些资源尽可能多地整合到一个平台上，建立"一站式"的学习，形成强大的知识管理中心，实现隐性知识显性化、显性知识体系化、体系知识数字化、数字知识内在化。

学习环境的混合：理想的混合式学习模式综合了多种功能，能够使学习者参与多个正式、非正式学习活动。它建立在完全以学习者为中心的环境中，从信息到教学内容，从技能评估到支持工具，从训练到协作环境，一切围绕学习者展开。

学习方式的混合：充分利用网络的力量，将网络学习与课堂面授有机结合。有实时与非实时、同步与异步的教师讲授，可进行讨论学习、协作学习，基于"合作"理念的小组学习，还有传统学习和围绕网络开展的自主学习。

2. 混合学习的模式

（1）技能驱动模式

技能驱动模式（Skill-Drivern）是将自定步调的自主学习同教师的在线指导相结合。学习者与教师之间主要通过电子邮件、论坛进行交流，使学习者的自主学习的主体作用与教师的帮助指导的主导作用有机地结合起来。对于学习者而言，这种混合学习模式可以有效地消除他们的孤独感，促使其圆满完成自定步调的学习。对于教师而言，通过网络交流，不仅能了解学习者的学习内容和学习进度，而且可以及时解答他们在自主学习中遇到的问题。

（2）态度驱动模式

态度驱动模式（Attitude-Driven）是传统的课堂学习和在线协作学习的结合。通过面对面方式先把协作学习中的内容、属性、期望成果（形成态度与行为），以及如何通过网络技术进行协作的有关事项向学习者传达。然后学习者通过网络进行协作来完成学习过程或者尝试学习某种新的行为。

（3）能力驱动模式

能力驱动模式（Competency-Driven Model）就是学习者与专家共同活动，并通过在线方式进行互动以获取隐性知识。决策过程部分受基本事实和工作原则指导，但还需要具有通常专家才具备的隐性知识。主要是适用于隐性知识的学习。

（4）Barnum 和 Paarmann 模式

Barnum（巴纳姆）和 Paarmann（帕拉曼）模式包括基于 Web 的传输、面对面加工、形成一定的产品、协作扩展学习四个阶段。将学习材料放到 Web 上，学习者根据他们的需要随时进入 Web 页面浏览这些材料。页面上包括专家的联系方式，如果学习者遇到问题或者他们想深入探讨，可以随时联系相关专家，也可以采用面对面加工的方式。尽管 Web 在学习材料、内容的传递过程中起到重要作用，但是，彼此交流仍然非常必要，它有利于加强彼此间的深入理解，并且通过自己建构起来的知识，创造性地形成自己的知识体系，并通过网络和其他人分享。

第二节 信息技术支持下的高效学习

一、信息检索与信息发布

广义的信息检索是将信息按一定的方式进行加工、整理、组织并存储起来，再根据信息用户特定的需要将相关信息准确地查找出来的过程。狭义的信息检索是指从信息集合中找出用户所需要的有关信息的过程。网络化时代信息检索通常使用搜索引擎查找获取信息。

搜索引擎是指根据一定的策略，运用特定的计算机程序从互联网上搜集信息，在对信息进行组织和处理后，为用户提供检索服务，将用户检索相关的信息展示给用户的系统。

（一）信息检索

1. 搜索引擎的类型

搜索引擎包括关键词全文搜索引擎、目录搜索引擎、垂直搜索引擎、元搜索引擎等。

（1）关键词全文搜索引擎。这类搜索引擎最常见的就是国外的谷歌和国内的百度。主要依靠用户输入的关键词进行检索。一般情况下，与用户输入的关键词的相关度越高，就会在列表中排在越前面的位置。

（2）目录搜索引擎。通过人工或半自动的方式将互联网上的所有信息进行收集和分类，并逐级地编入相应的目录中，用户主要通过点击层层相应的目录找到所需的信息。如搜狗、新浪等。

（3）垂直搜索引擎。专门针对特定领域、特定人群或特定需求设计的搜索引擎，它提供具有行业色彩和深度信息的专业化服务。与通用搜索引擎相比，垂直搜索引擎的特点在于其专注、精确和深入，如中关村在线（https://www.zol.com.cn），可以对摄像机、投影机等做高级搜索。

（4）元搜索引擎。又称多搜索引擎，通过一个统一的用户界面帮助用户在多个搜索引擎中选择和利用合适的（甚至是同时利用若干个）搜索引擎来实现检索操作，是对分布于网络的多种检索工具的全局控制机制。国外元搜索引擎有 InfoSpace、Dogpile、Vivisimo 等，中文元搜索引擎中具代表性的有比比猫（bbmao）搜索引擎、搜魅网（someta）搜索引擎等。元搜索引擎的工作原理如图 3-1 所示。

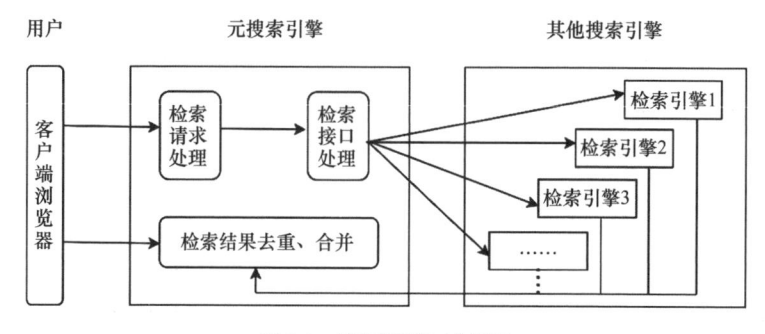

图 3-1　元搜索引擎工作原理

2. 网络信息检索

常用的中文搜索引擎有百度、中国搜索、搜狗、360 搜索、必应等。

百度搜索引擎使用了高性能的"网络蜘蛛"程序自动地在互联网中搜索信息，可定制、高扩展性的调度算法能使搜索器在极短的时间内收集到最大数量的互联网信息。百度在中国各地和美国均设有服务器，搜索范围涵盖了各个华语地区以及北美、欧洲的部分站点。

常用的百度搜索有新闻、网页、贴吧、知道、音乐、图片、视频、地图、文库、翻译等。

3. 识图

探究式学习不仅可以通过关键词搜索获取信息，也可以通过图片搜索相关的信息内容，这就是搜索引擎的识图功能。

识图是基于相似图片的识别技术，也就是以图搜图，通过上传与搜索结果相似的图片或图片 URL 进行搜索，找到相关的图片及其他信息。百度、中国搜索、搜狗、360 搜索等均提供了识图功能。

打开百度图片搜索，点击搜索框后的照相机，如图 3–2 所示，或输入 URL 地址 http://shitu.baidu.com，进入识图界面。通过本地上传图片，或输入图片的 URL 地址，对相应图片进行图像特征分析搜索，获得互联网上与这张图片相同的其他

图 3–2　百度识图界面

图片资源，同时为用户找到这张图片的相关信息，可支持 JPG、GIF、PNG、JPEG、BMP 等图片格式，同时要求文件小于 5M。识图结果如图 3-3 所示。

图 3-3　百度识图结果

手机端百度浏览器同样可以识万物，使用更加方便，可随时拍图或上传手机存储的图片识物，如图 3-4 所示。

4. 人工智能 ChatGPT

ChatGPT 是美国开放人工智能研究中心即 OpenAI 公司推出的一种人工智能技术驱动的自然语言处理工具，使用了 Transformer 神经网络架构处理序列数据的模型，拥有语言理解和文本生成能力，尤其是它可以通过连接大量的语料库来训练模型，这些语料库包含了真实世界中的对话，使 ChatGPT 具备上知天文下知地理，还能根据聊天的上下文进行互动的能力，做到与真正人类几乎无异的聊天场景进行交流。ChatGPT 不单是聊天机器人，还能进行撰写邮件、视频脚本、文案、翻译、代码等任务。ChatGPT 还采用了注重道德水平的训练方式，按照预先设计的道德准则，对不怀好意的提问和请求"说不"。2023 年 7 月，OpenAI 增加了 Custom instructions 的新功能：在系统层面给聊天机器人定制化一些指令，聊天机器人更具有个性化特色的同时，更好地贴近使用者的需求。2023 年 9 月，OpenAI 正式发布了新版 ChatGPT 增加了语音输入和图像输入两项新功能；2023 年 11 月，OpenAI 宣布，所有用户均可使用其语音输入功能 ChatGPT Voice。

图 3-4 手机识万物

国内 ChapGPT 的应用较多的有百度的文心一言（https://yiyan.baidu.com）、科大讯飞的讯飞星火（https://xinghuo.xfyun.cn）等，如图 3-5、图 3-6 所示。

图 3-5 文心一言界面

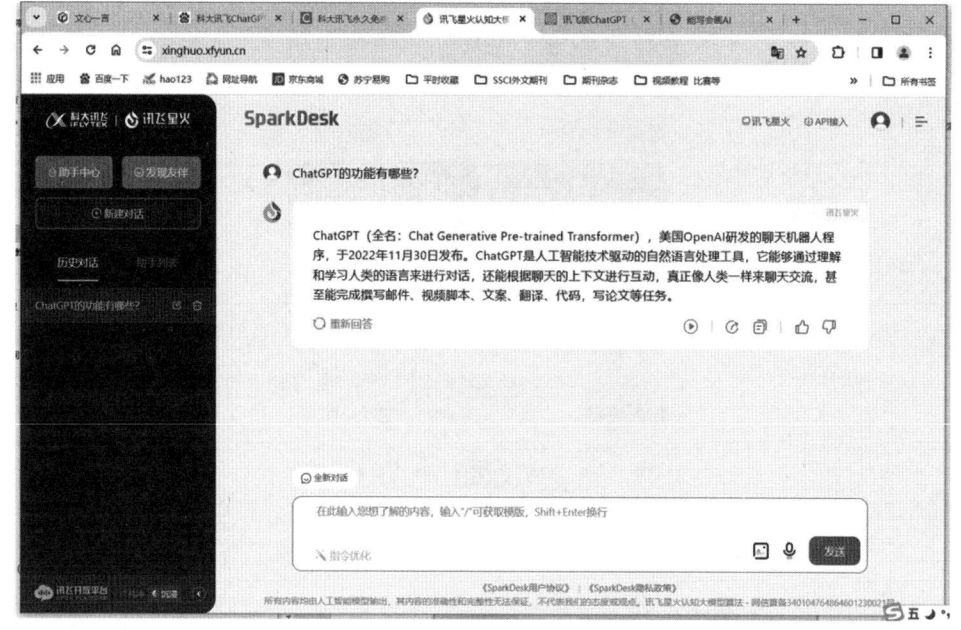

图 3-6 讯飞星火界面

（二）信息发布

在网络化时代，知识等信息的发布方式多样，云盘、二维码等为知识的精准传递提供了众多便利。

1. 云盘信息发布

云盘也称网盘，是一种专业的互联网存储工具，是互联网云技术的产物，它通过互联网为企业和个人提供信息的储存、读取、下载等服务。其主要有以下几点特点：

（1）存储空间大，可同步存储。如百度网盘 SVIP 用户存储空间达 5T，可与本地电脑实现数据的同步存储，方便移动及异地办公使用。如图 3-7 所示。

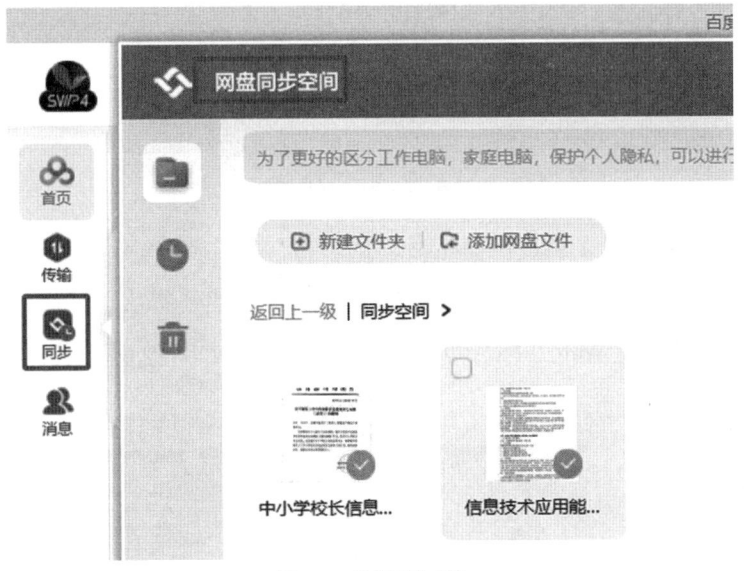

图 3-7 云盘同步功能

（2）多媒体在线播放。音频、视频和图片等多媒体无须下载，通过云盘自带的播放器可直接播放，百度网盘还可在线倍速播放。

（3）安全共享。可以将自己云盘中的文档、视频文件或文件夹等分享给其他用户，只需通过提取码就可实现分享，考虑到安全需要，还可限定访问人数、有效期等，如图 3-8 所示。

图 3-8　云盘分享

（4）高效转存。通过提取码，可批量、高效地将别人分享的文件转存到自己的网盘。

（5）在线解压。云盘既支持文件或文件夹的直接上传，又支持将其文件或文件夹进行压缩后再上传，如百度网盘还对压缩文件提供了在线解压功能。

（6）工具多样。为满足不同用户的使用需求，云盘还提供了许多的实用工具，如百度网盘的 PDF 转 Word、图片转 Word、文字识别、图片滤镜等，如图 3-9 所示。

图 3-9　百度网盘实用工具

2. 二维码信息发布

二维码是用某种特定的几何图形按一定规律在平面（二维方向上）分布的黑白相间的图形记录数据符号信息的。在代码编制上巧妙地利用构成计算机内部逻辑基础的"0""1"比特流的概念，使用若干个与二进制相对应的几何形体来表示文字数值信息，通过图像输入设备或光电扫描设备自动识读以实现信息自动处理。二维码除具有名片、地图、WIFI密码、资料等信息获取功能外，还具有网站跳转、广告推送、手机电商、防伪溯源、会员管理、手机支付等功能。

生成二维码的方法很多，草料二维码、微微二维码等二维码生成器网站是最常用的方法；有些网站如问卷网、问卷星等可将编辑的内容直接生成二维码；360或火狐浏览器URL地址后的二维码生成功能也可将阅读的网页内容自动生成二维码；联图网也可生成矢量二维码。

二维码有静态码和活码两种方式：

（1）静态码是直接对电话、地址、网址等信息进行编码（一般最多50个文字），所以无须联网也能扫描显示，缺点是生成的二维码图案非常复杂，不容易识别和打印，容错率低，而且印刷后内容无法变更，无法存储图片和文件。

（2）活码是对一个分配的短网址进行编码，扫描后跳转到这个网址。这样将内容存储在云端，可以随时更新、可跟踪扫描统计，可存放图片视频、大量文字内容，同时图案简单易扫，缺点是必须联网。草料二维码开发了活码管理系统，实现了活码的在线修改、后台管理等功能。

二、思维导图

（一）图式与知识可视化

图式是指每个人头脑中都存在大量的对外在事物的结构性认识。图式将杂乱无章的信息组织起来，用来表征一个具体的系统，也可以用来表征各种层次的知识、人脑对外界环境与事件的认识以及经验等，从而使其变成一个有意义的结构，并且突出重要的信息，有利于学习与认知。图式是表征特定概念、事物或事件的认知结构，是指明某个概念、技能或事件应该具有的标准式样或应该采取的步骤。

围绕某一个主题组织起来的知识的表征和贮存方式为基础的理论称为图式理论。

知识可视化是在科学计算可视化、数据可视化、信息可视化的基础上发展起来的新兴研究领域，它应用视觉表征手段，促进群体知识的传播和创新，是人们高效学习和有效知识传播的重要方式。

知识可视化指的是利用所有可以用来建构和传达复杂知识的图解手段把知识用图示方法表征出来，有助于我们分析知识概念，明确概念之间的关系。常用的知识可视化工具有概念图、思维导图、认知地图、语义网络、思维地图等。常见的知识可视化图形模板如图3–10所示。

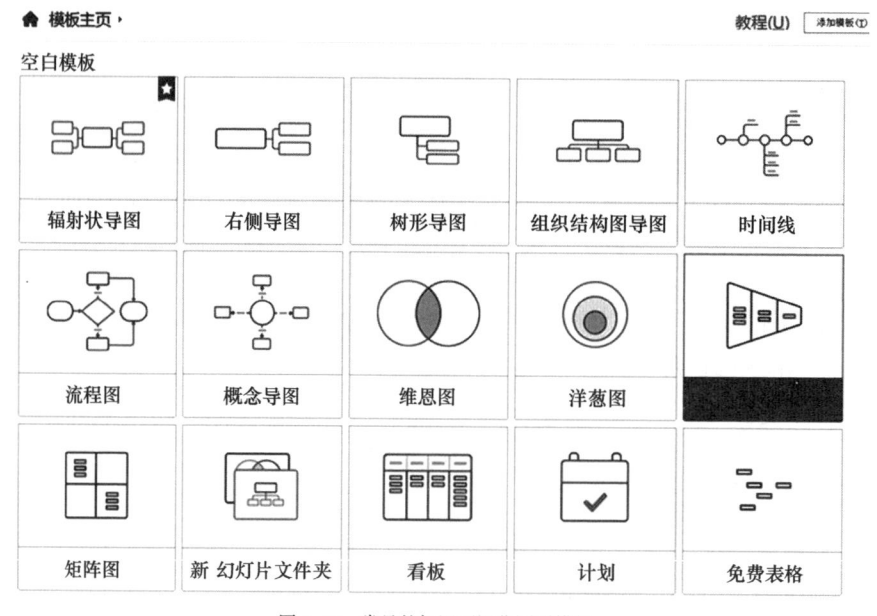

图3–10　常见的知识可视化图形模板

（二）思维导图的概念

思维导图（The Mind Map，Mind mapping）是一种开发思维潜力，提高思维能力的简单、高效的工具。它结合了全脑的概念，包括左脑的逻辑、顺序、条理、文字、数字，以及右脑的图像、想象、颜色、空间、整体等。透过思维导图，不但可以增强思维能力，提升注意力与记忆力，更重要的是，能够启发联想力与创造力。

思维导图使用一个中央关键词或想法，并以此向外辐射，用线条连接所有的代表字词、想法、任务或其他关联项目，并运用图像、颜色建立记忆链接，图文并重。思维导图充分运用左右脑的机能，利用记忆、阅读、思维的规律，协助人们在科学与艺术、逻辑与想象之间平衡发展，从而开启人类大脑的无限潜能，具有人类思维的强大功能。

常用的思维导图软件有 MindMap、MindManager、EasyThinking、MindGenius、MindMapper、Inspiration、Keystone ConceptMap 以及 Word、PowerPoint 等。

（三）思维导图的优势

1．焦点集中，主干发散

思维导图是一种将放射性思考具体化的方法。每一种进入大脑的资料，不论是感觉、记忆还是想法——包括文字、数字、符码、线条、颜色、意象、节奏、音符等，都可以成为一个思考中心，并由此中心向外发散出成千上万个关节点，每一个关节点代表与中心主题的一个联结，而每一个联结又可以成为另一个中心主题，再向外发散出成千上万个关节点，呈现放射性的立体结构。

2．分类管理，层次分明

思维导图的放射性思考方法，除了加速资料的累积量外，更多的是将数据依据彼此间的关联性进行分层分类管理，使资料的储存、管理及应用更系统化，从而提高大脑运作的效率。

3．使用图形，便于联想记忆

由于颜色、图像、符码的使用，激发了人脑左右半球的功能作用，不但可以协助记忆、增进创造力，也让思维导图更轻松有趣，且具有个人特色及多面性。如图 3-11 所示。

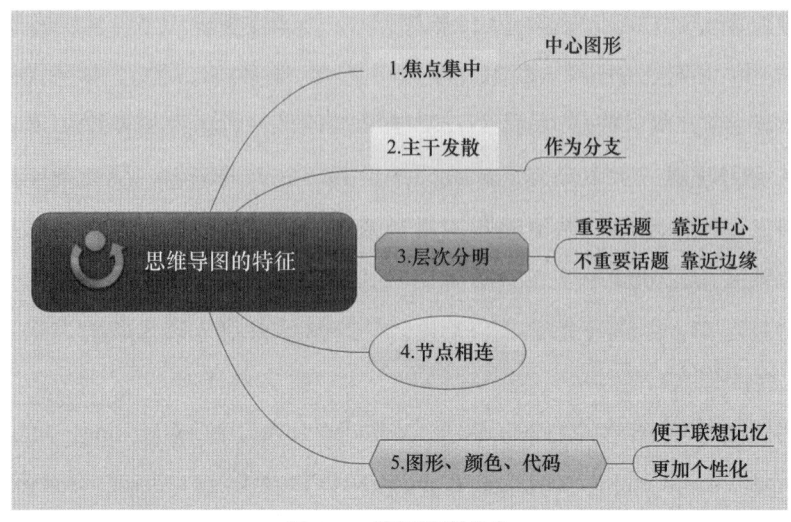

图 3-11 思维导图的优势

(四)思维导图的用途

思维导图用途广泛,不仅可用于个人的学习、工作规划,也可以在办公、商业等方面发挥作用。思维导图对于个人而言,可用于日记书写、事务管理、自我分析,也可用于课堂学习记录、问题求解、复习,还可用于设计创作。在商业上可用于书面报告、演讲,也可用于经营管理、项目策划等。如图 3-12 所示。

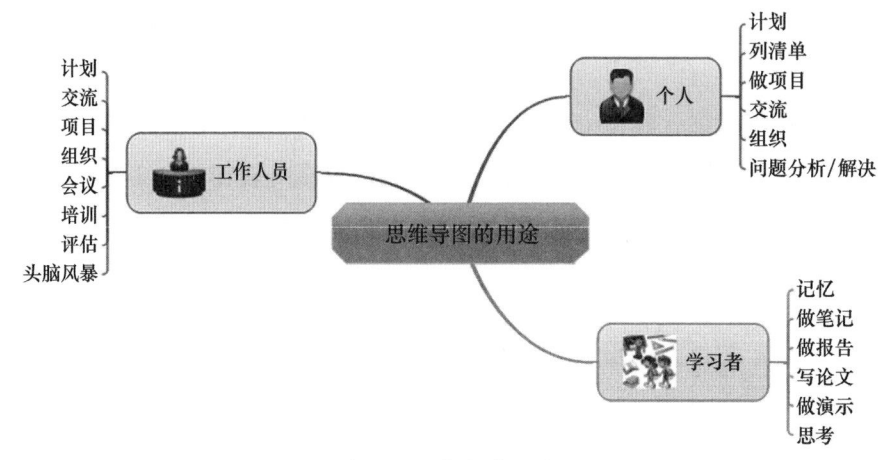

图 3-12 思维导图的用途

对于在职或未来的教师，思维导图可用于备课、计划、复习、考试、评价、协作学习等，能有效提高课堂的教学效率和质量。

1．备课

教师在备课过程中，运用思维导图将原来显现在自己头脑中的教学内容和教学理论、教学经验以关键词及线条、图形等可视化的形式表现出来，相当于在虚拟的环境中完成了一次教学过程，不仅提高了工作效率，而且有助于教师对整体框架的把握。如图3-13所示。

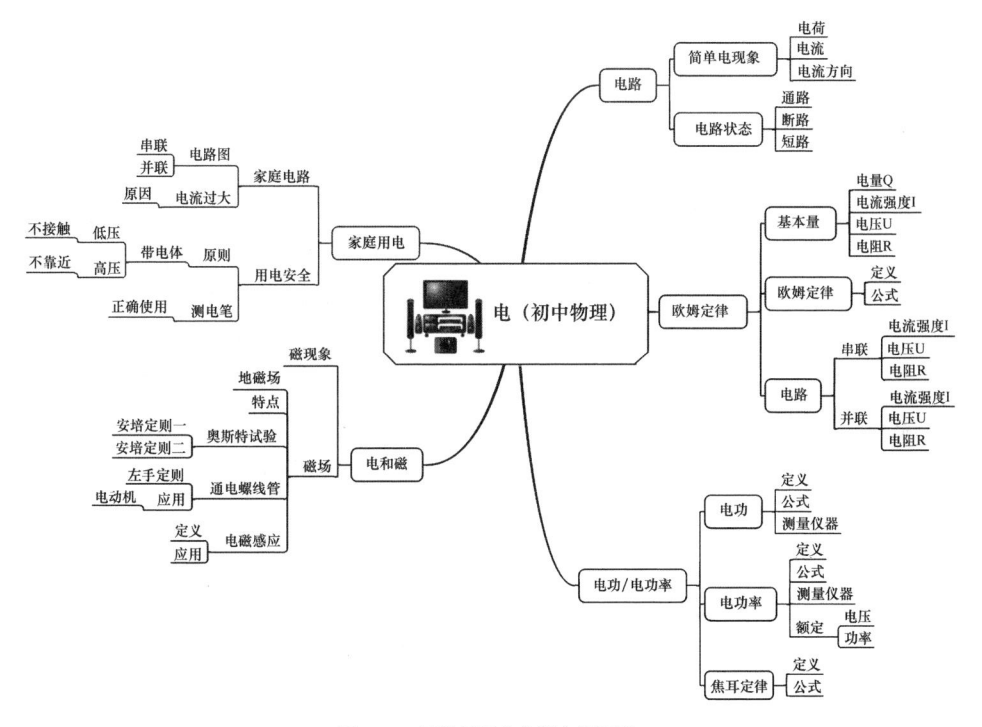

图3-13　思维导图在备课中的运用

2．计划

思维导图可帮助教师将所有的想法清晰地呈现出来，再组织成明确、具体的目标计划。在设计思维导图时，应围绕主题思考，避免迷失方向。完成设计后更容易组织及书写出报告。使思维导图条理清晰，易于理解。

3. 复习

复习课中，运用思维导图对章节知识进行总结，由于采用了图像方式，并有效地运用了颜色、数字、空间层次等元素，能帮助学生更好地理解、记忆相关内容，以形成完整的知识结构。

4. 笔记

使用思维导图做笔记，将关键词及相互的逻辑关系运用线条、色彩等清晰表达出来，将精力集中于真正的主题，既节省了时间，可以在关键词之间产生清晰合适的联想，使大脑易于接受和记忆，又可提高人的创造力和记忆力。如图 3-14 所示。

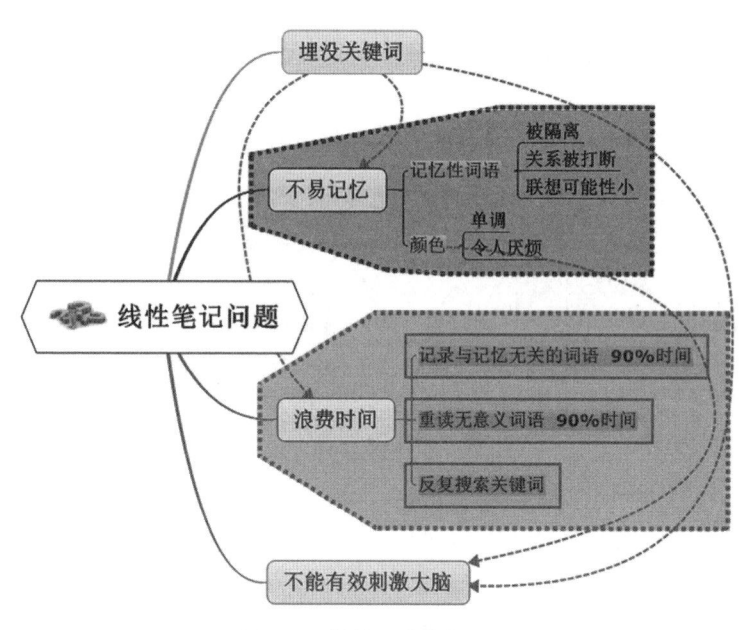

图 3-14 线性笔记存在的问题

5. 评价

教师通过观察学生设计概念图的构图过程，了解其学习进展和内心思维活动的情况，以便及时诊断，并改进教学方式。也可以作为考试的总结性评价工具，教师提供一些相关的概念，要求学生运用思维导图策略，画出各个概念之间的关系，它与传统的试题测试相比，优点在于其为教师和学生提供的考试结果，已经不仅仅是一个抽象的分数，而是学生头脑中关于知识结构的图示再现。

三、知识管理与文献检索

（一）知识管理

知识管理是指用系统的方法来寻找、选择、整理、获取信息，并向需要的人传递有用的信息。知识管理的概念于 1986 年由美国麻省 ENTOVATION 国际咨询公司在联合国国际劳工大会上首次提出。

知识管理融合了现代信息技术、知识经济理论、企业管理思想和现代管理理念，是知识经济时代涌现出来的一种新式管理思想与方法。知识管理是对知识、知识创造过程和知识的应用进行规划和管理的活动，需要组织和个人具备一定的信息技术应用能力、信息检索能力、信息加工和存储能力等，从而增进效能、提升绩效。

1. 信息技术对知识管理的影响

当前现代教育技术对知识管理的影响，可从以下几方面因素进行分析：

（1）知识管理的媒介

①知识管理在存储容量上巨幅扩大。作为知识管理的媒介，历史上先后经历了兽骨、龟甲、青铜、陶器、竹简、丝帛等载体。纸张由于成本低廉、轻便、便于携带和存放等优点，最终成为人们最基本也是最重要的知识管理媒介。随着现代教育技术的普及，特别是多媒体技术日新月异的发展，知识管理的媒介发生了前所未有的变革。电子存储媒介的诞生，不仅彻底改变了几千年来信息的存储方式，也使得知识存储发生了巨大的变化。

②知识管理在存储时间上显著延长。历史表明，纸质的知识存储媒介在长期的保存、流传过程中，安全性问题被无限放大，而电子存储媒介由于备份方便，易于转移，有效地解决了这方面的问题。

③知识管理在成本上明显降低。传统的知识管理对人力和物力有较大的要求。而电子存储媒介存储密度巨大，如 1TB 的硬盘可存储数百部电影、几十万张照片或成千上万个文件。在现代教育技术的加持下，知识管理的成本明显地下降，并为个人知识管理的成效所能达到的高度，提供了无限的可能。

（2）知识管理的形式

①呈现的形式多样化。与传统知识管理局限于纸质媒介的白纸黑字不同，现代教育技术下的知识管理，得益于多媒体丰富多样的表达方式，可以运用文字、语音、图片、视频等多种元素进行知识的记录，并最终通过多媒体终端设备进行展示，很好地吸收了多媒体集成性和交互性的特点。这种极具穿透效果的表现力，可以跨越一定时空的限制，能够让人多角度、多层次地理解所接触的知识，能将以往抽象、晦涩难懂的信息具体、直观且形象地呈现出来，让人产生身临其境的沉浸式体验。

②检索的方式信息化。传统的个人知识管理，往往需要运用笔记、书签、纸条卡片等，标注文章内容的出处、源流，以便日后知识革新或再创造时进一步整合运用。然而随着知识管理的内容达到一定量后，这种检索方式便会产生各种各样的不便，或是检索费时，效率低下，等等。在信息化时代下，知识管理的内容都将配上关键信息字样的标签。通过搜索引擎技术，配合一定的关键词进行检索，可以迅速、直接地获取所需的信息。即使一些印象模糊的内容，只要存在相关的标签信息，例如编辑时间，或是主题内容等，亦可进行模糊检索，这在一定程度上缓解了个体精力有限的问题。

（3）知识管理的环境

在信息技术的支持下，特别是随着移动端多媒体的发展，碎片化阅读以及由此衍生的碎片化知识管理，使得随时随地学习和创作成为可能。同时，知识管理的环境也发生了根本性的变化。首先，知识管理在时间上的限制有所突破。在任意时间均可方便地通过多媒体移动设备进行知识的获取、记录以及整理等。其次，知识管理在空间维度上有所拓展。与传统知识管理限定在现实生活中的场景不同，现代教育技术支持下的知识管理，可以透过网络这一维度进行，并且在分享、应用层面，达到更为广泛的效果。

2.信息技术支持下的知识管理

在知识经济时代，学习者获得知识的途径和种类多种多样，具备个人知识管理意识的人才能真正适应时代的发展。

（1）快速获取知识。知识获取的前提是要知道获取什么知识，获取哪方面的知识。目标定位是对知识获取目标的聚焦，包括通过互联网、图书馆检索系统等各种途径查找知识的能力等。检索出的信息往往是杂乱无章的，学习者必须具有知识的分辨与识别能力，从而获取有价值的知识。

（2）准确存储知识。知识存储能力是指将获取的知识加以有效地组织和存储的能力。知识存储包括外部存储和内部存储，外部存储是指借助一定的介质对所获取的知识进行存储，内部存储是指学习者将所获取的知识通过分类、整理和编码存储在自己的大脑中。无论是内部存储，还是外部存储，都离不开对所获取知识的分类、整理、编码、存储和建档。

（3）分享知识。知识分享能力是指将已有或经整理的知识与他人或组织进行交流分享的能力。知识分享包括通过学习交流、实验实践、问题探讨、文件资料共享等方式，主动与同学分享学习经验与知识，共同解决在学习上所遇到的问题。随着现代新媒体技术的发展，知识分享的模式不仅仅局限于传统的面对面的交流、探讨和资料共享，微信朋友圈、博客、微博、云盘共享、QQ群文件共享等互联网工具的迅猛发展，使知识分享模式更加多元化、快捷化和便利化。知识分享能力的发展，需要从信息技术的应用能力、人际沟通能力、协作能力、传播能力、演讲能力等多个维度加以培养。

（4）全面应用知识。知识应用能力是指将已有或经整理的知识应用于解决现实问题的能力。学习者应带着问题意识去进行学习和知识管理，将问题解决作为知识管理的核心。要学会解决问题，就必须具备一定的转化能力、归纳能力和迁移能力。

（5）知识创新。知识创新能力是在知识获取、存储和分享的基础上，通过自我反思、集体创作、行动研究、经验转化等实践活动，更新已有的知识或发展出新的学习知识、活动与策略的能力。知识创新能力的培养需要从发现问题能力、想象能力、变通能力、鉴别能力和打破常规思维能力等培养入手。

（二）文献检索与阅读管理

文献是用文字、图形、符号、音频、视频等技术手段记录知识或信息的一种载体。主要包括图书、期刊、科技报告、会议论文、学位论文、专利文献、技术档案等。图书、期刊、学位论文等是常见的教育文献。相较于百度、谷歌等搜索引擎，中国知网、维普、万方等学术数据库，更容易获取引文、关键词、摘要、全文等详细信息。

1. 文献检索方法

文献检索方法归纳起来主要有浏览法、追溯法、常规法、综合法等。

浏览法是学习者对本专业或本学科的学术期刊、学术权威网站进行阅读浏览的方法。如国家基础教育精品课网站、《中国电化教育》期刊等。

追溯法又称引文法，是查找某一篇文献被哪些文献所引用，或根据文献所附参考文献和注释为线索，追溯查找文献的方法。如图3-15所示。

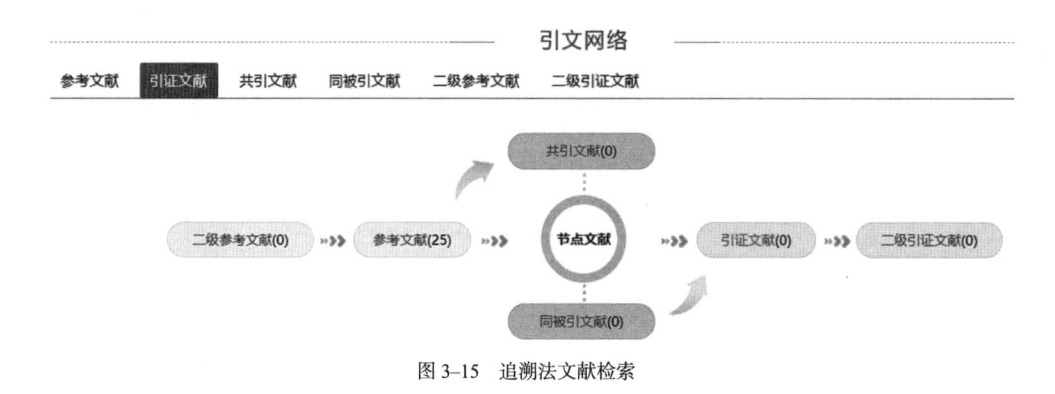

图3-15 追溯法文献检索

常规法以主题、作者、关键词等为检索途径，利用检索工具获得信息资源。包括由远及近逐年查找的顺查法、由近及远重点在新的倒查法、查看某一时段关注重点时期的抽查法三种方法。

综合法又称循环法、交替法，是把追溯法和常规法结合起来查找文献信息的方法。

2．文献检索步骤

（1）分析研究课题：明确检索目的和要求、主题内容、学科范围以及语种、年代范围等；

（2）选择检索工具：如全文文献数据库资源、专业相关资源或免费资源等；

（3）选择检索方法；

（4）选择检索途径，构造检索式：检索途径包括主题、著作者、标题等；构造检索式，可通过 and（与）、or（或）、not（非）等方式检索，如图 3-16 所示。

图 3-16　构造检索式

（5）优化检索策略。检索结果太多，可通过限定年代、AND 主题词等方法进行调整；检索结果太少，可通过增加文献类型、OR 同义词等方法进行扩检。

（6）索取原始文献。不同的数据库平台，提供的原始文献文件格式不同，如中国知网、万方、维普等都可保存为 PDF 格式，中国知网还可保存其专有的 CAJ 格式。

文献检索步骤如图 3-17 所示。

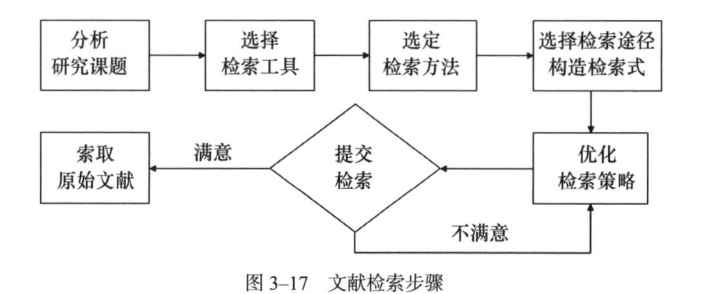

图 3-17　文献检索步骤

3．文献检索工具

文献检索工具包括文摘型检索工具和全文型检索工具。

文摘型检索工具将文献按照篇名、主题、作者、摘要等特征进行编排与分类，并记录了文献出处，提供了查找文献全文的重要线索，并可对文献信息进行分析，了解研究的发展和趋势。如 Web of Science（SCI、SSCI、A&HCI、CPCI）、EI 美国工程索引、SciFinder 美国化学文摘等。

全文型检索工具如中国知网、万方数据平台、维普期刊服务平台、Science Direct、EBSCO 等。

CNKI 中国知网系列数据库产品为一系列大规模集成整合传播我国期刊、博硕士学位论文、工具书、会议论文、报纸、年鉴、专利、标准等各类文献资源的大型全文数据库，以及由文献内容挖掘产生的知识元数据库。除进行全文检索外，还可以导出文献（见图 3–18）、可视化分析（见图 3–19）。

图 3–18　导出文献

4．文献阅读管理

文献获取的目的是获取知识、创造知识。

知网研学是中国知网（CNKI）提供的一种数字化学习与研究平台，它集成了文献检索、阅读学习、笔记、摘录、笔记汇编、论文写作与投稿、学习资料管理等功能，旨在支持个人学习和研究的全过程。

知网研学的功能：

（1）海量资源：实时检索 CNKI 海量文献资源，在线收藏各类中外文数据库，无须下载即可在线阅读。如图 3-20 所示。

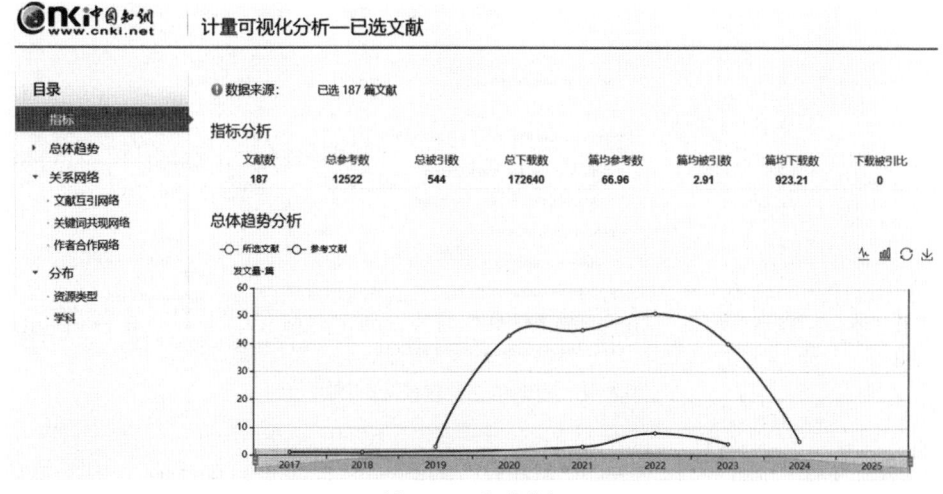

图 3-19　可视化分析

图 3-20　知网研学文献检索

（2）交互阅读：改变传统的阅读方式，边阅读边笔记，激发灵感，培养习惯；阅读辅助文章透视，关键词、作者、参考文献一键链接，提高拓展文献查找效率。

（3）在线笔记：友好的笔记记录界面，支持笔记编辑、分类、排序、汇编、检索等功能，提供多种阅读模式，让文献"读厚"再"读薄"。如图3–21所示。

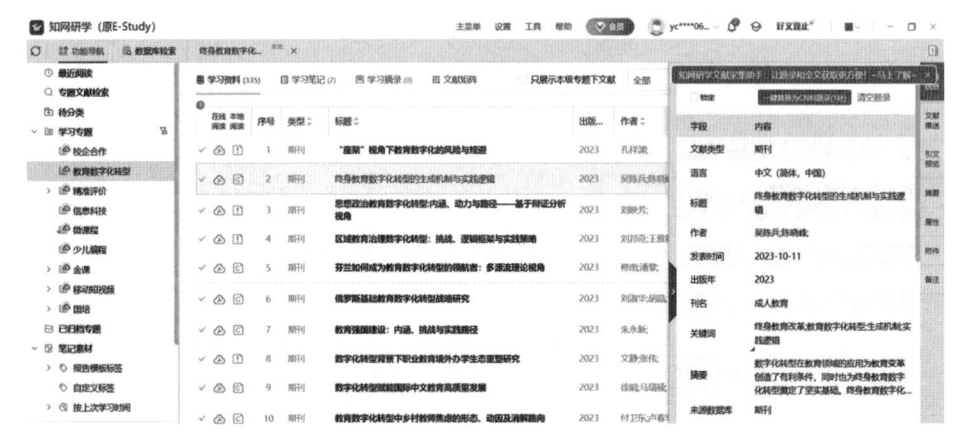

图 3–21　知网研学文献阅读与学习笔记

（4）便捷引用：文献内的重要句子、图表一键添加至自动保存，快速检索、一键引用、关键要点即时收藏。

（5）智能创作：提供文档模板，分屏创作界面，自动生成参考文献，插入写作素材，提高写作效率，规范写作格式。

（6）期刊投稿：提供 CNKI 合作期刊官方正式网站与写作模板，畅通投稿渠道，辅助格式规范。

（7）团队功能：支持团队学习，组内学习资源实时共享，实时在线讨论交流。

（8）学科资源包：全国高校知名专家对学科前沿内容进行组织、汇编并撰写导读，以作为学科主体研究素材、专业教学资源、自主探究式学习资源，促进科研培养。

（9）科研资源包：提供包括选题、开题、答辩、阅读、投稿、写作以及其他与科研相关的内容。

（10）多端同步：支持多终端同步，无须特意保存，不用担心文件丢失，一个账号即可同步所有资源，任意设备都可以顺畅读写，随时随地，想学就学。

与知网研学相类似功能的中文文献阅读与管理软件还有 NoteExpress，英文软件有 EndNote、Mendeley、ReadCube 等。

第四章　智慧教育背景下的课堂教学模式

智慧课堂教学模式，就是利用现代信息技术改进传统课堂教学的方式，其目标是提高教学质量、促进个性化学习、增强互动交流，并最终实现更好的教育成果。智慧课堂教学模式就是充分利用信息技术的优势，为师生提供更为丰富、互动和个性化的学习环境。在实施过程中，还需要注意如何平衡技术与人文关怀的关系，确保每位学生都能从中受益。本章主要介绍智慧课堂教学模式概述、智慧课堂教学模式的构建、智慧课堂教学模式的优势等。

第一节　智慧课堂教学模式概述

大数据的普及和应用催生了诸多新教育理念，并逐渐渗透到教学和学生管理模式中，不断冲击着落后的教学手段。世界各国都在这一领域投入了大量人力、物力和财力用于相关理论的研究与应用实践。在"互联网＋教育"时代，基于强有力的信息技术环境，有效利用大数据分析进行高效的学生管理，优化课堂教学模式，充分挖掘学生需求，准确地分析和预测学生学习行为，为全面提升学生发展的核心素养提供有力的技术支持和保障，均具有重要的理论价值和现实意义。

一、模式及教学模式概念界定

《现代汉语词典（第7版）》中对"模式"的解释是"某种事物的标准形式或使人可以照着做的标准样式"。何克抗根据其团队多年在教育改革实践中对教学模式的深入研究，认为教学模式属于教学方式、教学策略的范围，同时又不相当于教学方法或教学策略。教学方法或教学策略通常是指教学过程中采用的单一的方法或策略，而教学模式则代表教学流程中多种方法或策略的稳固结合与实践。

二、智慧课堂教学模式的概念

建构主义学习理论强调，学习是人们基于自身认知结构、信念、策略和个性心理特征与倾向等要素，在适当的情境中，通过与客体的协作、会话、辨析等活动，由认知主体积极主动建构知识意义的过程。智慧课堂就是基于建构主义学习理论，利用大数据分析、云平台计算、互联网等现代信息技术手段，创设智能化学习环境，构建出的一种个性化、智能化、数字化的高效新型课堂。智慧课堂是基于动态学习大数据分析，在云计算（Cloud computing）环境中，运用云平台和用户端设备（如电脑、智能手机、浏览器等）将现代信息技术与学习活动进行深度整合，创设出符合学生年龄特点和身心发展规律的智慧学习环境（如感知、记忆、理解、逻辑、辨析、判断和决策环境等），为个性化学习提供全方位的支持和帮助，培养学生终身学习的意识和能力，以实现学生全面、协调和可持续的发展。[①]

三、智慧课堂教学模式的特征

课堂是启迪学生智慧的重要教学场所。深入把握智慧课堂的基本特征，既有利于教师教学质量的提高，又有利于学生学习智慧的生成。从"教"的角度看，

---

① 董君，陈晓琴，徐瑞玲，2022. 智慧课堂教育理论与实践［M］. 长春：吉林出版集团股份有限公司.

要重视资源推送、学情分析、辨析研讨、精准讲解、个性辅导、即时评价等环节，教学内容应该更加具有针对性和生成性；从"学"的角度看，学生要重视自主学习、提出问题、展示成果、互动合作、反思交流、归纳总结等过程，学习过程应该更加具有体验性和顿悟性；从教学手段与实践效果看，智慧课堂与以往信息化课堂相比，教学环节还具有以下改进：

（一）教学决策数据化

有人说"不测量，无管理""一切皆可量化"。信息时代最不缺乏的就是数据，缺乏的是借助数据量化做出决策的主观意愿和实践方法。教学中学情、质量、效果等都能做定量分析。教师若能及时地探测并把握学生的动态学习数据，最优化地呈现数据，认真分析其有形与无形的价值，就能获取充足的信息，做出准确的决策，从而成功地把握教学。

智慧课堂始终以云平台为支撑，基于动态学习数据的收集、分析与整理，对学生学习的全过程及效果进行交互传递，通过无线网络和智慧教学 App 在各个设备和平台之间进行数据化呈现。使教学过程从过去主要依赖于教师和主观经验，转向现在主要依据学生和客观数据，根据大数据分析掌握学情，基于大数据进行决策，有的放矢地优化教学。

（二）资源推送智能化

智慧课堂能够以较低门槛构建"知识网络"，以较低成本编织"人际网络"，根据学生的特点和差异，智能化地进行"资源推送"，可以极大地满足学生富有个性化的学习需要，帮助学生依据自身实际固强补弱，吸收信息技术、媒介素养等丰富的学习内容，拓展已有的学习目标，提高学习效果。

随着互联网的迅猛发展，信息技术为学生提供了全新的互动机制。庞大的网络学习资源库结合灵活弹性的虚拟环境将文字、声音、图形、动画、影像与现实融为一体。智慧教室基于环境心理学，以互联网、云服务、信息资讯和各种通信技术为支撑，以智能化的人机交互为显著特征，创建便捷与优良的教学物理和心理环境。

（三）评价反馈即时化

技术的进步弥补了教学周期滞后的不足。云端学习系统能够自动积累和收集学生课前自学、课堂表现、作业练习等大量原始数据，并支持教师快速有效地分类、汇总、筛选和分析，建立起多维度、多层次的个性化学习档案，作出最直接、最便捷的即时性评价。教师可以及时有针对性地指导学生学习，并准确地提供矫正补救措施，从第三方观察角度审视教育契机。

智慧课堂着眼于学生学习的全过程，着重于挖掘每个学生的学习潜能，发展其个性特长，教师应借助智慧学习环境中的软硬件设备，构建完整的智能化评价体系。采用定量赋分和等级评价相结合的方式进行定性评价，并在第一时间依据数据真实客观地反映出学生的学习状态和水平，从而实现即时、动态的诊断分析及评价信息反馈。

（四）合作学习网络化

实践证明，借助网络和多媒体技术构建动态、分层、互动的合作学习体系能够提升学生的自信心、激发学习动力，更加有利于创造良好的集体情感环境。优良的网络环境促使合作学习不再局限于课堂内，"四通八达"的学习网络可以在更广阔的时空让师生真正实现多边互动与合作。

智慧课堂通过云系统的软件架构和 Web 互动技术能够使每个学生的学习痕迹和师生间的交流过程都可视化。人机互动可同步实现学习数据云服务，师生间的信息沟通途径更加多元化。师生可借助数据挖掘技术进行在线互通与互动，或借助网络实现无缝对接，保持沟通内容的连贯和稳定。

四、智慧课堂教学模式的操作

智慧课堂就是把每个学生都培养成全面发展和具有独特个性的人。传统的课堂形式主要是在教室进行知识讲授，经常与学生内化实践过程出现错位，长此以往衍生出目标虚设、价值观冲突等矛盾现象，教与学分离的情况也广泛存在。而智慧课堂将学习过程进行时空翻转，实现知识学习在课前、消化吸收在课内，引导学生注重追求丰富而深刻的内心体验。教学活动不再局限于书本，而是转变为线上线下相结合的授课方式，有助于整合学生学习基础、思维品质和关键能力三大维度，使课前、课内和课后三个阶段相互影响、相互促进、相辅相成，构造有机的整体教学活动。①

（一）课前阶段——以学情分析为核心

在传统教学活动中，课前教师基于经验备课并撰写教案，对课堂进行预设，对学情的把握难以客观而深入；而学生预习通常是自学教师布置的教材内容，与教师或其他同学交流、讨论较少。智慧课堂的课前准备可以从根本上改进这种情况，教师可以利用更先进的设备和技术进行学情分析，能够随学情变化实现"以学定教"，并及时监督、指导学习。学前阶段强调"对话"，重视"生成"，学生就有更多的时间和更大的空间自我发挥，能够根据自身实际做出合理安排，以及在合作学习中分享经验、开阔视野、提升自信。

首先，教师通过云平台向学生布置学习任务，并推送相关的微课视频、课件、测试题等学习资源。学生则根据教师提供的材料自主学习知识，完成任务并提交到云平台上，与教师和同学进行跨时空的讨论与交流。

其次，教师根据学生学习和测试统计情况来观察学习过程，分析学习结果，以及借助现代数据技术建立具体到每个学生的学习模型，从而高效地进行宏观与微观的学情分析，优化教学方案。

（二）课内阶段——以互动实践为核心

智慧课堂构建的基础是云平台服务，借此数据共享开展多种形式的合作交流，极大地提高了师生互动、辨析研讨的教学活动的效率。学生依据个人习惯在线上线下展开同伴互助或寻求教师帮助找到符合自身需求的学习方法。依托现代技术组织学生展开"头脑风暴"，促进学生畅所欲言、参与群体活动，以达到更高的课

---

① 刘致中，2019.智慧教育课堂实践［M］.西安：西北大学出版社.

堂协同水平，帮助学生产生新观念，激发创新设想。

首先，教师要为学生创设易于接受的学习情境和能够激发思维碰撞的教学问题。情境创设可以贯穿全课，在课程的起始、中间或结束阶段都能进行渗透。教师可以利用信息技术呈现各种真实的场景，将学习设置到复杂而有意义的情境中，采用多种方式为学生学习提供认知切入点，引导他们进入学习状态，让其在现实情境中获得真实认知与实践经验。

其次，在知识与技能方面，教师要强调价值引导、自主建构和学生探究活动的主体性。根据学生课前自学、课堂探究或随堂测试等过程中反馈的信息，精准讲练重点，辨析研讨难点，巩固认知弱点，拓展提升关键点；指导帮扶学生，促使全体学生充分发挥自主性、能动性，轻松愉快和有效地掌握知识，发展核心素养。

再次，在思维与表达方面，教师要从概念阐释的职业旧习中解放出来，通过云平台下达学习探究任务和要求，以及任务完成后的随堂测验题目，引导学生在观察、交流和探究中主动思考、体验，并勇于展示学习成果，训练思考与表达方法，提升思维品质和表述能力。

最后，在反思与交流方面，教师要注重引导学生进行深度反思，加强师生之间的交流，让学生大胆地提出问题，使课堂"动"起来，让气氛"活"起来。激发师生之间的思维碰撞，让师生相互启发，开展协作式学习，以形成和谐共存的师生关系。还要将学习过程与学生思考与交流中提出的问题结合起来，增强学生解决问题的成功体验。

（三）课后阶段——以针对性辅导为核心

在课后阶段，教师能够利用信息技术提供的便捷交互软件和硬件，关注到学生整体，关怀到学生个体，充分挖掘并发展学生个体的独特性，从而最大限度地做到因材施教。课后，教师可通过集成化的课堂信息系统调整学习终端，按需推送拓展学习资料，并有针对性地指导学生进行自我升华，以帮助每一名学生开展深度学习。

首先，教师不再布置统一的课后作业，而是依据课前和课内的学习情况有针对性地设计补充作业，根据时间地点和学生的学习风格，智能化地为每一名学生推送复习材料，并进行一对一辅导。

其次，可以由智能系统自动同步批改一些客观作业题，可以将主观作业题通过加入云服务的硬件设备上传到平台并提交给教师，教师给出提示或解答后由智能系统自动匹配并及时推送给需要的学生。

最后，学生可以在云端平台上观看作业批改视频，也可以在云平台上发布自己的学习感受与疑问。需要指导时，可"呼叫"老师和同学，寻求帮助。

总之，智慧课堂是基于互联网技术，以学生个性化学习需求为导向，聚焦学生问题，倡导学习资源数字化，用智能化的先进教育服务系统精准对接师生互动，它体现了信息化发展对学校教育从理念到实践的进步趋势。

五、智慧课堂情景分析

传统课堂与智慧课堂的不同之处在于：智慧课堂使得传统的课堂更加"智能"，也就是通过相关的设备感知课堂、学生和环境等情景信息，并且对反馈回来的情景信息，经过判断处理以后作出相应的"动作"，例如，教师对学生的各种提醒信息、学生的在线提问及时做出反馈和向学生推荐与其学习水平相当的参考资料等。

不论是智慧课堂还是传统课堂，课堂都是学生上课的场所，同时也是学生和教师之间互相交流知识和学术的地方，随着学生所处位置和学习状态的不同，课堂情景信息大体可分为以下几个部分，分别是位置情景信息、时间情景信息、用户情景信息和课堂设备情景信息等。

（一）位置情景

位置情景是对教师、学生以及课堂管理人员所处位置的描述，根据学生活动的特点可以将课堂位置情景信息分为两大类，即校内信息和校外信息。其中，校内表示学生在学校范围之内活动的场所，这个大类可以细分为教学楼内和教学楼外，教学楼内又可以分为教室（课堂）内和教室（课堂）外，教学楼外可以分为宿舍、操场、餐厅、超市四个场所。

（二）时间情景

时间情景是对教师、学生以及课堂管理人员所处时间的描述。一般时间情景信息可以分为学年、学期、日、周、段五大部分。从学生的活动规律这个角度来分析，日又可以分为上课日和休息日两部分，段可以分为白天和晚上两部分。另外，上课日可以分为周一、周二、周三、周四、周五，休息日又可以分为节假日和双休日。周一到周五又都可以分为上课时间和课间休息时间两部分。

（三）用户情景

用户情景信息是对用户身份和用户各种行为的综合性描述。用户身份可以分为学生、教师和职工三类。其中，学生又可以分为本科生和研究生，学生具有的行为有上课、讨论、自习、吃饭、睡觉、散步、玩游戏、逛街和科研等；教师具有的行为活动有布置作业和推荐资料两大类。

（四）设备情景

设备情景信息是指学习者在学习过程中使用设备的情景信息。设备情景信息主要包括手机、计算机和网络三方面的信息。其中，手机和计算机信息分为打开和关闭两种状态，网络信息分为连接和未连接两种状态。

第二节 智慧课堂教学模式的构建

一、智慧课堂教学模式的建构

智慧课堂教学模式的建构可分为互动式智慧课堂教学模式和探究式智慧课堂

教学模式。

(一) 互动式智慧课堂教学模式

互动式教学模式在教学过程中能够帮助学生建立起新旧知识的联系,通过课上活动和师生互动组织教学策略。

互动式智慧课堂教学模式重点在于针对传统授课中师生互动有无效果的问题,其主旨在于以信息化手段为主体,为教师和学生提供有实际效果的互动课堂,保证所有学生都能在教师的指引下进行课堂活动,感受学习的兴趣,提高学习知识的效率。[1]

这种教学模式不仅突出发挥老师在教学过程中的主导作用,还关注学生在学习过程中的主要地位。在此教学模式的框架下,教师担任知识传授和学生引导的工作,教师不仅仅要正确地表达知识的传递模式和主持教学活动,还要时刻关注学生的学习情况,根据实际情况改变教学策略。

(二) 探究式智慧课堂教学模式

探究式教学模式是指在教学过程中,以教师指导为前提,通过以"自主、探究、合作"为特征的学习模式进行当前教学内容中的主要知识点的自主学习、深入研究以及小组合作交流,从而可以较好地体现认知目标与情感目标这一课程标准中要求的一种教学模式。

相较互动式智慧课堂教学模式,探究式智慧课堂教学模式尤为突出。"自主、探究、合作"有着相对开放的网络资源获取以及应用,在中心明确、探究性强的课程中更为适用。

探究式智慧课堂教学真正把课堂还给学生,更注重学生的主体地位,同时绝不能忽视教师在教学过程中的主导作用,即设置探究主题,引导学生提出问题,指导学生进行探究,组织协作交流活动,以及参与学生的讨论中,帮助学生总结和提高。

---

[1] 周胜华,2022. 智慧课堂的实施途径与策略 [M]. 北京:现代出版社.

在这种教学模式下,学生能充分体验探究和学习知识的过程,课堂的教学目标主要通过学生的自主探究和小组协作交流来完成,学生的积极性、主动性得到很大程度的激发,同时网络资源的获取和应用相对开放,对学生的创造力培养也有比较积极的作用。

这样的教学模式不但可以协助学生学习和消化知识,而且还有助于开拓思维和培养创新意识,为了让探究取得成效,让学生切身体验知识的学习,教师不但要充分调动学生的积极性、主动性,在探究过程中设置有意义的启发性问题,进行启发与引导也是必不可少的,要有相关智慧课堂提供的教学资源、研究工具、交流平台、探究策略等的支持和帮助,这些都离不开教师主导作用的发挥。

智慧课堂在该教学模式中发挥着重要的作用,如表 4-1 所示。

表 4-1 智慧课堂发挥的作用

教学环节	教学目标	智慧课堂的作用
创设情境	激发学习、探究的兴趣	提供创设情境的材料
启发思考	启发学生对问题、现象的思考	提供启发学生思考的工具
探究协作	培养学生的发散思维和创新思维	提供给学生自主探究和交流的工具和素材
总结提高	巩固、拓展和迁移知识点	提供图、表等帮助师生总结

二、互动式智慧课堂和探究式智慧课堂

在实际教学中根据具体情况,构建出适合当前教学应用的互动式智慧课堂和探究式智慧课堂教学模式。

互动式智慧课堂在教学过程中以教师为主导,学生在学习过程中的主体作用也被其所关注;探究式智慧课堂在探究学习过程中以学生为主体,把课堂学习的主动权交给学生,同时也注重教师的主导作用。

两种教学模式的侧重点不同,但同时既有差别又有关联。两种教学模式在教师发挥主导作用和学生主体地位上体现不同,互动式智慧课堂更偏向教师在教学过程中的主导作用,探究式智慧课堂则更突出学生在体验探究学习中的主导地位。

探究式智慧课堂相对互动式智慧课堂更注重学生学习的主动权,教师的角色

由主导转为适当引导，把课堂的主动权真正归还给学生。

两种教学模式各有特点，优势互补，适用于当前试点的实际教学，前者是从新授课的教学中提炼出来的，后者则是从探究性的教学中提炼的，为教师的教学提供理论指导。

技术的巨大发展给教育带来了深刻变革，课堂学习环境从多媒体环境向智慧环境发展，学习内容的传递方式以及教师与学生的互动方式也发生了较大改变。

因此，信息环境下新的教学模式的应用实践显得尤为重要，智慧课堂教学模式的建构为实际课堂教学提供了新思路和方向，不论是从节省教学资源的角度还是从提高课堂教学效率的角度，都能为课堂教学带来实质性的进步。

三、基于建构主义的智慧课堂教学模式

"互联网+"时代的学校课堂教学面临着新的挑战和机遇。课堂是学校教育教学活动的主要场所，也是"班级授课制"的核心标志。在当今信息技术广泛应用和新的课程改革推进多年的背景下，社会各界对学校的人才培养和教学质量越来越关注，对学校里某些老师整节课照本宣科"满堂灌"的课堂教学方式及效果存在许多质疑之声，为什么教室对学生缺乏吸引力、学生不愿进课堂、课堂教学效果低下、学习效率不高，当前确实有必要对传统的课堂教学进行深刻的反思和剖析，以现代教育技术和学习理论为指导，运用"互联网+"的思维方式和新一代信息技术来探索构建新的课堂教学模式。智慧课堂是信息技术支持下传统课堂向信息化课堂转变并进一步发展的结果。随着新一代信息技术的广泛应用，技术与课堂教学的融合不断深化，课堂变革向深层次创新发展。从技术辅助教学的传统课堂教学模式，到技术变革教学流程的信息化课堂教学，再到技术与教学融合创新的智慧课堂教学，实现了课堂教学理念、学习内容、学习方式、教学结构、师生关系等全面变革。

（一）"班级授课制"课堂模式亟须革新

传统课堂教学是指教师给学生集体传授知识和技能的全过程。相对"个别教

学"而言，传统的课堂教学也称作"班级授课制"。有学者对传统课堂教学的典型风貌进行了精彩的描述："教师一五一十地讲授教案中的知识""学生聚精会神地聆听""教师巧妙地设问、学生异口同声地回答""教师按部就班地完成预定的教学内容"。这样的描述听起来很精彩、很生动，但是，课堂教学的实际状况果真如此吗？事实上，许多学校课堂上普遍存在学生睡觉、玩手机的现象，许多学生早退、迟到或缺课……学生们为什么不愿意来课堂？为什么不愿意听课？恐怕不能简单地归结为学习风气不好、学习动力不足。从新的时代背景来考察，"班级授课制"这一传统教学模式先天就存在着明显的弊端。

1. 基于经验的学情分析与教学预设

传统课堂采取基于经验的学情分析与教学预设。有调查表明，很多教师在整个备课过程中，20%的精力用于钻研教材和了解学情，80%的精力用于书写教案。而对于了解学情，由于课前教师没有充分了解班级里学生对相关知识的掌握情况，难以了解每个学生的具体特点和学习需求，因此只能靠平时对学生学习情况的模糊印象和感觉，基于经验来主观、大致地判断，这样的学情分析和教学预设必然是"粗放式"的，缺乏科学依据和针对性，不可能"精准"，在技术手段丰富多样的信息时代，这种做法显然不合时宜。

2. 整齐划一的学习计划与学习进程

班级授课采取"整齐划一"的学习标准和进程，按照"工厂化"的生产模式，把学生当作"产品"在课堂"车间"按照统一的标准和流程进行"生产加工"。教师按照统一的教学大纲和教材，依据统一的课程表进行全班统一授课，并用统一的课程标准进行考试评价，这对于一个有50多人甚至更大班额的班级来讲，根本不可能照顾到每个学生的个体差异，忽视了学生的个体特征，违背了个性化教育规律，尤其不适合数字化新生代的教育与学习。

3. 形式化、简单化的提问与交流

课堂中教师是知识的传授者、灌输者，在教学中处于控制、主导地位，习惯于"一讲到底"，学生是被灌输的容器、被加工的对象，学习方式单一、被动。这种模式导致师生之间的教学关系就是：我讲，你听；我问，你答；我写，你抄；我给，你收。因而"双边活动"变成了"单边活动"，教代替了学，师生间的交流互动往往是形式化的、枯燥的一问一答。难以激发学生的学习主体意识，调动他们的主动性，培养他们的好奇心和创新思维。

4. 缺乏课内外的协作与同伴互助

班级授课中教师通常是不允许学生"交头接耳"自由讨论的，学习是"孤立"的，学生只能跟着教师的讲授去听课，在规定的时间内完成指定的内容，当学生遇到问题时，没有渠道去查阅资料或尝试合作探究，导致他们在课上获取信息和开展协作学习具有很大的局限性。而在课外学生也缺少合作交流的机会，大多数同学放学后各自回家，当他们在课外做作业遇到问题时，缺乏与老师、同学沟通交流的手段，无法随时向教师请教、与同伴互助。

5. 粗略滞后的学习评价及反馈

传统教学中教师为了检验学生是否掌握了所学内容，通常采用个别提问与点评、现场测试与抽阅讲评、下发课后作业题等方式。前两种评价方式是针对个别学生的学习掌握情况的评价来对全班学生的学习情况做出评判，必然是粗略的。由于缺少有效的技术手段，对测试结果难以进行详细的分析，无法实现贯穿课堂教学全过程的学习诊断与评价。而课后的作业批改和讲评往往不及时，使得评价信息反馈严重滞后。

传统课堂教学存在上述局限性，其根本原因在于采取的"以教材为中心、以课堂为中心、以教师为中心"的教学理念和方式，教学手段落后，教学资源不足，教学结构单一，课堂由教师主导和控制，学生始终处于被动的地位，这些问题利用传统的方式和手段难以解决。在"互联网+"背景下，这样的教学情景与时代的格格不入，必然引发学习者的不满，造成课堂教学中的不协调现象。因此，客观上需要采用新的视角和新的方法手段，对传统课堂教学进行根本性的变革。

（二）以学生为中心的"建构主义"模型与启示

传统课堂教学存在的不足已经引起了教育理论界的重视和探索，提出了一些新的学习技术及理论，其中最具代表性的当属"建构主义"理论。"建构主义"是适应互联网时代技术变革，富有全新理念和模式的新型教育理论，为开展网络环境下的教学和学习提供了科学依据。其核心观念认为"学习是在一定情境下、借助其他人的帮助即通过人际协作活动而实现的意义建构过程"。因而"建构主义"倡导"以学生为中心"，将学习的自主权还给学生，让学生自主学习，在教学实践中十分重视理想学习环境的构建，突出协作、互动的学习方式。建构主义学习模型为"互联网+"时代破解"班级授课制"教学的难题，创建新的课堂教学模式提供了重要的理论参考模型。[1]

1. 学习是学习者主动建构知识意义的过程

"建构主义"认为，在学习过程中学生依靠已有的知识经验和认知能力，通过新、旧知识之间的双向相互作用，调整、改造原有的经验，形成新的经验体系。这充分体现了学习是学生主动的行为，而不是被动地接受外部刺激，课堂教学必须以"学生为中心"。我们必须真正地将课堂交还给学生，衡量课堂教学效果优劣的根本标准在于"学"得怎样，包括学生在课堂上的学习态度、学习气氛、学习参与程度等行为表现。

2. 教师是学生意义建构的帮助者、促进者

教师应当摒弃以自我为中心和"控制课堂"的思想，摒弃照本宣科的"灌输式"教学方式，通过设计有价值的、有意义的问题，引导学生持续思考，不断丰富或调整学生原有的知识经验，帮助学生建构起真正的、灵活的知识体系，激发学生学习的热情、好奇心以及探索研究的精神，帮助和促进学生愿学、乐学、会学。

3. "情景创设""协商会话""信息提供"是促进意义建构的关键要素

建构主义强调课堂教学情景的创设，在教学中把所学知识与一定的真实任务联系起来，通过具体情景认识其本质，以便灵活运用于现实世界的真实问题中；建构主义认为学习具有社会互动性，通过协商会话，学生可以形成对知识的更丰富、深入、灵活的理解，为知识建构提供丰富的资源和积极的支持；信息提供是

---

[1] 周胜华，2022. 智慧课堂的实施途径与策略［M］. 北京：现代出版社.

实现建构主义学习的重要支持，它可以及时、大量地提供学习资源信息，辅助学生建构知识意义。

4. 信息技术有助于创设理想的学习环境

现代信息技术的发展与广泛应用，尤其是大数据、物联网、移动互联网和人工智能等新兴智能信息技术，为打造信息化、智能化的学习环境提供了先进的技术手段。通过开发利用智能教室、电子书包、智慧学习平台等，实现"云网端"的教学运用，在课堂教学中，师生可进行更为灵活、更为高效的交流互动，实现即时、动态的评价信息反馈，构建理想的学习环境。

（三）构建面向未来的智慧课堂模式

针对"互联网+"背景下课堂变革的需要，依据"建构主义"学习模型，基于信息技术实现课堂教学的结构性变革，重构面向未来的新型课堂，"智慧课堂"应运而生。

1. 智慧课堂的定义

对"智慧课堂"概念的理解有教育学和信息化两种视角。从学校教学改革的现实需求来看，随着素质教育改革的不断深入，新的课程理念认为，课堂教学不是简单的知识学习的过程，它是师生共同成长的生命历程，是情感与智慧综合生成的过程。《辞海》中对"智慧"有专门的解释，即"对事物认识辨解、判断处理和发明创造的能力"。由此看来，"知识"与"智慧"不是等同关系，智慧不能像知识一样直接传授。智慧的形成需要在一定的情境下，通常是在意义建构的过程中，通过教育的帮助和促进而不断得到开启、丰富和发展。因而课堂教学不再是简单地传授知识，而是要帮助和促进学习者在知识意义获取的过程中得到智慧的发展。智慧的发展只有在富有智慧的教育环境下才能实现。

从信息化教学实践的发展来看，课堂教学作为学校教育的主阵地，智慧教育需要智慧课堂教学环境来落地应用和实现。华东师范大学祝智庭教授提出智慧教育，主张借助信息技术创建智慧的学习环境，促进学习者的智慧全面、协调和可持续发展。东北师范大学唐烨伟博士等学者认为，学生智慧的培养应贯穿整个智慧课堂中。前不久我们曾基于互联网对国内研究者使用的智慧课堂概念，以及有关研究机构或开发商发布的"智慧课堂"研发项目进行了统计分析，总体上有三四十种，但大多数的理解都是雷同的，其中区分度比较大的有：基于物联网技术应用的"智能课堂"；基于电子书包的"智慧课堂"系统；基于云计算和网络技术应用的"智慧课堂"；基于技术支持的课堂目标分析等。

我们研究认为，"互联网+"时代智慧课堂的构建应以"建构主义"理论为基本依据，利用"互联网+"的思维方式和物联网、大数据、云计算、人工智能等新一代信息技术来构建一个智能、高效的新型课堂，实现数据化的教学决策、即时化的评价反馈、立体化的交流互动、智能化的资源推送、可视化的教学呈现和数字化的实验展示，创设有利于协作交流和意义建构、富有智慧的学习环境，促进课堂教学结构和教学模式变革，实现全体学生的智慧发展。

2. 智慧课堂教学的主要特征

智慧课堂作为"互联网+"时代利用新一代信息技术构建的新型课堂，具有鲜明的技术特色，主要包括以下六个方面。

（1）数据化教学决策

现代学校教育教学过程中面临着丰富多样的数据信息，涉及教学、学习、实践、管理等各方面的状态情况，学习状态数据又包括学习者特征，学生学习的基础状况、学习态度和需求、学习行为、学习效果等，智慧课堂基于大数据和学习分析，对学生学习的全过程进行动态数据的收集和挖掘分析，使得教学决策从过去依赖于教师的教学经验转向依靠教学过程中的数据信息，实现基于数据的教育决策。

（2）即时化评价反馈

在智慧课堂教学中，信息化平台的应用使得伴随式学习评价成为可能。即基于智慧课堂的多元教学评价系统，实现了课堂教学全过程的学习诊断与评价，在课前可以进行预习试题的测评与反馈，在课堂内进行实时的学习效果检测与即时的评价反馈，在课后通过基于平台的作业评判和情况反馈，从而实现即时化的学习诊断及评价反馈。

（3）立体化交流互动

基于智慧课堂"云、网、端"平台，实现了学习时空泛在化，教学交流互动立体化。教师与学生之间、学生与学生之间的信息沟通和交流方式更加多元化，形式更加生动活泼。无论是在课堂内进行的师生即时互动，还是在课外借助云端平台进行的沟通交流，使得教师和学生可以在任何的时间、地点进行信息互动交流，实现师生、生生之间的无缝沟通。

（4）智能化资源推送

智慧课堂云学习平台为学习者提供了电子文档、图片、语音、微视频、网页等形式多样的富媒体学习资源，基于大数据分析和智能推送技术，还可以按照学生的个性化特征和需求差异，有针对性地推送学习者需要的个性化学习资料，实现资源推送的智能化、个性化，帮助学习者固强补弱，真正实现因材施教和个性化教学。

（5）可视化教学呈现

在智慧课堂教学中，利用计算机图形学和图像处理技术，提供计算机辅助设计、虚拟现实、思维可视化呈现等功能，有效提高了信息加工和信息传递的效能。比如利用学科思维导图、模型图等思维可视化功能，把本来不可见的"思维"呈现出来，使其清晰可见；在实验教学中基于建模、仿真、渲染、增强现实等技术，将难以展现的复杂实验过程形象化地呈现出来。

（6）数字化实验展示

基于物联网、移动互联网、虚拟现实技术等技术手段，构建数字化的实验教学环境，利用传感器采集实验过程数据，通过软件处理以图表展示，信息量大且直观，能有效地促进学生思考与探究。如利用PH传感器、温度传感器、电导率传感器等来判断中和反应的终点。

3. 智慧课堂教学模式的核心内涵

智慧课堂教学是依据"建构主义"学习理论进行教学顶层设计，运用"互联网+"的思维方式和新一代信息技术开发应用，通过技术与学科教学的深度融合，创新、重构课堂教学模式，实现"云端构建、先学后教、以学定教、智慧发展"

的新型信息化教学模式。这一模式的基本内涵如下所述。

（1）云端构建

利用云计算、大数据、移动互联网和人工智能等新兴智能信息技术，基于"云、网、端"的部署方式，构建智慧学习云平台，提供教师端和学生端的移动学习工具，创设有利于协作交流和意义建构、富有智慧的学习环境和手段。

（2）先学后教

依据"建构主义"学习理论，树立"以学生为中心"的教学理念，注重利用技术为学习者的有效学习服务，变革传统课堂"先教后学"、课后"知识内化"的教学流程，开发富媒体学习资源提供给学生课前自学，主动开展预习探究，实现"先学后教"和"知识内化"的提前。

（3）以学定教

基于"云网端"平台，提供学生学习特征和学习历史档案记录，通过课前预习测评和即时反馈，课中随堂测验和实时交流互动，课后在线作业和个性化、微课式辅导，精准地掌握学生学情，优化教学预设和实施策略，实现"以学定教"。

（4）智慧发展

基于新的课堂形态和学习环境，提高教学全过程的针对性、科学性、有效性，通过智慧的教和智慧的学，帮助学习者实现符合个性特征的智慧成长，帮助教师实现专业化发展，帮助学校实现智慧教育的健康发展。

4. 智慧课堂教学的实践应用

（1）重构学习环境

"建构主义"理论为互联网时代课堂教学的变革指明了方向，但如何实施"建构主义"的思想观念，有待人们实践探索，"智慧课堂"教学为此提供了一种具体的实践模式。"建构主义"理论揭示了互联网背景下学习的本质、特点和实现方式，提出了理想学习环境的要素构成，这些为"互联网+"时代智慧课堂的构建提供了重要的参考模型。利用"互联网+"的思维方式和当今多种最新的信息技术手段，如基于物联网的感知技术、大数据分析技术、人工智能技术等，针对课堂教学的课前、课中、课后全过程应用需要，创建一个高度感知、互通共享、协同服务的智慧教育环境和各种有利的认知工具，使原来单调、枯燥的课堂变成生动的数字化"体验馆""实验场"，有利于在教学过程中采取多元的交互协作方式，增进老师与学生之间、学生与学生之间的立体化沟通交流，加强数据信息的智能处理、推送，有利于开展协作和探究学习，帮助学习者实现意义建构。①

（2）重构教学模式

在传统的"班级授课制"教学中长期存在"以教师为中心"、基于经验的教学预设、难以即时评测、师生互动不够、缺乏课内外协作互助等不足，利用新一代信息技术可以有效破解传统教学的难题。借助于智慧课堂"云网端"信息化平台，促使传统教室的形态发生了变革，教师利用移动智能终端走进学生中间，与学生平等交流，融洽了师生关系，改变了师生角色，教师成为学生学习的帮助者、促进者，有利于树立"以学生为中心"的教学理念，利用动态数据和学习分析技术，实现了数据化决策、即时化评价、立体化交流、智能化推送、可视化呈现和数字化实验，增进了课堂学习的交互与协作，建立新型的信息化课堂教学模式，提升课堂教学的信息化、智能化水平。基于智慧课堂信息化平台应用，通过课前预习和测评反馈，实现"以学定教"；在课中通过实时检测和互动交流，实现"精准教学"；在课后通过智能化作业推送和微课式辅导，实现"因材施教"。

（3）重构学习方式

在智慧课堂学习环境下，移动的学习工具、富媒体学习资源、教师的个性化辅导等，为学生的个性化学习提供了极为便利的条件。学生利用移动终端，既可以与教师、同伴互动交流，又可以在线学习相关课程和配套资料，实现碎片化、泛在化学习。传统的"班级授课制"课堂中教师难以照顾到每个学生的个性特征和个性需求，大数据等新一代信息技术的应用解决了这一难题。例如，利用大数据学习分析，我们可以去关注每一个个体的学习过程、学习行为，可以精准地获得学生的真实表现。大数据学习分析提供了最为个性化的学生特点信息，有助于课前有针对性地导学，课中有针对性地进行分组学习、协作学习，课后完成多样

---

① 段维清，2022. 现代教育技术与智慧课堂的构建研究［M］. 北京：中国商业出版社.

化、个性化的作业，提高了学习的针对性、有效性。

（4）重构教学评价

基于智慧课堂的动态学习数据分析和"云网端"应用，有利于构建全过程动态学习评价体系。在课前阶段，基于学生学习历史数据分析和课前预习测评反馈，实现准确的学情评价分析，有利于教学预设、以学定教；在课中阶段，通过课堂的实时测评和互动交流，准确地了解学生课堂学习的实时状态，便于随机调整教学策略，实现精准教学；在课后阶段，通过智能化作业推送、在线提交和批改，与学生课后交流，及时地掌握学生作业情况和反馈辅导情况，有效地巩固和提高学生的学习效果。学习评价从过去的结果性评价向伴随式、诊断性评价转变，评价与教学有机结合，形成全新的评价体系。

（5）重构教学管理

智慧课堂学习环境下的教学管理方式也发生了根本变化。智慧课堂教学模式鼓励学生自主选课、自主学习、分层教学，必然要求对教务管理、学分管理、考试管理等进行相应的调整改革，建立"自主选课"的课程计划、"走班学习"的教学安排、"在线学习"的学分认定等新的制度，探讨基于个人网络空间、班级学习社区的学生管理、班级管理新方式，通过建立学生学习成长档案、学生个性特征记录，开展学生的综合素质评价。此外，智慧课堂端工具可以拓展到"家长端""管理端"，有利于家校互通，将学校管理、家庭教育与学生学习有机结合起来，建立新的教学管理模式。

随着现代科学技术在教育领域的广泛应用，技术与教学的融合不断深化，课堂教学变革的步伐将不断加快。适应从数字化到智能化的信息技术发展新要求，"智慧教育"正在向深度发展，课堂信息化是学校教育信息化的核心，智慧课堂是智慧教育的具体落实和关键。课堂教学变革是学校教育发展的永恒主题，技术支持下的课堂模式重构将是长期的任务，需要我们持续不断的努力。

第三节 智慧课堂教学模式的优势

一、利用智慧课堂激发学生的学习兴趣和主动性

兴趣是最好的老师。俄国教育学家乌申斯基说过："没有任何兴趣，被迫地进行学习，会扼杀学生掌握知识的志向。"而交互式电子白板特有的功能就具备了趣味性的特点，在开课之初就能很好地利用互动来激发学生的学习动机。就教学来说，老师感觉最难的就是将搜集到的所有教学资源都呈现给学生，然而，网络上的大量资源因为受到条件的限制，很难呈现在课堂教学中。通常，教师会根据自身的习惯和经验进行取舍再整合出简要内容呈现给学生。而我们的智慧课堂则是更完全的大数据，电子白板无缝整合云平台，使资源运用更便利，更高效能。而电子书包学习系统，更是学生们的学习伙伴和小老师，促使学生更愿意自主地去发现问题并解决问题，这种积极主动的学习状态甚至可以延续到课堂以外。

二、TBL 的学习形式让每个孩子都参与其中

所谓 TBL 也就是 Team-Based Learning（团队导向学习）。谈到 TBL 也就不得不谈到注意力的问题，通常孩子的注意力最为集中的时间就是开始的 15 分钟左右和结束前的 5 分钟左右。而我们的 TBL 课堂就是要抓住这黄金 20 分钟，进行最高效能的学习。利用开始的最黄金 10 分钟目标明确地讲授基础和重点。接着老师抛出需要巩固的读写练习或者需要探讨的文本内容，用 10 分钟左右的时间以小组为单位进行讨论与合作学习。组内成员既要积极发表自己的看法，还要进行相互间的指正与学习，最后形成较为统一的小组立场。在这个过程中，孩子们主动探讨的学习方式会碰撞出许多精彩的思维火花。孩子们的学习主动性和创造性也会得到极大提升。接着利用 5 分钟时间分小组陈述，5 分钟时间进行课后总结，使得学习内容得以再巩固。

三、即时的学习反馈，有助于掌握学生的学情

智慧课堂最重要的一个特征就是其可以实时地反馈学生的学习状态。在教学过程中，IRS（信息检索系统）会根据老师所设定的问题进行检测，再根据 CloudAS 云端诊断分析服务予以分析，并以数据的形式反馈学生的学习效果，将学生的思维变得"可视"，而老师可以根据这些数据实时地调整教学的进度和难度，提高课堂效率。

四、智慧课堂在学科教学方面的优势

笔者跟踪研究了语文学科借助智慧课堂开展智慧教学的情况，研究发现，就语文学习而言，借助交互式电子白板可以提高学生的读写能力。课堂上可以下载有关学习方法和学习动态资料，帮助学生拓宽视野，涉猎不同的学科知识。还可以使用电子白板进行作文审题，选材的练习，及时反馈效果，评改作文。可根据不同层次的学生习作，当堂评改，利用"电子笔"批注重点，使学生一目了然。这种教学方法可以迅速显示教学效果，做到"讲中有练，练中有讲，讲练结合"。还可以把批改的作文利用投放功能进行批改，及时而又有针对性地反馈作业情况。

总而言之，交互式电子白板在教与学之间架起科学的桥梁，发挥语言教学所不能替代的作用。白板具有形象性、趣味性、直观性、丰富性和方便快捷性等特点，而以电子交互白板为基础的 TBL 智慧课堂又同时兼具更便利、更智慧、更高效能、大数据的特点。将这些运用到语文课堂中去，能充分激发学生学习语文的兴趣，让学生喜欢学习语文，有主动学习的意愿。但我们不能盲目地为追求潮流而过多使用，当然我们也不能因传统的语文教学理念而将电子白板拒之门外，这两种想法都是不对的，不科学的，我们对电子白板在语文教学中的应用要有理性的认识，正确把握语文教学中语言文字学习的特点，摆正交互式电子白板在教学中的地位——辅助作用，根据语文学科的特点、规律和具体的教学内容，扬长避短，合理运用，将电子白板使用得恰到好处。既不失课堂的人文性，又使课堂充满趣味性。

第五章　智慧教育背景下的课堂教学原则和教学方法

　　智慧教育课堂教学旨在通过整合先进的信息技术手段，为学生创造更加互动、个性化和高效的学习环境。在这个过程中，教师不再是唯一的信息源，而是成为学习活动的设计者、指导者和支持者。学生则通过参与式、探究式的学习方式，更加主动地参与到知识的构建过程中。通过构建智慧课堂的教学原则体系，实施智慧教育课堂教学的方法，使智慧教育课堂教学更好地服务于学生多样化的需求，促进其全面成长与发展。本章主要介绍 SMART 教学原则体系的构建、智慧教育背景下的教学原则、智慧教育背景下的教学方法等。

第一节　SMART 教学原则体系的构建

　　根据智慧教室的"SMART"概念模型，智慧课堂的"智慧性"涉及教学内容的优化呈现、学习资源的便利性获取、课堂教学的深度互动、情境感知与检测、教室布局与电器管理等多个方面的内容。智慧教室 1.0 时代只满足了知识的优化呈现问题，所以不能称为完整意义上的智慧教室。在智慧教室 2.0 和 3.0 时代，"SMART"概念模型都得以实现，小组协作学习、自主探究性学习、体验式学习、微课学习、游戏式学习等一系列智慧学习模式得以在课堂中改进应用或实现，实时便捷的交互式课堂组织形式成为常态，碎片化网络学习、个人定制学习、翻转课堂等新的课堂组织模式得以实现，智慧教室的课堂教学需要从多维度进行重塑，而"SMART"教学原则体系应运而生。①

一、SMART 教学原则体系的基本要素

智慧时代的智慧课堂教学以数据为支撑、以全面发展为目标，涉及课堂教学的全要素，包括以学生为中心（Student Centered）、激发自主合作探究学习（Motivation Learning）、学生课堂互动（ClAssroom Interaction）、丰富精品教学资源（Resources Enrich Quality）、个性化教学（Teaching Individualized）等。

（一）S——以学生为中心

在当今社会，随着科技的迅猛发展和社会的进步，一种更加先进且人性化的教育理念正在逐步深入人心，并在全国许多地区得到广泛推广与应用。以学生为中心，就是要以人为本、开放多元、全面发展。以人为本的教育理念强调关注每一个个体的学习需求和发展潜力，尊重学生的个性差异，鼓励学生根据自己的兴趣和特长选择适合自己的学习路径。开放多元则意味着教育体系应当包容不同的文化背景、思维方式以及学习方式，促进不同背景学生的交流与融合，拓宽学生的全球视野并培养他们的社会责任感。全面发展则是指教育不仅要传授知识，还要注重培养学生的创新能力、实践能力和社交能力，使学生成长为具有综合素质的人才。

与此同时，大数据技术和人工智能的发展为现代教育提供了强有力的技术支撑。精准化评价体系和智能诊断工具的应用，使得对学生学习过程的评估变得更加科学和高效。通过收集和分析学生在课前预习、课堂互动、课后作业等各个环节的数据，教育工作者可以获取到多维度的学习效果反馈。这些数据不仅包括学生的学习成绩，还包括学习习惯、兴趣偏好、情感态度等多个方面。基于这些详细的分析结果，教师及辅导机构能够制定出更为个性化的教学方案，针对每个学

---

① 廖力，2019. 智能时代的课堂教学：从知识课堂到智慧课堂［M］. 广州：广东高等教育出版社.

生的特点进行有针对性的指导和支持，从而有效地解决他们在学习过程中遇到的问题和困难。

（二）M——激发自主合作探究学习

在智慧时代，教育模式正在经历深刻的变革，从单纯的知识传授转变为更注重能力培养，从被动接受知识转变为积极主动地探索知识。这一转变旨在培养适应未来社会需求的人才，使学生不仅拥有扎实的基础知识，还具备解决复杂问题的能力、团队合作精神以及独立思考的习惯。

智慧时代的教育不仅仅是知识的传递，更是能力和素质的培养。通过采用项目学习、STEAM等先进的教学方法和理念，可以有效激发学生自主合作探究的兴趣，帮助他们建立自信，学会如何在面对未知挑战时寻找答案。这样的教育模式不仅有助于提高学生的解决问题能力、合作探究能力和自主动手能力，还能为他们未来的职业生涯打下坚实的基础，使他们成为具有创新精神和实践能力的新一代人才。

（三）A——学生课堂互动

在现代教育中，为了更有效地达成课堂教学目标，需要积极调动并整合各种教学要素，包括教师的专业素养、学生的学习积极性、教学媒体和技术的应用、教学信息和资源的有效利用等。通过这些要素之间的积极互动与交流，可以构建更加活跃、高效的教学环境。在信息技术与教育深度融合的背景下，智慧教室作为新型的教学空间，正逐渐成为教育改革的重要推手。

智慧教室通常配备了一系列高科技设备，如可以实现多屏显示的交互式触摸一体机、电子白板等，这些设备使得信息展示和互动变得更为直观和便捷。智能实录系统可以自动录制课堂活动，为学生提供复习资料；视讯系统支持远程教学和在线交流，打破了时间和空间的限制；互动反馈系统则帮助教师实时了解学生的学习状态，及时调整教学策略。

在智慧教室中，教师不再是单一的信息传播者，而是成为学习过程的设计者和引导者；学生也不再是被动的信息接收者，而是成为积极的参与者和探索者。

这种高互动的信息化学习环境，不仅促进了师生之间的沟通与合作，也为学生创造了更好的学习体验，有利于培养他们的综合能力和创新精神。

（四）R——丰富精品教学资源

在新时代背景下，课堂教学资源的开发和利用已经超越了传统意义上仅仅服务于课堂讲授的目的，而更多地关注于支持学生的全面发展和终身学习能力的培养。这意味着教育资源不仅要丰富多样，还需要适应不断变化的技术环境，以满足学生在不同场景下的学习需求。

一方面，传统的课堂教学配套资源仍然重要，例如教科书、练习册、实验材料等，它们是学生学习基础知识和技能训练的必要工具。然而，随着互联网和移动通信技术的普及，网络化教学应用成为新的趋势。新型的教育资源，如移动学习应用程序（App），可以让学生随时随地访问课程内容，进行自我测试或与其他学习者互动，极大地拓展了学习的时间和空间范围。

另一方面，增强现实和虚拟现实技术为教育带来了全新的可能性。通过AR/VR平台与资源，学生可以沉浸在模拟的真实环境中进行学习，比如历史事件的重现、复杂的物理现象演示或是生物解剖学的观察等，这些技术不仅能够激发学生的学习兴趣，还能帮助他们更好地理解抽象概念，促进深度学习的发生。

除此之外，智能学习体系也是新时代教育资源的一个重要组成部分。智能学习体是指那些能够根据学生的学习行为和进度自动调整内容难度和类型的学习工具，比如智能推荐系统、自适应学习平台等。这类工具能够提供个性化的学习体验，帮助学生克服学习中的障碍，达到更好的学习效果。

（五）T——个性化教学

智慧教学是教育现代化的重要体现，它通过集成多种智能技术，如大数据分析、人工智能算法、云计算等，为教师提供了一个更加高效的教学管理平台，同时也为学生创造了个性化的学习环境。智慧教学可以做到智能管控班级、智能交互、差异化教学、实时跟踪课堂教学情况等，实现线上线下一体化、虚拟与现实相融合的教学环境。通过上述技术的应用，提高整个教学过程的效率。教师能够更加专注于教学本身，而不是烦琐的管理工作；学生则能够以最适合自己节奏的方式学习，从而更快地掌握知识。整体而言，智慧教学旨在创造一个更加人性化、高效化、个性化的学习环境，促进教育质量的全面提升。

二、SMART 原则的核心目标

以"SMART"为主要原则的智慧教学环境瞄准当前社会对未来人才培养的需求，以培养具有创新能力的智慧型人才为目标，转变传统的教学模式，变革传统人才培养方式，能够真正实现人才培养的创新。

通过遵循"SMART"原则，智慧教学环境不仅能够转变传统的教学模式，还将推动人才培养方式的根本变革。具体来说，这样的教学环境更注重实践能力的培养，鼓励学生参与项目学习、研究课题等实践活动，从而在实践中发现问题、解决问题，培养创新思维和实际操作能力。此外，智慧教学环境还强调个性化学习，根据学生的兴趣和能力提供定制化的教学方案，真正做到因材施教，激发每位学生的最大潜能。最终，基于"SMART"原则的智慧教学环境旨在打破传统教育的局限，通过技术创新和教育理念的更新，真正实现人才培养的创新，为社会输送更多具备创新能力的智慧型人才。[1]

具体来说，以"SMART"为主要原则的智慧教学环境能够有效实现以下目标：

（一）转变内容传授形式，实现学习者的个性化发展

在以"SMART"原则为基础构建的智慧教学环境中，传统的单一知识点灌输方式被转变为知识的个性化自由获取与组织。学习者可以根据自身的特性和已有的知识经验，自主地寻找和获取所需的知识。同时，智慧教学系统会根据学习者的特点，提供智能化、个性化的资源推荐，并为每位学习者定制专属的学习路径。这一转变使得学习过程充满了个性化色彩，有助于充分激发学习者的独特潜能和特性，力求让每位学生都能在最适合自己的道路上茁壮成长。

---

[1] 张会丽, 2020. 教育信息化 2.0 时代的智慧教学新探索 [M]. 长春：吉林科学技术出版社.

（二）变革教学组织形式，激发学习者的创新性

依托物联网技术、移动通信技术、录播技术等多种新型技术，智慧教学环境能够有效地支持多种创新性的教学模式，例如项目学习模式、翻转课堂教学模式以及创客教育模式等。每种教学模式在培养学生方面都有其独特的作用与优势。通过采用多样化的教学模式，可以全方位地提升学习者的综合能力，为他们的创造力发展提供坚实的支撑。

（三）变革传统评价，挖掘学习者的潜力

智慧教学环境利用先进的信息技术，能够实时记录学生在学习过程中的各种数据，并将这些数据转化为有价值的分析信息。这不仅能够实现基于数据的创新型和精准化的学习评价，还能使教师、学生及家长客观地了解学生的学习情况。此外，通过分析这些客观数据，还可以对学习者的发展进行预测，充分发掘每位学生的潜力与特长，并提供相应的学习辅助，从而真正帮助每一位学生实现其成才的目标。

智慧教学环境通过物联网、云计算等技术手段，实时记录学生的学习行为数据，如课堂参与度、作业完成情况、在线学习时长等。这些数据经过处理和分析后，转化为可供教师及家长参考的有用信息，帮助各方及时了解学生学习状态的变化。

通过大数据分析技术，智慧教学环境能够实现对学习过程的精准评价。这种评价方式不仅依赖于传统的考试成绩，还综合考量学生在课堂互动、小组合作、项目完成等多个方面的表现，从而得出更加全面、客观的评价结果。

总之，智慧教学环境通过实时记录和分析学习数据，实现了基于数据的精准评价，帮助教师、学生及家长客观地了解学习情况。同时，通过预测与个性化学习辅助，智慧教学环境能够充分挖掘每位学生的潜力与特长，真正帮助每一位学生实现其成才的目标。这种以数据驱动的教学模式不仅提升了教育的质量，也为学生的个性化发展提供了强有力的支持。

（四）创新课堂管理，鼓励学习者的个性化

在智慧学习环境中，大数据、云计算等信息技术的广泛应用不仅为实现教育

管理的智慧化提供了技术支持，同时也满足了师生在教育过程中的智慧性发展需求。通过这些技术的应用，智慧学习环境能够实现教育管理业务流程的统一运行与监控，从而减少在教育管理过程中的人力、物力和财力浪费。此外，智慧学习环境还能够将各种教育装备与互联网连接起来，实现智能化的识别、定位、跟踪、监控和管理，从而有效提高管理效率和质量。

智慧学习环境通过数据分析，可以为决策提供科学依据。例如，通过对学生学习数据的分析，学校管理层可以了解教学管理方面存在的问题，从而做出合理的调整；通过对教师工作数据的分析，可以评估教学质量，激励优秀教师。此外，智能化管理系统还可以帮助学校优化资源配置，提高教育服务质量。由于许多管理任务实现了自动化，教师可以从烦琐的行政事务中解脱出来，将更多的时间和精力投入到教学和学生指导上。教师可以集中精力进行备课、教研活动、个性化辅导等，进一步提升教学质量。

总之，智慧学习环境通过大数据、云计算等信息技术的应用，实现了教育管理的智能化转型。它不仅提高了管理工作的效率和质量，减少了不必要的资源浪费，还为师生提供了更加智能化、个性化的教育服务，有助于提升整体教育水平。教师也因此能够从繁杂的管理工作中解放出来，将更多的精力投入到学生教育之中。

第二节　智慧教育背景下的教学原则

一、"以学生为中心"的原则

（一）"以学生为中心"原则的内涵

"以学生为中心"不是指教师与学生角色、身份、地位的高低之分，而是指教学理念、管理理念、服务理念以及教学方法、评价方式的转变。教学的目的、任务不在"教",而在"学"。"以学生为中心",最根本的是要实现从以"教"为中心向以"学"为中心转变,即从"教师将知识传授给学生"向"让学生自主发现和创造知识"转变,从"传授模式"向"学习模式"转变。因此,学校要从"课堂、教师、教材"这"老三中心",向"学生、学习、学习过程"这"新三中心"转变,真正关注学生的学习。教学方法是为达到教学目的服务的,目的决定方法。学习是一个"自主构建""相互作用"和"不断生长"的过程,凡是有利于学生自主发现和构建学问、有利于学生主动发现和解决问题、有利于学生自主学习的方法就是好方法。[①]

"以学生为中心"是以学生的学习和发展为中心。本书认为应强调三个"着力于"。

第一,着力于学生的发展。教育的根本问题是人的发展问题。教育通过对人的成长的引导,从而促进人的发展。"以学生为中心",就是在教育教学中,要着力于学生的发展。人的发展有其自身的规律,其中,重要规律之一是人的发展既有连续性,又有阶段性。这是因为,心理是脑的机能,脑和神经系统的发育是心理发展的直接前提和物质基础,而脑和神经系统是按一定的次序和过程发展的。人的思维、情感、意志等的发展,与脑的发展密切相关,而人的理想、人生观和思想品德的发展,又直接依赖于思维、情感、意志的发展。环境对人的发展产生一定的影响,而人所面临的环境,随着年龄的增长和从事的主要活动的变化而发生改变。从心理机能发展上看,人的任何心理现象都是一个从量变到质变的过程。因此,人从出生、婴幼期、小学、中学、大学到就业后,每个阶段都具有不同的发展内容。而且人的发展具有不可逆性,只有前一阶段发展好了,才能顺利地走向后一阶段。

第二,着力于学生的学习。促进学生的发展,要通过学生的学习来实现,学生在学习中发展,在学习中提高。学习,是一种精神活动,是人的一种内在需求,是人类的一种生存方式。首先,要满足学生学习的需要。学习的需要包括发展成

[①] 王盛之,2017. 智慧教师与智慧课堂[M]. 上海:上海教育出版社.

人的需要和求职成才的需要。其次，要遵循学习的规律。在教学中，"教"是手段，"学"是目的。与人的身心发展相同，人的学习有其自身的规律。建构主义学习理论将人们对学习的认识推向了一个新阶段。建构主义学习理论认为，学习过程是学习者主动构建知识的过程；学习活动是学生凭借原有的知识和经验，通过与外界的互动，主动地生成信息的意义；学生对知识的理解不存在唯一的标准，而是依据自己的经验背景，以自己的方式构建对知识的理解。因此，学习是自主构建、相互作用、不断生长的过程，即学习过程不是教师简单传授知识，而是学生根据外在信息，基于自身的经验背景，自主构建知识的过程；外部信息（包括教师的讲授）本身没有意义，学习者通过新旧知识和经验间反复、双向的相互作用过程构建而成的；教学应把学习者原有的知识经验作为新知识的生长点，引导学习者从原有的知识经验中不断"生长"出新的知识经验。

第三，着力于学生的学习效果。教育要遵循人的发展规律和学生的学习规律，同时，教育又有自身的规律。例如，教育具有非决定性、非线性的特点，教师讲课与学生学习之间并没有直接的决定关系。因为各种知识进入大脑之后，要经过内化，才能转化为自己的知识结构、思想、灵魂。内化靠谁？靠自己，谁也代替不了。现在教学的问题恰恰出在这里。一些教师认为，"我不讲学生就不懂"，所以往往采用"满堂灌"或"填鸭式"等教学方式。这是影响教学效果的根源之一。因此，教学中，教师要全面了解每一个学生的特点，针对其个性差异因材施教，进行个性化教学。同时，要通过教学评价，及时了解学生的学习情况。教学评价的重点应该是"学"，而不是"教"。将评价结果及时向教师反馈，让教师了解自己教学中存在的问题，从而不断改进教学，提高教学效果。

（二）"以学生为中心"的具体实施

实现"以学生为中心"的教育变革，是一种范式的改变，必须全面、整体、协调推进。

1. 转变教育思想、观念，全方位进行设计

实现"以学生为中心"是对教育本质的深刻认识，是教育思想、观念的一次

变革，是从以"教"为中心向以"学"为中心的一次转变。现在学校的领导、教师、管理人员，都是在以"教"为中心的教育体制下培养出来的，因而以"教"为中心的观念根深蒂固。从国外深造回来的领导、教师，或接受博士教育，或从事学术研究，专注于教育理论和教育实践的人寥寥无几。因此，我们要注重教育思想的深入学习，重新认识教育，逐步转变教育思想、观念、方法。我们应当认识到，学校教育作为一种活动，是向学生提供学习服务，学生通过自己的理解、消化而接受学习服务并凝结在自己身上，进而实现学生及其家庭、社会的需要。学校的方方面面都应该设想：如果把学生的学习放在第一位，我们将以怎样不同的方式做事？我们应转变思路，在有利于学生学习、发展的思维之下设计自己的工作。高等学校的校院两级领导要心系学生，深入学生，深入课堂，了解学生的学习情况，研究解决学生学习中存在的问题，制定有利于学生学习的政策、制度，创设有利于学生学习的环境、文化氛围，为学生的成长创造广阔的空间。在学生工作中，要将管理学生转变为服务学生，将学生辅导与学术指导、学生事务与学术事务紧密结合起来，从而有利于指导学生学习。要探索有利于学生学习的组织管理形式，如书院制、导师制等。

2. 教师要转变教学方式、方法和手段

在实现"以学生为中心"的转变中，教师无疑负有重大的责任。除上述教育思想、观念的转变以外，还要特别关注课程改革和教师培训。第一，课程是核心，培训是关键。课程是教育教学活动的基本依据，是实现学校教育目标的基本保证，是学校一切教育教学活动的中介。在课程改革中要特别关注课程结构和教学方法的改革。第二，结构决定功能。要根据学生学习的目的建立合适的课程结构，以满足学生学习的需要。课程结构变革要以人为本，着眼于学生的全面发展，注重培养学生的创造力和创新能力，注重发展学生的个性，培养学生自主学习的能力。[1]

当前，根据学生的学习状况和学习需要，特别要加强文化素质教育课程，开设批判性思维课程，创设个性化课程，重视实践性课程。要根据学生的学习状况，选择、创建合适的教学方法，以提高学生的学习效果。

---

[1] 王盛之，2017. 智慧教师与智慧课堂：基于教育信息化的系统构建［M］. 上海：上海教育出版社.

3.加强对学生学习的指导

学生是学习过程的共同创造者，在教学过程中，加强对学生学习的指导十分重要。对学生学习的指导，应着重体现在以下两个方面：一方面，要开展立志教育，帮助学生立志，调动学生学习的主动性、积极性。如果学生缺乏学习的主动性、积极性，就不可能取得好的学习效果。因而帮助学生立志很重要。学生立志体现了共性与个性的结合，社会贡献与个人发展的结合，道德与科学的结合。立志教育可以从4个方面展开：一是认识自我。通过各种榜样、名人名言、专业发展等激励学生认识立志，认识自我。二是选择志向。学校要创造广泛的空间，让学生参与多种社会实践，进行多样尝试，在反复比较中明确自己的志向。三是阶段规划。有了志向以后，要从现在开始，通过努力学习，实现自己的志向。四是坚持不懈。对自己志向的实现，学生要有充分的自信，努力实践，在实践中克服困难，排除干扰，坚定不移地走下去。另一方面，要引导学生掌握正确的学习方法，学会学习。长期以来，学生处于以"教"为中心的教学模式之下，习惯于被动接受，不会提出问题，缺乏研究的能力。"以学生为中心"的学习实质上是一种研究性学习，学生和教师共同参与研究，在研究中学习。因此，要帮助学生熟悉新的教学方式，主动参与、主动交往、主动提问、主动探索，在研究中自主学习。当然，这需要一个过程，也需要学校各个方面共同努力。

4.改革制度，调整政策

制度、政策具有导向功能，十分重要。国家政策、学校制度应从"以学生为中心"出发，有利于学生学习和发展的政策、制度应该坚持，不利于学生学习和发展的政策、制度则应该进行调整、改革。应对相关政策进行审视，加以调整。例如，现在评价一所学校，大多以院士的人数、具有博士学位教师比例的多少、科研经费和获奖的多少、百篇优秀论文的数量等为标志，因而学校领导的主要精力也放在这些方面。对教学的评价也侧重于投入、条件、师资等方面，而反映学生学习状态、学习效果的指标则不多。近年来，政府为提高教学质量，采取了很多措施，如设立教学成果奖、精品课程、教学名师评选等。这些举措对激励教学产生了一定的作用，但要从"以学生为中心"的视角进行审视，深入了解这些举措实施的后果，重新进行思考，不断加以调整、改进。对学校制度同样应该加以审视。例如，学籍管理、考试制度、学位制度、奖励制度等，都应该加以调整，以更好地促进学生的学习、成长。

二、自主合作探究学习的原则

在"互联网+"时代，教育不断升级与变革，互联网应用于教育的方式已从融合阶段进入创新阶段的拐点，随着云计算、大数据、人工智能等技术的不断发展和在教育领域的应用，教育由此发生质的变化。在"互联网+"时代，教学模式发生了范式变化，学生通过自主体验、团队合作、探究等方式参与学习和课堂中。自主合作探究学习是一种整合了自主学习、合作学习及探究学习模式的新型教学模式，伴随着"互联网+"应运而生。西方国家早在20世纪六七十年代就把"自主、合作、探究"教学模式作为有效教学方式分而论之。霍勒克（Holec）于1981年最早提出了自主学习在外国语教学中的运用及影响，自和主学习研究与实践从此在欧美国家不断深入。提出合作学习（Cooperatrve Learning）的代表人物约翰逊兄弟（D. Johnson 和 R. Johnson）指出合作学习是指在教学中，学生根据教师分配的学习任务，明确责任分工，以小组形式进行协作式学习，最大限度地提高自己以及他人的学习效率。在"互联网+"时代，自主合作探究教学已在全国各级学校相继展开，但不可否认的是，自主合作探究教学模式在教学实践中仍困难重重。这就迫切需要研究者尤其是一线教师对自主合作探究学习不断加强研究和教学实践，发现并分析实施过程中出现的问题及原因，寻求解决问题的策略，以期在实践和研究中不断发展与完善。

面对瞬息万变的社会，作为教师应把学习的主动权还给学生，把自主的空间交给学生，通过新的教学模式的探索，培养学生主动参与、乐于探索、勤于动手的学习习惯，以提高学生收集和处理信息的能力、获取新知识的能力、分析和解决问题的能力以及交流与合作的能力。

（一）自主合作探究学习原则的内涵

自主合作探究学习是指学生围绕一定的主题，在教师的指导和帮助下，通过独立学习以及与他人交流互动、合作学习的方式，主动参与知识的探究过程，自主调控和监督管理整个学习过程及学习的各个方面，以获得知识，并最终建构学科系统知识的活动。它集成了自主学习与探究学习的优势，注重独立学习与合作交流相结合、知识形成过程与知识牢固掌握相结合。随着信息和网络技术在教学中的广泛应用，基于网络的自主探究学习也越来越引起研究者的关注。所谓网络自主探究学习是指学生从问题或任务出发，利用各种资源（主要是网络资源），通过形式多样的探究活动，以获得知识和技能、发展能力、培养情感体验为目的的学习方式。这种学习方式的核心并不在于网络技术的运用，而是在网络条件下如何结合学校和学生的实际情况，引导学生进行高质量的探究学习。[1]

（二）自主合作探究学习原则的具体实施

自主合作探究学习不是无序的生长。在自主合作探究学习模式下，学生会有明确的路径和方向，制定属于自己的学习目标，而通过学情分析评价系统，学生能够得到客观的数据以自我观察及评估整体学习的进程，我们在实施自主合作探究学习原则方面要做到以下几点：

1. 创设符合学生自主合作探究的教学情境

教学情境主要是指在课堂教学过程中，教师根据具体的教学内容和教学实际，依照学生的学习情况，设定出适合学习主体并作用于学习主体的学习背景、环境和景象。创设一个与学生知识背景密切相关，又是学生感兴趣的任务情境，唤起学生的主体意识，让学生自主调动已有的知识、经验、策略去体验和理解知识。无论是哪一门学科，都需要教师充分挖掘学生的实际情况，为他们创设出更优质的学习环境，教师通过引人入胜的故事、奇妙有趣的实验、生动逼真的教具、熟悉常见的现象，创设情境，激发学生兴趣，刺激学生大脑的兴奋点，使其在极短

---

[1] 董君，陈晓琴，徐瑞玲，2022. 智慧课堂教育理论与实践［M］. 长春：吉林出版集团股份有限公司.

的时间内注意力高度集中，以积极饱满的热情投入课堂活动之中，使他们在身临其境的同时，更好地感受到学习的趣味性，从而激发他们对于学科的兴趣，可以更积极地完成教学任务，进而提升教学质量。

2. 构建有助于学生自主合作探究的活动时间

学习者应有充分的时间、空间，在教师的支持下对提出的问题、任务或者活动进行探究，并获得自己的探究结果。探究活动可以采取个别、小组合作、小组分工、集体等多种不同的形式进行。既让学生们更有意识地参与学习过程中，又能激发他们的学习兴趣，让他们更加顺利地完成知识的迁移、内化与应用。

3. 提供有利于学生自主合作探究的时空过程

教师应组织学生将自己的探究过程和结果表达通过录播记录下来，并在教师的参与和指导下使进行交流和讨论，学生对待问题有了自己的看法后，会积极寻求方法证明自己的观点，对问题真相进行大胆探索，而这一过程将会被录播系统所记录。这时教师需给他们留出自由思考的空间和时间，以支持他们的独立探索与合作交流。在合作教学中，教师将充当辅助者、促进者和组织者的角色。让学生在课堂上成为"主导者"学会表达自己的想法，由此营造出快乐轻松的氛围，学生们精神愉快，以保持高度的学习热情和主动性。

4. 引导学生自主合作探究的教育评价策略

为了培养学生自主探索的精神，鼓励他们大胆从探索中发现、收获、提升，首先，教师在自主探究学习方式过程中充当"伯乐"的角色，尽可能地发现并挖掘学生身上的潜质，比如，在探究过程中，有些学生具备优秀的表达能力、动手能力、组织能力、观察能力、反思能力等，教师都应及时地予以客观的肯定。多元的能力发展超出了传统教学中以分数为评价的唯一标准，基于技术导向的教育评价方法可以从多维度评价学生能力的发展，从而更加能激发学生研究、探索的兴趣，建立自信，为学习者搭建自主学习、自我评估、自觉提升的平台，严格监控自主学习过程；其次，教师应坚持以教师为引导、以学习者为中心的教学原则，结合现代教育技术手段，充分利用智能时代的技术便利，对学习者进行有效引导；

最后，挖掘学习策略资源，着力提高学习者策略应用水平，帮助学习者发展适用性、个性化的学习策略，最大限度地提高学习效率。

三、激发学生课堂互动的原则

"互动"（interaction）一词起源于社会心理学研究领域，是指事物间的相互作用和影响。《哲学大辞典》中将"互动"定义为"社会中人与人之间的交互作用"。[①] "课堂互动"即发生在课堂学习环境中的相互影响和作用。韩琴认为课堂互动是指在课堂教学环境中，教师与学生及学生与学生间产生的正面的、积极的或负面的、消极的相互作用和影响，进而影响师生心理或行为的改变。[②] 他将课堂互动看成一个完整的、系统的、不断发生变化的系统。本书认为课堂互动形式更加多元化，不仅包括师生、生生间人与人的互动，还包括人与技术、资源以及环境的互动，强调学生在课堂互动教学活动中学会交往，学会合作，自主完成对知识意义的建构，更好地实现教学目标。

课堂互动是指在达成课堂教学目标的过程中，积极调动教师、学生、教学媒体和技术、教学信息和资源等主要教学要素，使其相互间形成积极交流互动的关系。课堂互动是课堂教学的中心环节，也对学生知识意义的建构至关重要。教育教学改革将重点关注教学过程是否具备互动的特征，要不断加强教师与学生间的交流互动和情感沟通，营造民主、和谐、积极、友善的课堂氛围，促使更多学生投入到课堂互动学习活动之中，提高教学的质量和效果。已经有大量研究结果显示，学生的学习成绩以及认识和情感的发展在很大程度上受到课堂互动水平的影响，且深层次的课堂互动能有效提高学生的学习热情，使学生迅速进入学习状态，具备强烈的学习意愿。因此，课堂互动的效果研究一直受到众多学者的关注。

在信息技术与教育深度融合和发展的背景下，智慧教室得到了广泛的发展和应用。智慧教室有别于传统的多媒体教室，它配有能实现多屏显示的交互式触摸

---

① 金炳华，2007. 哲学大辞典（修订版）[M]. 上海：上海辞书出版社.
② 韩琴，周宗奎，胡卫平，2008. 课堂互动的影响因素及教学启示 [J]. 教育理论与实践（16）：42–45.

一体机、电子白板以及智能实录系统、视讯系统、互动反馈系统等，是一个高互动的信息化学习环境。[①]

（一）智慧教室的课堂互动教学要素

在智慧教室环境中，课堂互动形式更加多元化，不仅包括教师与学生、学生与学生间人与人的互动，还包括人与信息技术、学习资源以及学习环境的互动，互动已成为智慧教室课堂教学的关键和核心。但智慧教室的实际使用效果并不理想，大部分学校只重视智慧学习环境的建设，忽略了教学理念的变革和教学模式的创新。主要表现为教师仍习惯采用传统的课堂教学模式，较少开展互动教学活动，课堂互动频率较低，互动形式较为单一，学生学习参与度不高，课堂互动效果较差，学生在智慧教室的学习效果有待提升。明确智慧教室内具备哪些主要的课堂互动教学要素是顺利开展和实施课堂互动教学活动的保证。借鉴陈卫东等人对智慧教室互动形式与特征的研究，我们将智慧教室的课堂互动教学要素分为人、技术、资源与环境4个方面。

1. 教师和学生

教师和学生是课堂教学活动中最重要的两个要素，教师和学生的互动也是教学活动最主要的组成部分，良好的师生互动是教育教学活动顺利进行的基础和保障。因此，有关教师和学生互动的研究一直以来都是课堂互动研究领域的热点问题。众多研究者将教师和学生的互动形式进行进一步具体的分类，例如吴康宁细化了交互主体，将师生互动分为师班、师组以及师个互动。[②]在传统的多媒体教室环境下，教师主要采用讲授和演示法传递知识，学生成为知识灌输的对象，教师和学生互动交流的频率较低，且互动形式较为单一，主要表现为师班互动。而在智慧教室环境下，小组展示屏、移动终端等构成的智能交互系统以及视频会议系统使得课堂教学中的角色构成发生变化，合作学习小组、独立学习个体以及场外专家成为参与课堂互动活动的重要角色，图5-1为智慧教室课堂互动角色构成，

---

① 崔璐，2018. 智慧教室课堂互动策略研究［D］. 武汉：华中师范大学.
② 吴康宁，程晓樵，吴永军，1997. 课堂教学的社会学研究［J］. 教育研究（2）：64-65.

其中实线表示学生与学生间的互动,虚线表示教师与学生间的互动。

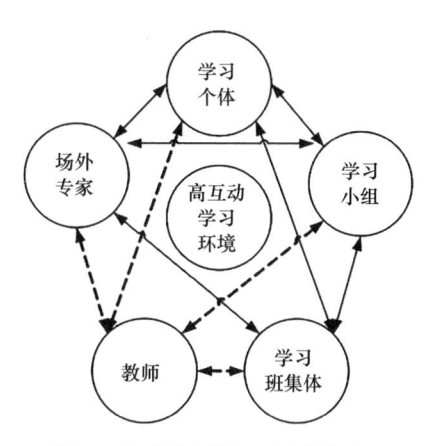

图 5-1　智慧教室课堂互动角色构成

由图 5-1 可知,智慧教室环境下的课堂互动由以师班互动为主转变为由师班互动、师组互动、师个互动、生生互动以及学生与场外专家互动等多种互动形式形成的多元化互动模式。这种多元化的互动模式体现了"以学生为中心"的教学理念,丰富了课堂中人际互动的形式,给学生创造了更多参与课堂互动的机会。

2. 技术

智慧教室内的泛在网络技术、多屏显示技术以及智能交互技术等先进信息技术为师生创建了一个技术增强的新型信息化学习环境,技术对课堂教学的支持作用促使了人与技术互动的产生,成为智慧教室课堂互动的重要形式之一。智慧教室的技术互动性主要体现在利用信息技术为师生提供更好的学习体验,提高课堂互动的频率和效果。例如,智慧教室内的智能交互系统和多屏显示系统可实现人与技术多种形式的互动,教师可利用多媒体教学终端控制器在分组讨论、小组展示、自由展示、教师授课等功能之间切换。这些功能可支持教师开展例如小组合作探究以及学生展示交流等多样化的互动教学活动。智慧教室内的泛在网络技术支持教师利用智慧教学工具辅助课堂教学,通过即时的学习诊断和测评反馈,教师可获取每个学生阶段性学习情况的信息,帮助教师及时地、有针对性地调整教学。可见智慧教室为学生创设了一个技术支持的高互动学习环境，有助于提高学生课堂参与度，增强课堂互动的效果。

3. 资源

教学资源是智慧教室课堂教学的重要组成部分，它既是课堂各要素间进行互动的中介，又是学生获取信息的重要来源。[1]智慧教室内的泛在网络技术使得课堂内的教与学设备通过泛在网络方式实现无线互联，方便了教学资源的获取、处理和共享，使得教学资源不仅局限于预设资源的呈现，更多地表现为动态资源的生成过程，使得智慧教室环境下的教学资源具有交互性和便捷性的特征。[2]例如，在智慧教室课堂教学中，师生可通过云平台、QQ群等教学平台实现资源的传输和共享，为智慧教室课堂互动教学活动的顺利开展提供强大支持。在课堂教学中，教师可借助多屏显示系统（如教师教学双板、小组讨论屏）展示教学内容，并利用教学双板良好的触屏技术，对教学资源进行批注或书写电子板书，这种生成性学习资源可记录保存，方便学生课后学习，也体现了人与资源的友好互动。

4. 环境

课堂是教师开展互动教学活动的主要场所，也是学生参与学习活动所依赖的重要环境。根据罗伯特·班杜拉（Albert Bandura）的环境心理学的研究，环境会对人的行为产生一定的影响。因此，智慧教室教学环境的设计至关重要，会在一定程度上影响课堂互动教学的效果。智慧教室作为一个技术支持的高互动学习环境，影响其环境设计的因素除了传统的物理空间环境外也包含互动主体的心理环境因素。[3]物理环境主要包括教室的光线、温度、桌椅等，这是智慧教室环境互动设计需要考虑的重要因素。心理环境主要指智慧教室中的人性化的物理环境设计会直接影响课堂主体的心情，为师生营造舒适的学习环境，有助于创建民主、平等、和谐的师生关系，促进师生间情感的互动与交流。

---

[1] 朱连召，2015. 未来课堂环境下互动教学设计与实践研究[D]. 上海：华东师范大学.
[2] 张平，苗杰，胡铮，等，2010. 泛在网络研究综述[J]. 北京邮电大学学报（5）：1-6.
[3] 朱连召，2015. 未来课堂环境下互动教学设计与实践研究[D]. 上海：华东师范大学.

（二）智慧教室课堂互动教学原则的具体实施

1. 创设学习情境

情境认知与学习理论认为学习是在一定的情境中完成对知识意义的建构，学生的学习效果会受到学习情境的影响。[1]这就要求教师在教学中要注重为学生创设生动的学习情境，提供丰富的学习资源，激发学生的学习兴趣，提高学生课堂学习的参与度。在智慧教室环境下，教师可利用互动教学双板、多屏显示系统呈现音频、视频、图片、动画、文本等多样化的学习资源，通过设计问题、生活情境或展示学生课前学习任务导入课堂教学，激发学生的学习兴趣。

2. 设置开放型学习任务

设置开放型学习任务是教师开展合作探究活动的第一步。教师在布置小组合作探究学习任务时，要尽可能设置开放型学习任务。开放型学习任务是指没有明确答案，具有灵活性和趣味性的学习任务。这样的学习任务可给予学生充分思考和探究的空间，使学生在教师的指导下，通过小组合作探究完成任务。祝智庭教授认为灵活、开放的学习任务可促进学生的互动交流，使学生在完成任务的同时掌握相关知识与技能，同时有助于培养学生的自主探究学习能力、小组合作学习能力以及问题解决能力。[2]

3. 小组合作探究

小组合作探究策略即指导学生通过合作交流完成教学任务，可有效提高课堂教学中师生、生生互动的频率。研究表明小组合作探究学习可为学生创造更多课堂互动的机会，营造积极、活跃的课堂气氛，减轻学生的心理压力。[3]小组合作探究还可以帮助大部分学生，包括性格较内向的学生，主动地参与小组讨论交流活动当中，为每个学生提供均等参与课堂的机会。教师课前在云平台上传自主学习

---

[1] 祝智庭，顾小清，闫寒冰，2005. 现代教育技术——走进信息化教育（修订版）[M]. 北京：北京教育科学出版社.

[2] 钟志贤，2011. 学习环境设计的理论基础：心理学视角[J]. 中国电化教育（6）：30-31.

[3] 何世杰，2004. 英语教学互动研究[J]. 交通高教研究（6）：93-95.

资源，并在云平台论坛发布学习任务，组织学生自主学习。学生在论坛发帖完成课前学习任务。课上在智慧教室环境下，教师可借助多屏显示系统布置小组学习任务，并通过班级QQ群共享相关学习资源，组织学生利用智能手机及小组讨论屏下载观看相应学习资源，开展小组合作探究学习活动。教师在小组合作探究过程中要及时给予指导和帮助，并调控小组讨论时间，指导各小组学生利用智能手机记录、汇总讨论结果。此教学策略可促使学生更主动地投入到课堂互动学习活动当中，提高师生互动、生生互动的频率和质量。

4. 成果汇报展示

学习成果汇报展示为学生创造了展示自我和与师生互动交流的机会，可提高学生小组合作探究的积极性，同时也是对学生小组共同努力与奋斗成果的肯定。学习成果汇报展示过程也是一个知识外化、互动交流的过程，可加深学生对知识的理解和掌握，提高他们的知识应用和迁移能力。学生在智慧教室环境下，可利用智能交互系统将智能手机上记录的小组讨论内容投屏展示到各小组讨论屏上，并利用其小组展示功能，通过多屏显示系统分别展示各小组合作学习成果，方便教师开展小组合作学习成果汇报、展示活动。

5. 组间互评

组间互评可营造一种组间竞争的氛围，有助于激发小组成员学习的积极性，提高学生合作学习的参与度，提升课堂互动的效果。组间互评使得每个学生都成为评价的主体，促使学生更认真地倾听其他小组汇报人的发言，且组间互评学习活动有助于增强学生学习的自信心，培养其语言表达能力以及评价反思能力。

6. 即时反馈

即时反馈是课堂互动的关键因素之一，有效的反馈可以促进师生间的情感交流，构建融洽的师生关系。教师要经常给予学生表扬和鼓励，激发学生的学习热情，促使学生更主动地参与课堂学习活动，提高课堂上师生、生生互动交流的频率。在智慧教室环境下，教师可借助智慧教学工具和智能手机编制、发送在线测试题。学生加入课堂即可在线接收、作答测试题目，在规定时间内完成提交后可即时获得反馈。教师可利用多屏显示系统展示学生作答的统计分析结果，帮助学生了解自己的学习水平，及时调整自己的学习状态。同时这种即时、有效的互动反馈也方便教师进行自我教学的诊断与评价，从而及时改进教学。[1]

第三节　智慧教育背景下的教学方法

教学作为人类特有的一种社会实践活动，具有既定的人为的目的。教学要达到既定目的，完成所肩负的任务，显然离不开方法。所以，不管人们对教学方法有多么重视，都不足为过。教学方法是教育的核心。教育的中心任务不仅在于教什么，更在于怎么教，如何教得更好。

一、教学方法的概念

学者们对教学方法的理解不尽一致。如有学者认为"教学方法是指为达到教学目的，实现教学内容，运用教学手段而进行的，由教学原则指导的一整套方式组成的、师生相互作用的活动"，还有学者认为"教学方法，是在教学过程中，教师和学生为实现教学目的，完成教学任务而采取的教与学相互作用的活动方式的总称"，有学者认为教学方法是指"师生为完成一定教学任务在共同活动中所采用的教学方式、途径和手段"；还有学者认为"教学方法是在教学过程中教师指导学生学习以达到教学目的的、由一整套教学方式组成的操作策略"。这些学者认为教学方法本身带有重要的教育意涵，有关教学方法内涵的理解虽各有侧重，但它们都包含了一定的目的和任务，以及教学手段、方式、办法、活动等共同要素。

---

[1] 徐显龙，王雪花，顾小清，2017. 智慧教室小组合作学习设计及成效［J］. 开放教育研究（4）：112–113.

本书认为教学方法是为了达到教学目标、完成教学任务所采取的教学方式和手段的一套完整体系，它包括教师教的方法（教授方法）和学生学的方法（学习方法）两大方面，是教授方法与学习方法的统一。由于时代的不同，社会背景、文化氛围的不同，研究者研究问题的角度和侧重的差异，使得中外不同时期的教学理论研究者对"教学方法"概念的定义自然不尽相同，但是教学方法不同界定之间的共性包括教学方法要服务于教学目的和教学任务的要求，教学方法是师生双方共同完成教学活动内容的手段以及教学活动中师生双方行为的体系。

教学方法的内在本质特点包括教学方法体现了特定的教育和教学的价值观念，它指向实现特定的教学目标要求；教学方法受到特定的教学内容以及具体的教学组织形式的影响和制约。

新时代背景下，学者们对教学方法的理解出现了一些新的特征：教师是资源提供者、教学设计者、学习活动的指导者和学习过程的管理者，随之，学生变成了资源的共享者、教师的合作者、学习活动的参与者和自我学习的监督者，其学习的主体性地位得到全面凸显。由此，教学方法内在取向发生了转变，由"适教课堂"的教法转变为"适学课堂"的学法，教学方法的内涵也在信息技术时代与先进的教育理念下不断更新和丰富。

二、教学方法的分类模式

（一）巴班斯基的教学方法分类

该分类的依据是对人的活动的认识，认为教学活动包括三种成分，即知识信息活动的组织、个人活动的调整、活动过程的随机检查。把教学方法划分为三大类，第一大类是组织和自我组织学习认识活动的方法；第二大类是激发学习和形成学习动机的方法；第三大类是检查和自我检查教学效果的方法。[1]

---

[1] H. K. 巴班斯基，M. M 波塔什尼克，1985. 教育过程最优化问答［M］. 利兰，译. 北京：北京师范大学出版社.

（二）拉斯卡的教学方法分类

该分类的依据是新行为主义的学习理论，即刺激—反应联结理论（教学方法—学习刺激—预期的学习结果）。依据在实现预期学习结果中的作用，学习刺激可分为A、B、C、D四种，据此相应地归类为四种基本的或普通的教学方法。第一种是呈现方法，第二种是实践方法，第三种是发现方法，第四种是强化方法。

（三）威斯顿和格兰顿的教学方法分类

该分类依据教师与学生交流的媒介和手段，把教学方法分为四大类：第一类是教师中心的方法，主要包括讲授、提问、论证等；第二类是相互作用的方法，包括全班讨论、小组讨论、同伴教学、小组设计等；第三类是个体化的方法，如程序教学、单元教学、独立设计、计算机教学等；第四类是实践的方法，包括现场和临床教学、实验室学习、角色扮演、模拟和游戏、练习等。

（四）李秉德教授主编《教学论》的教学方法分类

按照教学方法的外部形态，以及相对应的这种形态下学生思维活动的特点，《教学论》把中国教学活动中常用的教学方法分为五类。[①]

（1）以语言传递信息为主的方法，包括讲授法、谈话法、讨论法和读书指导法等。

（2）以直接感知为主的方法，包括演示法、参观法等。

（3）以实际训练为主的方法，包括练习法、实验法、实习作业法等。

（4）以欣赏活动为主的教学方法，例如陶冶法等。

（5）以引导探究为主的方法，如发现法、探究法等。

---

① 李秉德，2001. 教学论［M］. 北京：人民教育出版社.

三、常用的教学方法

（一）以语言传递为主的教学方法

1. 讲授法

这种教学方法是教师通过语言系统连贯地向学生传授知识的方法，它包括讲述、讲解、讲读、讲演等具体形式。

讲授法是一种最常见的教学方法，具有传递知识信息和控制学生的思维活动两方面的作用，通过这些作用可以发展学生的智力，激发学生的学习动机，培养学生的学习兴趣，使学生的思维活动处于积极的状态中。学生一边在紧张地思考，一边又在感受求知的乐趣。教师在讲授中既可通过分析和比较、归纳和演绎、综合和概括，又可通过讲重点、讲关键、讲难点、讲思路、讲规律、讲方法等多种形式来促进学生掌握知识、认识知识的价值，并将其内化为一种学习的动力。

讲授法是教师经常采用的方法，也是一种传统的教学方法。事实上，任何一门课程都离不开讲述。有人认为讲授法太过平淡，而且也难以提供学生回应的机会。其实，没有任何一种教学法是绝对的好或不好的。讲授法若使用得当，仍然是有许多优点的，比如，可以节省教学的时间；可以说明一些原则；可以叙述一些事实；可以解释一些概念，或造成某种态度或理想；同时也能使一些辅助的实物教材更加生动及有趣。

讲授法的缺点主要在于单向教学的问题，教师不易掌握学生对教材的接受情况与了解程度，同时也容易引发注入式教学的弊端。因此，当教师在使用讲授法时，应当配合其他一些可以使学生参与的方法，如讨论、提出问题、要求作出回应等。教师可以预备一个精简的演讲纲要，也可利用黑板、投影机、幻灯机、图片、挂图等，作为视觉与听觉之辅助教具与教材，使讲述更为生动。

2. 谈话法

谈话法，又称问答法，是教师根据一定的教学目的要求和学生已有的知识和经验，通过师生间的问答对话而使学生获得新知识或巩固知识、发展智力的教学方法。

谈话法分为复习谈话和启发谈话两种形式。谈话法可使教师直接了解学生的学习状况，有利于学生独立思考，并培养他们的表达能力。一般来说谈话法花费的教学时间较长，对学生知识准备情况要求较高，所以，在课堂中，谈话法一般与其他的教学方法配合使用。

3. 读书指导法

这种方法是教师指导学生通过阅读教科书和参考书以及课外读物，使学生获取知识、发展能力的一种方法。它包括指导学生预习、复习、阅读参考书、自学教材等形式。读书指导法是加深理解和牢固掌握知识，扩大学生的知识领域，培养学生自学能力的一种很好的方法。在使用此方法的时候，教师要明确教学目标，同时教给学生读书的方法。当学生读书完毕后，教师还要根据实际情况组织学生相互交流，加深学生对学习内容的理解。

4. 访问式教学法

教师可以邀请一位或数位学生上台接受访问，也可由一位学生来访问教师；抑或教师将问题写在黑板（投影片、海报纸亦可）上，然后将学生分成两人一组来彼此访问。倘若学生被安排接受教师或另一位同学的正式访问，务必使接受访问者先熟悉受访的有关问题等，以避免受访时可能会产生的尴尬场面。

5. 辩论法

辩论是一种强烈的针对问题的正面与反面进行的讨论。辩论是促进学生们更加熟悉该课程内容的有效方法之一。学生们对辩论问题的知识了解得越深入，就越能发挥他们的思想。教师应于辩论结束后对正反两个辩论组分别作出客观的评估，并提醒学生们以公正客观的态度去反思整个辩论的过程，且避免个人的情绪化表现。

6. 座谈研讨法

从学生当中挑选三五位（或再多几位），请他们预习将要研讨的专题。座谈开始时，座谈者面对听众，并接受听众与协调者（可由教师或事先另选一位学生担任）所提出的问题作答，个人尽力发表精辟与独到的见解，满足听众的需求。协调者的角色至关重要，既要能掌握整个会场的气氛，也需要有敏捷的思考和应变能力，以处理各种尴尬的时刻，并不时鼓励发问与回应等。教师亦应当于课后指正研讨过程中出现的偏差。

7. 问题教学法

问题教学法就是利用系统的步骤，指导学生解决问题，以增进学生的知识，培养学生的思考能力。问题教学法最适用于重述、关联和实现的三个学习阶段。教师必须认真地去设计各种问题，以使学生集中注意力去思考和参与讨论等。

教师设计问题时要注意避免太过简单即可作答的"是"或"非"的问题、太过抽象学生不能把握与理解的问题、超出学生认知与理解程度的问题。

问题教学法是以学生为中心的教学法，目的在于提高学生的思考能力。问题教学法的优点包括可激发学生的学习兴趣或好奇心、可集中学生的思考、可激发学生继续去解决下一个问题的动机、可增加学生参与讨论的机会、可提供复习的机会、可增加学生对问题相关知识的了解、可加强学生在生活中应用知识的能力、可借此考核学生的领悟与掌握的情况。

8. 头脑风暴法

教师将一个问题写在黑板或海报纸上，教师鼓励学生提出该问题的各种可能的答案，教师将所有的答案逐一写下，但不在结束之前对任何的答案进行评估。

头脑风暴法的重点在于针对某一个特殊的问题，去刺激学生的思维，并达到与学生互动学习的效果。

9. 发表教学法

发表教学法的重点在于帮助学生主动去发现课程的意义；学生通过语言、文字、图画、音乐等来表达（传达）知识、思想与情感。教师指导学生搜集恰当的发表资料（包括实物）与选择合宜的发表方式（如演讲、角色扮演、戏剧），教师成为协助者与引导者。

发表教学法具有如下价值：学生有亲身、主动学习功课的机会；能加强学生的生活体验；能帮助学生发挥创作的潜力；能促进学生边思考边叙述和边示范的发表能力；学生之间容易产生活泼与共鸣的气氛。

10. 设计教学法

所谓设计教学法，就是设想或者创建一种问题的情景，让学生自己去计划和执行并解决问题。设计教学法是一种有目的、有计划、有实际活动的学习方式。进行这种教学活动时，一定要先设立一个实际的问题，然后由学生去拟订学习计划与内容，而后运用有关的具体材料，从实际活动中去解决问题。因此，整个教学设计包括实际的思考与各样的活动在内；使学生一边思考，一边执行；既用脑，也用手。

设计教学法不仅活泼，而且也会有许多创意的学习活动从中产生。设计教学是有目的的学习活动，学生在有明确的目的及强烈的意愿中学习，必然能提高他们参与学习的热情。再者，当一个设计由学生自己去思想、去拟订计划时，更可训练他们的思考、组织和搜集资料的能力，一切手脑并用的活动，对于他们精通知识与培养纯熟的思考和技能都是有益处的；学生们由始至终获得完整的经验，更是宝贵。

11. 复习法

复习法是指教师指导学生温习已经学过的教材，以强化识记，加深理解，融会贯通，从而达到系统化的教学方法。复习在整个教学过程中占有重要地位，它不仅可以防止遗忘，还可以诊断和弥补学习上的缺陷，发展学生的记忆能力、思维能力和综合运用知识解决实际问题的能力。

复习法的一般形式主要有以下几种：

（1）口头复习。教师为主或在教师指导下学生为主，或师生共同复习。

（2）书面复习。在教师安排下填表复习，学生回答教师提出的问题，完成复习题。

12. 欣赏法

欣赏法是教师指导学生体验客观事物的真、善、美，借以陶冶高尚情操，培养道德品质和审美能力的教学方法。

欣赏法按其性质可分为以下三类：

（1）艺术美和自然美的欣赏，如对音乐、美术、文学作品和大自然的欣赏，有助于培养学生的审美能力，丰富学生的精神生活。

（2）道德行为的欣赏。如对教材中有关名人的格言、事迹的欣赏，有助于培养学生的道德品质，养成高尚的理想和情操。

（3）理想的欣赏，如对科学研究中的追求态度、严密论证和创新精神的欣赏，有助于培养学生浓厚的求知兴趣、科学态度和缜密思考的习惯。

（二）以直接感知为主的教学方法

1. 演示法

演示法是教师通过展示各种实物、直观教具或作示范性实验和动作，使学生通过观察获得感性知识或印证所学书本知识的方法。

演示法分为三种形式：第一，为了使学生获得对事物的感性认识，主要通过实物、挂图、模型等演示。第二，为了使学生了解事物发展变化的过程，主要使用幻灯片、投影仪、多媒体等现代化的教学媒体。第三，教师身体力行的示范性动作，例如体育课中的示范性动作。

演示法是通过视觉刺激完成的，所以要培养学生有目的的知觉习惯，促进学生思维能力的发展。使用演示法，要依赖一定的物质条件，同时作为一种辅助性的教学方法，要与讲授法、谈话法等方法结合使用。

2. 参观法

参观法是教师根据教学内容的需要，组织学生去实地观察学习，从而获得知识或巩固、验证已学知识的方法。

参观法有准备性参观、并行性参观、总结性参观三种形式。参观法既可以使课堂教学与实际生活紧密联系起来，有利于学生更好地理解所学知识，丰富感性经验，开阔视野，又可以使学生在实际中受到生动的思想品德教育。这种教学方法富有趣味，学生除了能亲自取得第一手的学习资料外，还能增长见闻，对学习动机也有所增强。在参观过程中，为了防止学生偏离参观目的，教师要对学生加强指导，参观结束后安排学生讨论参观心得，或布置与参观相关的作业。

3. 测验法

测验通常可用口头与书写两种方式来进行。测验法主要是用来评估学生对课程和教材的了解程度，因此，测验就是一种考核的方法。

实施测验法需要注意的事项：一是避免过多需要死记的知识，要注重思考与应用的问题；二是事先通知学生举行测验的目的与时间，给学生留有测前复习的机会；三是尽快评定成绩，使学生对自我的学习情况有所了解，并再作温习；四是课程的测验方式，应以学生的年龄与书写能力，作为选择测验方式的参考。

4. 视频教学法

视频教学法是结合课程内容，采用录像、电影等视频教材，使学生在视觉、听觉上产生多方位的"感受"，引发学生分析、思考的教学方法。视频教学法适合用于态度、方法技巧、操作流程等方面的内容。

视频教学法在设计时要考虑以下几点：

（1）视频的选取要注意匹配课程内容。需注意视频的清晰度，清晰度太低会影响播放效果，视频长度不宜超过15分钟，最好保持在10分钟之内，否则会提高对学员的记忆要求，传递内容也不够聚焦。

（2）视频教学的目的要清晰，如学生能通过此视频发现哪些观点。

（3）交代清楚视频的背景。通常视频截取自录像或电影，而电影都是有故事情节的，如果学生不了解视频的背景，就会难以理解视频中剧情的发展。

（4）明确视频的观看重点。视频播放之前，需要为学生指出观看的重点，让学生带着问题观看视频并思考，在讨论时才会更明确。

（5）提前设计视频教学的学习方式。例如，通过什么方式让学生参与讨论，是小组式讨论还是头脑风暴式公众讨论、讨论时间多久、一些关键的内容是否需要重复播放录像等。

（6）提前设计点评的内容。

（三）以实际训练为主的教学方法

1. 实验法

实验法是指学生在教师指导下，利用一定的仪器设备进行独立操作，通过观察研究获取知识，培养技能、技巧的方法。实验法可分为感知性实验和验证性实验两种形式。

2. 实习作业法

实习作业法是学生在教师的组织和指导下，在校内外的一定场所，综合运用所学的理论知识进行实际操作或其他实践活动，以掌握知识，形成技能、技巧的方法。实习作业法具有感性、综合性、独立性和独创性等特点，在自然科学和技术学科中占有重要地位。实习作业法有利于贯彻理论联系实际原则，培养学生的独立工作能力。

3. 练习法

练习法是学生在教师指导下通过反复训练巩固知识、运用知识，并形成技能、技巧的教学方法。其形式可分为口头练习、书面练习、实际操作练习、模仿性练习、独立性练习、创造性练习等。该方法以一定的知识储备为基础，具有重复性特点，在各科教学中被广泛使用。其不仅能使学生巩固和运用所学的知识，形成一定的技能、技巧，还有利于培养学生克服困难的毅力、一丝不苟的工作态度等优良品质。

4. 角色扮演法与戏剧法

角色扮演法并不需要提前做任何烦琐的准备，而戏剧法则需要充分筹备，这两种生动的教学方法皆着重于给学生们提供发表观点的机会。教师要注意整个表演的过程是否清楚地传达了课程的目标，各角色是否安排得当，是否明确地提出重要的思考问题等。角色扮演法适用于各年龄段的学生，同时也比戏剧法更易于操作。

（四）以引导探究为主的教学方法

1. 讨论法

讨论法是教师指导学生以小组或班级为单位，围绕某一中心议题发表自己的看法，相互交流、相互学习，从而获得知识的方法。通过讨论可以使学生们集思广益，取长补短，加深对所学知识的理解和增长新知识，有利于活跃课堂气氛，发挥学生的主动性、积极性，发展学生的思维能力和口头表达能力。同时，也有利于培养学生民主协商的人际关系技能及合作解决问题的能力。实施讨论法教学的缺点是：课堂上难免浪费时间和不易得到系统的知识；加上知识与经验不足的学生们在讨论中可能彼此分享却失之偏颇。因此，教师在课程结束之前，务必将确实的答案提出并修正讨论过程中的偏差。

2. 研究法

研究法是在教师指导下学生通过独立地探索、创造性地分析问题和解决问题，以获取知识和发展能力的方法。使用研究法时，教师要为学生独立思考提供必要的条件，选择正确的研究课题，让学生可以独立思考与探索问题。

（五）探索改革的教学方法

1. 任务驱动教学法

任务驱动教学法是一种建立在建构主义学习理论基础上的教学方法，它将以往以传授知识为主的传统教学理念，转变为以解决问题、完成任务为主的多维互动式的教学理念，将再现式教学转变为探究式学习，使学生处于积极的学习状态，每一位学生都能根据自己对当前问题的理解，运用共有的知识和自己特有的经验提出方案、解决问题。所谓任务驱动就是在学习的过程中，学生在教师的帮助下，紧紧围绕一个共同的任务活动中心，在强烈的问题动机的驱动下，通过对学习资源的积极主动应用，进行自主探索和互动协作的学习，并在完成既定任务的同时，引导学生产生一种学习实践活动。任务驱动教学法要求"任务"的目标性和教学情境的创建，让学生带着真实的任务在探索中学习。在这个过程中，学生还会不断地获得成就感，可以更大地激发他们的求知欲望，逐步形成一个感知心智活动的良性循环，从而培养出独立探索、勇于开拓进取的自学能力。[①]

建构主义学习理论强调学生的学习活动必须与任务或问题相结合，以探索问题来激发和维持学习者的学习兴趣和动机，创建真实的教学环境，让学生带着真实的任务学习，使学生拥有学习的主动权。学生的学习不仅仅是知识由外到内的转移和传递，更是其主动建构知识经验的过程，通过新经验和原有知识经验的相互作用，充实和丰富自身的知识和能力素质。

"任务驱动"教学方法最根本的特点就是"以任务为主线、以教师为主导、以学生为主体"，改变了"教师讲，学生听"，以教定学的被动教学模式，创造了以学定教、学生主动参与、自主协作、探索创新的新型学习模式。通过实践发现"任务驱动法"有利于激发学生的学习兴趣，培养学生分析问题、解决问题的能力，提高学生自主学习以及与他人协作的能力。

任务驱动教学法的基本环节如下：

（1）创设情境。创设情境就是让学生的学习能在与现实情况基本一致或相类似的情境中发生。需要创设与当前学习主题相关的、尽可能真实的学习情境，引导学习者带着真实的"任务"进入学习情境，使学习更加直观和形象化。生动直观的形象能有效地激发学生联想，唤起学生原有认知结构中相关的知识、经验及表象，从而使学生利用有关知识与经验去"同化"或"顺应"所学的新知识，发展能力。

（2）确定问题（任务）。在创设的情境下，选择与当前学习主题密切相关的真实性事件或问题（任务）作为学习的中心内容，让学生面临一个需要立即去解决的现实问题。问题（任务）的解决有可能使学生更主动、更广泛地激活原有知识和经验，来理解、分析并解决当前问题。问题的解决为新旧知识的衔接、拓展提供了理想的平台，通过问题的解决来建构知识，正是探索性学习的主要特征。

（3）自主协作学习。自主协作学习不是由教师直接告诉学生应当如何去解决

[①] 段维清，2022. 现代教育技术与智慧课堂的构建研究［M］. 北京：中国商业出版社.

面临的问题,而是由教师向学生提供解决该问题的有关线索,如需要搜集哪一类资料、从何处获取有关的信息资料等,强调发展学生的"自主学习"能力,同时倡导学生之间的讨论和交流,通过不同观点的交锋,补充、修正和完善每个学生对当前问题的解决方案。

(4)效果评价。对学习效果的评价主要包括两部分内容,一方面是对学生是否完成当前问题的解决方案的过程和结果的评价,即所学知识的意义建构的评价,另一方面是对学生自主学习及协作学习能力的评价。

2. 互动式教学法

互动式教学法是通过营造多边互动的教学环境,在教学双方平等交流探讨的过程中,达到不同观点的碰撞交融,进而激发教学双方的主动性和探索性,达成提高教学效果的一种教学方法。互动式教学方法多种多样,也各有特点,教师可以根据教学内容、教学对象等不同特点灵活运用。

互动式教学法的类型有以下几种:

(1)主题探讨式互动。主题是互动教学的"导火线",围绕主题展开教学双方互动,有利于达成教学目的,其方法一般为"抛出主题—提出主题中的问题—思考讨论问题—寻找答案—归纳总结"。这种方法主题明确,条理清楚,探讨深入,能充分调动学生的积极性、创造性,缺点是组织难度大,学生所提问题的深度和广度具有不可控制性,往往会影响教学进程。

(2)归纳问题式互动。课前针对教学目的、教学重点和难点,归纳互动问题。教学开始,教师将问题一一向学生抛出,学生通过广泛思辨、争论,最后达到了解熟悉所学内容的目的,同时开阔了思路。这种方法,能充分调动学生的积极性、创造性,但要求教师必须充分备课。

(3)精选案例式互动。运用多媒体等手法呈现精选个案,让学生利用已有知识尝试提出解决方案,勘校正误,设置悬念,然后抓住重点、热点作深入分析,最后上升为理论知识。一般方法为"案例解说—尝试解决—设置悬念—理论学习—剖析方案"。这种方法直观具体,生动形象,环环相扣,对错分明,印象深刻,气氛活跃,缺点是理论性学习不够系统深刻,典型个案选择难度较大,课堂知识容量较小。

（4）多维思辨式互动。把现有定论和解决问题的经验方法提供给学生，让学生指出优劣并加以完善，还可以有意设置正反两方，使学生在争论中寻找最优答案。一般方法为"解说原理—分析优劣—发展理论"。这种方法课堂气氛热烈，分析问题深刻，自由度较大，但要求教师必须充分掌握学生的基础知识和理论水平，并对新情况、新问题、新思路具有较高的分析把握能力。

在教学过程中，要运用"反馈"机制构成"闭环"系统，决不能采用无反馈的开环系统，因为没有反馈就无法把握课堂节奏。最敏感的反馈点有两个：眼神和表情。教师讲课时必须实时地从学生的眼神和表情中获取反馈信息，当发现有异常（无反应、反应过度等）时，应及时调整讲课节奏，使学生从内心与教师互动起来，跟着教师的思路走而不走神。

要实现教学互动，教师在教学中就要创造良好的学习环境，激发学生的学习兴趣，使学生能"动"起来，否则互动就无法实施。这就要求教师从传统教学模式的框架中走出来，抛弃因循守旧、循规蹈矩的教育方式，与学生建立一种民主、平等、协商的师生关系，使教学活动在和谐、宽松的环境中展开，师生共同探讨，互相启发和提高。同时，教师要对学生充满信任和理解，鼓励学生随时提出问题，当学生有了不同观点和不同见解时，教师也应虚心接受。这样，才能体现真正意义上的互动，充分发挥学生的主体作用，把教与学的过程有机地结合起来，让两者相互作用，相得益彰，和谐发展。

互动式教学要求教师有较强的驾驭课堂的能力，要让学生围绕教学内容而互动，避免出现淡化主题的现象，以及要求教师能够预见教学互动过程中可能遇到的各种问题，以免在教学中使自己处于被动地位，达不到预期的教学效果。互动式教学对学生、对教师起到了事半功倍的教学和学习效果。

3. 情景教学法

情景教学法是以案例或情景为载体引导学生自主探究性学习，以提高学生分析和解决实际问题的能力。例如，英特国际英语运用领先的信息技术创设情景，图文并茂，调动学生的多种感官，寓教于乐，加快其对英文的理解，实现从传统教辅工具的"静态学习"到"动态学习"的飞跃,让学生消除学习疲劳,激发学习兴趣,提高学习效率。

(1)情景教学法的内涵

情景教学法是教师根据教学内容所描绘的情景,创设出形象鲜明的投影图画片,辅之以生动的文学语言,并借助音乐的艺术感染力,再现课文所描绘的情景表象,使学生如闻其声,如见其人,仿佛置身其间,如临其境;师生就在此情此景之中进行着的一种情景交融的教学活动。因此,"情景教学"对培养学生情感、启迪学生思维、发展学生想象、开发学生智力等方面确有独到之处。

采用"情景教学",一般说来,可以通过"感知—理解—深化"三个教学阶段来进行。情景教学法感知,即为创设画面、引入情景、形成表象;情景教学法理解,即为深入情景、理解内容、领会感情;情景教学法深化,即为再现情境、丰富想象、深化感情。

(2)情景教学法的特点

①形象逼真。情境并不是实体的复现,而是简化的模拟,能获得与实体相似的形象,所以给学生以真实感。

②情深意长。情境教学是以生动形象的场景,激起学生学习和练习的情绪和感情的体验,通过教师的语言,把情感寓于教材内容之中,在课堂上形成一个广阔的"心理场",作用于学生的心理。情境教学倡导"情趣"和"意象",为学生创设和开拓了一个广阔的想象空间。情境教学所具有的广泛性,能促进学生更深刻地理解和掌握教材,激发学生的想象力。

③知、情、意、行融为一体。情境教学为了创设一定的教学情境,就要运用生活显示情境、实物演示情境、音乐渲染情境、直观再现情境、角色扮演情境、语言描绘情境等方法,把学生引入一定的情境或一组情境之中,使他们产生一定的内心感受和情绪体验,从而克服一定的困难和障碍,形成一定的志向,积极地进行练习,这样就能把知、情、意、行融为一个整体。

4. 范例教学法

范例教学法是指教师在教学中选择真正基础的、本质的知识作为教学内容,通过"范例"内容的讲授，使学生掌握同一类知识的规律的方法。它源于20世纪50年代出现的一种影响颇大的教学理论流派——范例教学，倡导者为德国教育家瓦根舍因（Martin Wagenschein）和克拉夫基（Wolfgang Klafki），与苏联赞科夫的"新教学体系"和美国布鲁纳的结构主义教学论并称为20世纪五六十年代最具影响力的三大教学流派。运用此法的目的在于促使学生独立学习，而不是要学生复述式地掌握知识，要使学生所学的知识迁移到其他方面，进一步发展所学的知识，以改变学生的思维方法和行动能力。

（1）范例教学法的概念

瓦根舍因认为"范例"就是"隐含着本质因素、根本因素、基础因素的典型事例"。克拉夫基指出："对于范例教学的基本思想，虽然有种种解释，但可以作为总体思想动机提出而做如下表述：组织教养性学习，促进学生的独立性，即引向连续起作用的知识、能力和态度。"范例教学法就是选取一些在所教授知识领域中具有代表性的、最基础、最典型的例子，让学生通过对这些范例的学习，从特殊到一般，实现学习的迁移，掌握这一类知识的一般规律，并能积极主动地去发现问题、分析问题和解决问题，获得自主学习的能力。

（2）范例教学法的主要内容

理论上，教育学家一般把范例教学法归纳为教学内容的"三个特性"、教学要求的"四个统一"和教学过程中的"四个阶段"。

范例教学法要求在教学内容上坚持三个特性，即基本性、基础性和范例性，这三个特性在选择范例时同样适用。

①基本性：即教给学生的教学内容应该是（或者选择的范例应该包含）一门学科的基本概念、基本原理和基本规律等基本要素，应该能反映该学科的基本结构。

②基础性：指教学对象的基础，即教学内容的选择应充分考虑教学对象的知识水平、智力发展水平和已有的知识经验积累等，并与他们的真实需要和未来发展密切相关。

③范例性：指教学内容应该是经过选择的具有基本性和基础性的知识，并且这些知识要同时具有一定的示范作用。学生通过对这些范例的学习，能够举一反

三、触类旁通，实现学习迁移和实际应用，启发独立思考和判断、分析、解决问题的能力。

范例教学法在教学要求上有四个统一，即"教学与教育相统一""问题解决学习与系统学习相统一""掌握知识与培养能力相统一""主体与客体相统一"。

①教学与教育相统一：就是要寓教学于教育，坚持教学的教育性，在传授知识、技能的同时，进行思想道德等精神领域的教育，两手都要抓。

②问题解决学习与系统学习相统一：就是在教学中既要针对学生存在的问题，形成一个个的课题，从这些课题出发，围绕课题，解决课题，也要保证学生所学知识的系统性、严密性和完整性。这些看似独立的课题，应该是一门学科知识体系中的有机组成部分，保证学习者学到的知识不只是零碎的、孤立的，而是整体的、系统的。

③掌握知识与培养能力相统一：就是要把传授知识和教授学习方法两者融入同一个教学过程中，既要向学习者传授知识技能，又要培养他们思考、学习的方法。将"授人以鱼"和"授人以渔"相结合，让学习者在掌握知识的同时，也促进了智力和能力的发展。

④主体与客体相统一：主体指的是学习者，客体指的是教材。范例教学法要求教师在教学过程中，既要充分了解教材、熟悉教材、掌握教材，同时也要了解把握学生的知识水平、智力水平和个性特征，将这两方面结合起来，教师才能充分激发学生的学习兴趣，调动他们的积极性和主动性。

范例教学法在教学过程中分四个阶段循序进行。

第一阶段是范例性地阐明"个"。在这个阶段，教师利用典型的事例，具体直观地说明事物的本质，即通过事物的一个或几个特征来说明其整体特性，让学生掌握事物的本质特征。第二阶段是范例性地阐述"类"。在上一个阶段认识的基础上，对所获得的知识进行归类、整理，实现从"个"到"类"的学习迁移，总结、掌握这一类事物的普遍特征。第三阶段是范例性地掌握规律。进一步归纳探究，抽丝剥茧，将前两个阶段获得的知识提高到对规律性的认识，掌握事物发展的规律性。第四阶段是获得关于世界的切身经验。在前三个阶段的基础上，获得关于世界的、生活的经验，从而更深刻地了解世界，最终认识自己，提升自己。

（3）范例教学法的主要特点

把范例作为传授知识的工具，是范例教学法的主要特点。通过对教师精心挑选出的范例的学习，学生更容易掌握同一类知识的规律，进而通过自主学习认识自我，了解世界。

①优点：范例教学法提倡把传授知识、发展智力和培养情感结合起来，能够提高教学质量，符合现代教学的发展。范例教学法一改以往传统教学中只注重知识传递的填鸭方式，以学生为中心，教师充当的角色更多的是引导者和启发者，激发学生的学习兴趣，强化学生的学习动机，培养学生的学习能力。教学过程中注重学习者的实际情况，由易到难，由简到繁，有助于学生掌握知识。学生通过范例教学法，不再是对教学过程中的知识死记硬背和简单复述，而是能够掌握规律性的知识，掌握学习方法，实现学习迁移和知识应用，获得自主学习、继续学习和独立研究问题、解决问题的能力。通过范例教学法，学生的学习不再局限在课堂上，而是继续延伸到学习者的整个生活中，进行社会化学习和终身学习。

②缺点：范例教学法改变传统的线性教学原则，将学科知识分为一个个课题，这样做虽然有利于学生对单个课题的学习，如果处理不妥当反而会影响学习者对整门学科知识的系统掌握；同时，虽然范例教学理论的学习内容即范例选择的基本性、基础性、范例性三个原则，但对这三个原则的描述非常抽象，没有具体的标准来说明究竟怎样是基本的、基础的、范例的。更困难的是，现实中其实是很难找到同时符合这些标准的真实范例的，这要求教师对搜集的范例根据需要进行修改和整合，因此，使得实施范例教学法的教师要具备宽广的知识面、丰富的教学经验等较高的业务能力。

第六章 智慧教育背景下课堂教学评价指标体系的构建

在智慧教育背景下,课堂教学评价体系指标的构建,是确保教学质量、促进教育公平的重要环节。该评价体系不仅要考量学生的学习成果,还要关注教学过程中的各项指标,以全面反映教学活动的有效性和学生发展的状况。构建一个全面而系统的评价体系,有助于推动智慧课堂教学的持续改进和发展,同时也为教育决策提供了重要的参考依据。本章主要介绍了课堂教学评价指标体系的构建内容、课堂教学评价指标体系的构建原则、课堂教学评价指标体系的构建方法等。

第一节 课堂教学评价指标体系的构建内容

一、设计评价指标体系时应注意的问题

(一)指标体系设计上的分歧

关于指标体系的设计思想、效用、项目要求等方面目前还存在一些分歧,这些分歧表现在以下方面:

1. 在指标体系的设计思想上，主要表现为两种倾向

一种是面面俱到，认为由于影响教师课堂教学质量的因素是多方面的，因此设计指标体系时应尽量追求全面，充分反映各个方面的影响；另一种是抓主要方面，认为指标体系过于全面，必然会给统计工作带来困难，并且过分肢解了教学各因素的有机联系，各指标间难免有不相容关系，也有悖于人们从大致轮廓上把握对象的认识规律。抓几个主要方面反而会起到全面的评价效果，面面俱到却连主要的方面也得不到应有的重视。①

2. 在指标体系的效用方面，也有两种不同的观点

有的人主张，为了让教师面对同一公平的标准，指标的设计必然要求具有通用性，既适合文科教师，也适合理科教师；既适合必修课教师，也适合选修课教师；既适合专业课教师，也适合公共基础课教师。而有的人认为，通用性要求指标体系面向全体教师，依据这个准则设计的指标体系大多是限制性标准，一般只适用于淘汰不合格的教师，而不利于教师发扬各自的教学风格，更不利于教学改革，因此指标设计要有特色性，鼓励教师各展所长。但这又制约了指标的可比性，评价结果也会有较大的争议。

3. 在指标体系的项目要求上，存在精确性和模糊性之争

精确性观点认为，指标体系表述的精确性是定量评价的客观要求，为了使评价的结果少受人为因素的干扰，以及使评价的指标具有可操作性，往往容易追求可见的指标，并且认为态度等指标是可以通过教学行为准确测量的。模糊性观点则认为，教育现象本身具有模糊性特点，过于要求精确反而会失去真实的一面。教学活动是由教师和学生组成的复杂系统，针对这一丰富的活动开展评价，如果过于精确，显然也不可能，因此指标的设计又要有模糊性。②

---

① 童春燕，2020. 智慧教育背景下高校课堂教学评价体系的构建与创新［M］. 长春：吉林人民出版社.
② 伊翠娟，2018. 基于有效教学理论实施高校课堂教学评价［J］. 中国成人教育（21）：96-99.

（二）设定具有操作性的评价项目

评价指标体系是否有较好的可操作性关系到其能否正常实施，也关系到评价的真实性与科学性。因此，在编制评价指标体系时，要构建具有可操作性的问题，首先，要从学生群体素质的基本特征和水平考虑，以学生能够感受和体验到的问题为基础，以学生的综合素质的形成和发展影响程度为重点，具体描述教师授课中的教学目标性指标、过程性指标、行为性指标等，在一定程度上努力克服教师具体的教学目标、教学艺术与学生学习目标和兴趣多样性之间的矛盾冲突。其次，要考虑直接可测性，即指评价指标体系作为具体的衡量尺度，可以用操作化的语言加以定义，所规定的内容是可以通过实际观察直接测量的。最后，评价项目既不能使指标体系过于庞大，也不能使其残缺不全；既不能要求过高，也不能姑息迁就，应该确定出比较适度的评价指标体系，做到切实可行，便于评价过程中的操作实施。

二、智慧教育背景下高校课堂教学质量评价指标体系的构建内容

（一）确定课堂教学质量评价主体

评价应坚持多种人员参加的原则，评价主体多元化。不同的评价主体有着各自不同的评价优势和不足，具体分析这些优势和不足，是整合和优化评价力量，提高评价质量与效益的重要途径。在设计课堂教学评价指标体系时，应根据评价主体的不同，各评价主体、性质、目标和工作方法的差异，明确好评价主体间共性与个性的东西，并在各级评价指标、评价权重中得以体现。

（二）建立课堂教学质量评价指标体系

课堂教学质量是一个综合概念，涉及教学内容、教学效果等诸多方面。要对教学质量进行评价就必须将教学质量分解为单因素的问题来考虑，通过一定的模型再综合成总教学质量的评价，也就是说必须建立一个指标体系，并通过对指标体系的分析来进行整体教学质量的评价。教育评价指标体系是由不同级别的评价

指标，按照评价对象本身的逻辑结构构成的有机整体，它是衡量评价对象发展水平或状态的指标体系，在教育评价中处于核心地位。课堂教学质量评价指标体系是由影响或决定课堂教学质量的因素所构成的集合体，主要包括指标系统、权重系统和评价标准系统。课堂教学评价指标体系是评价课堂教学质量的依据和尺度。建立课堂教学质量评价指标体系既是实施评价的关键步骤，也是评价功能得以正常发挥的前提条件。

教育强国建设对高等教育发展提出了全面而具体的要求，笔者在查阅文献的基础上进行了综合分析，遵循教育评价的一般规律，依照国家对高等院校的培养要求，教师应掌握的现代教学理论、现代课堂教学的特点、课堂讲授的基本要求，考虑到一方面某高校生源广泛，学生思想比较活跃的特点，另一方面该校近几年引进年轻教师较多，教师教学水平有一定差距的特点，构建了评价指标体系草案，并将学生评价和专家评价两个评价主体综合为一个评价指标体系，从教学态度、教学内容、教学方法、教学效果 4 个方面进行评价。在此基础上，某高校召开了学生座谈会、专家会议，形成了教师课堂教学质量评价指标体系草案。其中，一级指标 4 项，二级指标 24 项。汇总指标体系如表 6–1 所示。

表 6–1 课堂教学质量评价指标体系

指标名称	序号	评价标准
教学态度	1	准时上、下课，遵守教学纪律，为人师表，教书育人
	2	课堂上敢于严格要求，严格管理，责任心强，公正
	3	备课充分，讲授熟练，不用老讲稿，情绪饱满
	4	布置适当的作业并及时认真批改
	5	根据学生需要进行必要的辅导，耐心解答疑难问题
	6	教风严谨踏实，教态自然亲切，仪态端庄大方
教学内容	1	观点正确，基本概念、基本原理、基本知识或技能准确、清楚、完整
	2	重点突出，难点清楚，内容精练，逻辑性强
	3	吸收学科新理论、新技术、新方法等成果
	4	知识面宽，信息量大，教学内容充实
	5	重视教学直观性，理论联系实际
	6	注意结合教学内容进行思想政治教育

续表

指标名称	序号	评价标准
教学方法	1	教学环节安排得当，重点突出，详略得当，教学进度合理
	2	注重师生交流，善于启发诱导，积极改革教学方法，运用启发式教学
	3	图表规范，板书适量，层次分明（非多媒体教学）
	4	重视素质教育，注重培养学生的自学能力、分析问题和解决问题能力
	5	使用教学手段得当，在适当的条件下，能正确运用先进教学手段
	6	声音洪亮，语言流畅
教学效果	1	学生听课认真，课堂纪律好，教学氛围浓
	2	通过本门课的教学，促进了班级良好学风的形成并进一步提高
	3	学生能掌握课程基本知识
	4	激发了学生的学习兴趣和求知欲望，学习方法有所改善，学习能力有所提高
	5	学生对教学内容印象深刻，理解和吸收较好，对教师教学水平的整体评价较高
	6	学生对本门课任课教师课堂教学的总体评价较高

第二节　课堂教学评价指标体系的构建原则

根据高校课堂教学质量评价指标体系中存在的问题及原因，结合国内外学者关于课堂教学质量评价指标体系设计原则的研究成果，提出制定高校课堂教学质量评价指标体系的七大基本原则。

一、科学性原则

科学性原则是指在科学理论的指导下设计高校课堂教学质量评价体系，反映客观真实的高校课堂教学质量评价目标，切实保障高校本科课堂教学目标的实现，是建构高等院校课堂教学质量评价指标体系时所要遵循的重要原则之一。科学性原则有以下要求：

（一）评价指标界定科学

在科学性原则的指导下，客观地界定课堂教学质量评价指标体系中各项指标的内涵和测量、鉴定标准，反映评价对象的真实情况；保证课堂教学质量评价指标体系中各项指标的典型性或代表性；保证指标体系中各项指标的层次性、独立性与完整性。如果在确定指标体系时没有充分、科学地反映这些目标，或者这些目标本身不科学，那么评价就失去了存在的意义。

（二）指标权重赋值科学

在进行指标权重赋值时要选取科学的方法，利用层次分析法或者专家咨询法，使指标体系中的指标权重赋值有依据。只有科学、合理的指标权重才能体现出整个课堂教学质量评价指标体系设计的严谨性以及应用的有效性。

二、系统性原则

系统性原则是指在整体思考的指导下设计高校课堂教学质量评价指标体系，把高校课堂教学质量评价指标体系看作一个系统的整体，以优化系统整体目标为准绳，使系统中各分系统、子系统的目标相互协调。该原则是指评价指标体系应具有整体性、关联性。

（一）整体性

整体性要求将指标体系各个部分都围绕高校课堂教学质量评价这个中心来设计。既要有对教师的评价，也要有对学生的评价；既要考虑课前准备和课堂教学，也不能忽视课后辅导，它们同处于一个完整的课堂教学系统中。但是在一个整体中，部分的重要性也有所不同，既不能忽视部分，又不能一视同仁，要做到合理分配，通过对部分的分析判断，归纳总结得出对于整体的结论。

（二）关联性

马克思主义哲学认为事物各个部分处于普遍联系之中，通过联系互动对整体产生影响。因此，在制定高校课堂教学质量评价指标体系时，要考虑到事物之间的联系，将其对课堂教学质量产生影响的因素都考虑在内，整理归纳概括出具体评价指标，消除指标体系之间的对立，利用好指标间的关联性对高校课堂教学质量作出评价。

三、可测性原则

可测性原则也称为可操作性原则，是指要对高校课堂教学质量评价指标体系中的每一项具体指标作出具体的、可操作性定义，为实现量化评价提供可能。设计高校课堂教学质量评价指标体系是用来对照指标体系中各项具体指标，测量被评价对象与目标的符合程度的。如果指标是不可测的，没有把比较抽象的目标具体化，也就无法进行高校课堂教学质量评价。贯彻可测性原则，要求分解课堂教学目标之后，将每一项指标都具体化，给出可操作性定义，即让这些指标一目了然、清晰明确，可以通过直接观察或借助测量工具获得明确的结论。值得格外注意的是，对一些不可直接测量的指标评价问题。不可直接测量的指标需要花更多的时间进行分析，找到可以使之具体化的切入点，对其下可操作性定义，使评价成为可能。[①]

可测性原则规定必须对高校本科课堂教学质量的每一项评价指标都给出可操作性定义，即规定出评价的具体标准。只有做到这一点，才能确保高校课堂教学质量评价有统一的标准和尺度，进而保证评价结果的可信度。

四、可行性原则

可测性原则保证评价有参考依据，而可行性原则则保证评价的顺利实施。可行性原则是指要根据教育规律以及我国高等教育的客观实际设计高校课堂教学质

[①] 童春燕，2020. 智慧教育背景下高校课堂教学评价体系的构建与创新［M］. 长春：吉林人民出版社.

量评价指标体系，保证每项具体指标在评价工作中都切实可行。

可行性原则有以下两个方面的含义：

第一，评价指标体系中的每一项指标及其相应的评价标准必须与我国教育的客观实际相符合，不能过度拔高也不能太过简单。如果一项课堂教学质量评价指标标准，所有评价对象都无法达到，或者所有评价对象毫不费力都能达到，这样的评价标准是没有参考价值的。具备可行性的评价指标要有一定的区分度，体现出不同的评价对象在该指标方面的达标程度的差异。因此，在设计高校课堂教学质量评价指标体系时，应该从实际出发，制订出符合我国高校课堂教学质量评价指标标准。[1]

第二，评价指标体系中的每一项指标在实际评价过程中是切实可行的。这又包含三层意思：一是有足够的可利用的信息资源。如果没有足够的信息资源体现出评价指标的要求，评价就无法进行，表明这项指标就不具有实际施评的可能性。二是有足够的可利用的人力、物力资源。高校课堂教学质量评价是一个系统庞大的工作，需要足够的人力、物力保障其得以进行。如果制定出来的高校课堂教学质量评价指标体系在使用过程中得不到人力、物力的支持，那么该指标体系就不具有实际施评的可能性。三是有可利用的合理有效的量化方法。高校课堂教学质量评价中包含大量的工作，因此选取的量化方法不能过于复杂。否则，结果往往难以统计，评价在实际上也不能持续推行。

五、可比性原则

只有具备相同的属性，事物才有了可以进行比较的前提。可比性原则要求在发现被评价事物的共同属性的前提下，既反映出被评价对象属性中共同的东西，又体现了被评价对象的个性特征要求来设计高校课堂教学质量评价指标体系。我国是一个教育大国，每一个地区的课堂教学情况都有其地区特点，每一所学校都有其特殊之处。同样，高校中不同层次的学校课堂教学情况也不一样。高校本科课堂教学质量评价指标体系应该从不同的特殊课堂教学中抽取共同的内容，使评价具有可以比

---

[1] 杨克菲，2018. 普通高等学校课堂教学评价研究［J］. 佳木斯职业学院学报（8）：267–268.

较的基础。可比性原则要求每一项具体指标都必须对应一个具体的标准尺度。无斤两难以知轻重，无尺寸难以定短长。虽然课堂教学都可以用课时统一计量，但课堂教学具有极端的复杂性，难以用完全严格意义上统一的等价的标准作为评价尺度，常见的做法是以接近统一的相似标准代替严格的等质、等距的标准来处理。例如，在衡量教师科研成果时，可以把在某一级刊物上发表论文看作是某一水平的代表。事实上，同一级刊物上发表的论文水平也有很大的差距，某一篇论文的水平可能远远高于另一篇论文，但我们在做近似处理时这类差异可忽略不计。

六、方向性原则

方向性原则是指高校课堂教学质量评价指标体系的设计要把握我国高等教育教学改革与发展的基本方向，不得阻碍高等教育的发展。评价指标体系能够代表特定时期教育发展的先进方向，促进我国高等教育的全面发展和不断提高。

贯彻方向性原则，第一，要求高校课堂教学质量评价指标体系中各项指标的内涵及其评价标准，必须坚持高等教育的社会主义方向，符合党和国家的政策要求，符合国家有关教育或高等教育的法律法规规定。第二，各项指标的构成在符合我国教育发展方向的前提下，可以吸收借鉴国外有关高等教育质量评价的先进理论和实践经验，使评价指标具有方向性、先进性，促使我国高等教育质量向更高的水平发展。第三，各项指标必须本着推动高等教育教学改革与发展的方向进行，而不是阻碍或限制其改革与发展。这需要我们在建立评价指标体系时，将改革与发展的重要情况、进展、成果等列入其中。

七、发展性原则

高校课堂教学质量评价的根本目的是提高课堂教学质量。在高校课堂教学质量评价指标体系设计过程中坚持发展性原则，要适应时代发展的需要和课堂教学实践要求，坚持在发展中完善，在完善中发展的观点，不断更新具体指标，做到与时俱进，满足课堂教学发展的需要。发展性原则着眼于发展，课堂教学要有超前发展意识，强调指标体系的设计始终要坚持"三个有利于"：第一，有利于学生的发展。课堂教学是人才培养的主要方式，通过课堂教学实现人才培养的目的，课堂教学的发展状况必然会通过学生的发展状况折射出来。因此，与学生发展相关的指标应当成为高校课堂教学质量评价的主要指标。第二，有利于教师的发展。课堂教学中教师"教"的活动占据重要地位，通过教师的知识传授和观念传递使学生得到发展。因此，与教师发展相关的指标应当成为高校课堂教学质量评价的重要指标。第三，有利于高校教学管理制度的完善。坚持发展性原则，在设计教学指标体系时，要重视完善课堂教学管理，使教学管理更好地为课堂教学服务。

第三节　课堂教学评价指标体系的构建方法

一、指标体系构建的具体方法

（一）文献分析法

有研究结果表明，教师评价结果与课程的教学质量、学生学习状态、学习效果之间存在很强的正相关性，而与课程性质、课程重要性、课程难易度和教学条件几乎没有关系。研究结果表明，高校优秀教师课堂教学特征是由多种因素构成的，如教学内容、教学态度、教学方法、教学效果等。

（二）专家咨询法

专家咨询法是在多因素分析的基础上，结合某高校实际情况，从诸多因素中抽取可以通过教师的主观努力加以控制的因素，编制成专家问卷调查表，向非常熟悉某高校的具体情况和有教学经验的教师征询意见，使咨询人员的数量最大化。

被调查专家在一定程度上反映了"教""督""管"三个层面。因此，评价人员具有较好的代表性和科学性。[①]

二、高校课堂教学评价指标体系的初步设计

（一）指标体系设计理念及初步设计

不识庐山真面目，只缘身在此山中。跳出课堂来评价课堂，才能看得更清楚。因此，《高校课堂教学评价指标体系（初稿）》的初步设计是以"大教学观"为基点，将与课堂教学相关的环节都纳入指标体系中，结合所阅读的文献和书籍，对"课堂教学质量"这一总体目标进行逐步分解形成三级指标体系，分别用A、B、C来表示，分解结果如表6–2所示。

表6–2　高校课堂教学质量评价指标体系（初稿）

一级指标	二级指标	三级指标
A1准备指标	B1教师的教学准备	C1教师备课情况 C2教材及参考书
A1准备指标	B2学生的上课准备	C3学生相关知识基础 C4作业与课前预习
A1准备指标	B3教学管理设施	C5管理制度与执行情况 C6教学设施配备情况
A2上课指标	B4教师上课情况	C7普通话 C8上课态度 C9上课内容 C10上课方法 C11上课效果 C12教书育人
A2上课指标	B5学生听课情况	C13听课态度 C14听课方法 C15听课效果

---

① 蔡红梅，许晓东，2014. 高校课堂教学质量评价指标体系的构建［J］. 高等工程教育研究（3）：177–178.

续表

一级指标	二级指标	三级指标
A2 上课指标	B6 督导听课情况	C16 听课次数
		C17 听课效果
		C18 反馈情况
A3 辅导指标	B7 教师辅导情况	C19 辅导时间
		C20 辅导内容
		C21 辅导方法
	B8 学生的主动性	C22 课后学习时间 C23 课后作业完成情况
	B9 教学辅导的督导	C24 有辅导督导制度
		C25 对辅导工作有检查监督
A4 批改指标	B10 教师批改作业情况	C26 是否全批全改
		C27 批改的准确率
	B11 督导检查批改情况	C28 批改作业督导制度
		C29 批改作业督导情况
A5 考核指标	B12 对教师的考核	C30 课堂教学工作量
		C31 学生评教
		C32 同行评教
		C33 督导评教
		C34 家长评教
	B13 对学生的考核	C35 学生作业总体完成情况
		C36 期中和期末考试情况
		C37 课堂互动情况
		C38 出勤率
	B14 对教管人员的考核	C39 教师满意率
		C40 学生满意率
		C41 管理人员同行评价
A6 科研指标	B15 教师科研情况	C42 论文发表
		C43 著作出版
		C44 研究项目
		C45 科研获奖
		C46 教研获奖
	B16 学生科研情况	C47 学生科研学习情况
		C48 论文、著作、课题
		C49 科研获奖情况
	B17 管理人员科研情况	C50 管理岗位科研情况
		C51 科研获奖情况

根据《高校课堂教学质量评价指标体系（初稿）》，编制《高校课堂教学质量评价指标体系及其说明（初稿）》，如表 6-3 所示。

表 6-3　高校课堂教学质量评价指标体系及其说明（初稿）

一级指标	二级指标	三级指标	评价标准及说明
A1 准备指标	B1 教师的教学准备	C1 教师备课情况	教案符合教学大纲要求；备课时间有保证、备课及时
		C2 教材及参考书	教材符合规定，能满足教学需要；教学参考书选择恰当，能满足教学需要
	B2 学生的上课准备	C3 学生相关知识基础	学生已具备学习本课程所需要的相关知识基础；课程开设学期合理
		C4 作业与课前预习	学生学习本课程，前期作业完成及时；学生养成课前预习的良好习惯
	B3 教学管理设施	C5 管理制度与执行情况	课堂教学管理制度完备；课堂教学管理制度执行良好
		C6 教学设施配备情况	主要教学设施完备；教学辅助设施齐全
A2 上课指标	B4 教师上课情况	C7 普通话	上课教师通过普通话考试；暂时没有参加考试但普通话合格
		C8 上课态度	上课教师无迟到、早退情况，没有与上课无关的行为；对学生热情；讲课精神状态饱满
		C9 上课内容	课程内容符合教学大纲要求；重点突出，难点讲解清楚；讲课思路清晰、条理清楚、层次分明
		C10 上课方法	授人以渔，启发学生思考；运用现代教学方法与教学技术；讲课方法多样化
		C11 上课效果	课堂教学安排合理；学生听课认真；师生互动良好
		C12 教书育人	以身作则、言传身教；要求学生做到的教师自己先做到；师生关系良好
	B5 学生听课情况	C13 听课态度	学生上课无迟到、早退现象，没有与上课无关的行为；听课精神状态良好
		C14 听课方法	上课认真思考，积极主动发言；上课有做笔记的习惯
		C15 听课效果	学生对基本知识的掌握情况；对重点和难点知识的掌握情况

续表

一级指标	二级指标	三级指标	评价标准及说明
A2 上课指标	B6 督导听课情况	C16 听课次数	听课不预先通知，随机选择；听课次数与时间符合规定的要求
		C17 听课效果	听课人专业对口；对教师讲课和学生上课起到促进作用
		C18 反馈情况	及时向教师反馈听课情况，提出改进教学建议；及时向学生反馈听课情况，提出改进学习建议
A3 辅导指标	B7 教师辅导情况	C19 辅导时间	有固定的辅导时间；辅导次数达标
		C20 辅导内容	辅导内容全覆盖；辅导重点突出
		C21 辅导方法	面对面辅导占主导地位；辅导方法多样化，应用现代通信技术
	B8 学生的主动性	C22 课后学习时间	有相对固定的课后学习时间；课后学习时间安排合理，达到学习要求
		C23 课后作业完成情况	课后作业按时完成；课后作业完成质量达到要求
	B9 教学辅导的督导	C24 有辅导督导制度	有辅导督导制度；辅导督导制度科学、合理
		C25 对辅导工作有检查监督	检查监督频率科学、合理
A4 批改指标	B10 教师批改作业情况	C26 是否全批全改	小班作业批改率达到100%；大班作业批改率达到50%
		C27 批改的准确率	作业批改正确；比较普遍性问题并给予讲解
	B11 督导检查批改情况	C28 批改作业督导制度	有批改作业督导制度；批改作业督导制度科学、合理
		C29 批改作业督导情况	对批改作业有检查；检查次数合理
A5 考核指标	B12 对教师的考核	C30 课堂教学工作量	教师完成课堂教学工作量；教学工作质量合格；教授给本科生上课工作量达到要求
		C31 学生评教	学生按照管理部门规定评教；教学工作质量合格
		C32 同行评教	同行按照管理部门规定评教；教学工作质量合格
		C33 督导评教	督导按照管理部门规定评教；教学工作质量合格
		C34 家长评教	家长按照管理部门规定评教；教学工作质量合格
	B13 对学生的考核	C35 学生作业总体完成情况	学生作业总体完成情况及时；作业数量合理
		C36 期中和期末考试情况	学生期中考试合格率达到要求；学生期末考试合格率达到要求

续表

一级指标	二级指标	三级指标	评价标准及说明
A5 考核指标	B13 对学生的考核	C37 课堂互动情况	师生、生生课堂互动良好；学生发言机会均等
		C38 出勤率	学生上课不迟到、不早退；学生出勤率达到要求
	B14 对教管人员的考核	C39 教师满意率	教师认为教学管理制度科学、合理；教师对教学管理满意率达到90%以上
		C40 学生满意率	学生认为教学管理制度科学、合理；学生对教学管理满意率达到90%以上
		C41 管理人员同行评价	管理人员同行评价科学、合理；管理人员同行对教学管理满意率达到90%以上
A6 科研指标	B15 教师科研情况	C42 论文发表	近三年来论文发表情况符合要求；或者近三年来科研积分达到标准
		C43 著作出版	近三年来著作出版情况符合要求；或者近三年来科研积分达到标准
		C44 研究项目	近三年来研究项目符合要求；或者近三年来科研积分达到标准
		C45 科研获奖	近三年来科研获奖符合要求；或者近三年来科研积分达到标准
		C46 教研获奖	近三年来教研获奖符合要求；或者近三年来科研积分达到标准
	B16 学生科研情况	C47 学生科研学习情况	学校开设科研方法课程；课程学习过程中有课程论文、学年论文、毕业论文
		C48 论文、著作、课题	学生论文发表符合要求；或者有著作出版符合要求；或者有科研课题符合要求
		C49 科研获奖情况	学生获得科研奖励达到要求；获得省部级以上奖励加分
	B17 管理人员科研情况	C50 管理岗位科研情况	有立足本管理岗位的论文发表；或者著作出版；或者科研项目
		C51 科研获奖情况	有论文发表；或者著作出版；或者科研项目；或者科研奖励（包括教研奖励）

根据《高校课堂教学质量评价指标体系及其说明（初稿）》，采用访谈法对教师和学生进行了访谈。访谈的主要目的有三个：一是通过对有教育管理学习经历的教师进行访谈，获得从学科专业角度出发对于建构高校课堂教学质量评价指标体系的意见与建议，从而修改《高校课堂教学质量评价指标体系及其说明（初稿）》中不合理或者表述不清晰的地方。二是通过对从事教育管理相关工作的教师进行

访谈，从管理者的角度获取有用的意见，使评价指标体系具有可操作性。三是通过对访谈资料进行整理、分析与归纳，得出访谈研究结论，进一步为完善高校课堂教学质量评价指标体系提供支持。根据已经阅读的大量文献资料以及所要获得的信息，设计了访谈提纲，选择访谈对象，实施访谈，并根据访谈意见与建议，进一步完善《高校课堂教学质量评价指标体系及其说明（初稿）》的设计。

（二）高校课堂教学质量评价指标体系方案的编制、设计和完善

运用访谈法，结合已经编制的访谈提纲以及《高校课堂教学质量评价指标体系（初稿）》，选取合适的访谈对象，以谈话的方式获得相关信息。访谈分析的目的是进一步分析目前高校课堂教学质量评价指标体系存在的问题，以及从一线教师和学生角度如何看待高校课堂教学质量评价，如何解决这些问题。通过访谈结果总结意见与建议，找到解决问题的策略，修改《高校课堂教学质量评价指标体系（初稿）》，最终形成《高校课堂教学质量评价指标体系》。

第七章　智慧教育背景下的课堂教学实践

在智慧教育背景下，课堂教学实践的重心在于如何有效利用信息技术手段来提升教学质量和学习效率，实现个性化学习、增强互动交流，并促进学生的全面发展。比如进行慕课教学实践、翻转课堂教学实践、项目式学习教学实践等。此外，实施过程中还需注重培养学生的信息素养，确保技术手段真正服务于教育教学目标。本章主要内容包括基于慕课的教学改革与实践、基于翻转课堂的教学改革与实践、基于微课的教学改革与实践、基于"互联网+"教学模式的教学改革与实践、基于项目式学习的教学实践、混合式教学创新探索等。

第一节　基于慕课的教学改革与实践

信息时代，慕课教学模式是基于关联主义理论建构起来的一种在线教与学的方式。慕课教学模式的诞生并不是偶然的，是随着互联网技术的发展而不断发展的。

一、慕课的概念

慕课的全称是"大规模开放在线课程"（Massive Open Online Courses，简称MOOC）。维基百科将慕课定义为一种针对大众的在线课堂，人们可以通过网络来学习在线课程。

慕课本质上是一种新型的大规模开放网络课程，是网络教育发展的一种新形态，具有大规模（massive）、开放性（open）和在线（online）等特点。"大规模"意味着对同时参与学习的学习者数量不做限制，一门课程的学习者可以成百上千；"开放性"不仅体现在授权开放（免费注册学习）、课程结构开放、学习目标开放以及课程注册和退出自由，还体现在信息、知识、观点和思想的自由共享等方面；"在线"意味着教与学的活动主要发生在网络环境下，即通过网络进行课程学习及知识的交互和共享。[①]

一般情况下，慕课的构成要素包含以下四点。

其一，具有完整的教学视频，且一般时间设置为6~10分钟。

其二，拥有健全、完善的在线考试体系，同时涵盖过程考核与个性考核。

其三，具有一定数量的开放性话题，能够吸引学生的关注，调动学生学习的积极性。

其四，具有PPT、电子参考教材、模拟试题与解析等其他辅助资源。

在这些要素的基础上，慕课教学模式需要师生间的良好互动，如教师对信息的发布，学生向教师提出自己的疑问，教师予以解答等。慕课教学模式本身为学生提供了学习的数据，教师和学生都可以通过数据对学习状态进行分析，从而改善自身的教学和学习情况。

二、慕课的特点

慕课除具有大规模、开放性和在线特点外，还具备以下特点。

（一）形式新颖

慕课是一种新型的网络学习方式，学习者和教学者通过在线参与课程教学活动，实现课程教学的全部过程。慕课学习环境利用互联网的自动跟踪和记录功能，

---

① 雷励华，沈丹丹，2018. 新编现代教育技术理论教程［M］. 北京：中国水利水电出版社.

记录并保存学习者在课程学习活动中的学习行为，利用学习行为分析算法挖掘学习大数据背后的信息和规律，将形成性评价结果及时反馈给学习者和教学者，为学习者提供个性化的学习指导，帮助教学者了解课程教学效果，使其改进教学策略和方法，科学、全面地提高课程教学质量。

（二）资源丰富

慕课主要通过网络来共享优质的课程资源，包括课程大纲、作业、讲义、题库、课件和教学录像，世界各地的学生都能学习名师讲授的慕课，有效缩减了因教育资源分配不均衡造成的教育差距，让学生能够获得更加丰富的免费教学资源，为广大学生的学习提供了便利。

（三）具有广泛性

科学技术的发展将人类社会带入互联网时代，伴随着数字革命的兴起，世界各国的教育进入"在线"状态。基于互联网的慕课教学模式不同于传统课堂的授课模式，传统课堂的知识传授是一位教师面向一群学生，教师可以有针对性地根据学生的不同情况开展教学。而参加慕课的学生，其学习不受时间、地点、人员等因素的限制，一些著名教师在线上开设的慕课有时可以吸引几万人同时观看和学习。由此可见，慕课教学模式具有广泛性的特点。

慕课作为一种新型的教学形式，是对全世界所有人开放的，不管学生身在何处，只要有互联网的地方，学生都可以随时加入学习的进程中。可见，慕课自身所具有的自主性也十分符合课程教学的要求。学生在接受慕课教学时，能够根据自身的意愿选取学习的时间、方式等，自主完成慕课的学习任务。

（四）具有交互性

与以往的视频公开课以广播式教学为主不同，慕课具有交互性的特征。在以往的远程教学或视频公开课中，师生之间不能进行互动，具有明显的单向性。慕课虽然是虚拟式的课堂，但是师生之间能够进行良好的互动。此外，慕课中设计的进阶作业能够有效激发学生学习的动力。因为在进阶任务的刺激下，学生会产生继续观看在线教学视频的兴趣。这一设计形式不仅为学生布置了具体的学习任务，教师也可以在教学过程中获得及时反馈。

三、基于慕课的教学改革的优势

慕课不仅带来了技术革新，更推动了教育革命。如果将慕课融入传统教学中，这种混合式教学模式对于发挥传统课堂和慕课的优势、共享优质学习资源、扩大学校知名度都具有重要意义。

（一）实现课堂教学和慕课的优势互补

传统教学可以有效地传授知识，同时面对面保障了师生之间情感的顺畅交流。但是传统教学中"以教师为中心"的教学方式不利于学生的个性化发展。而慕课在线学习资源丰富、公开免费、学习自由，特别是教学视频短小精悍，可以根据学习者的进度观看，方便其快速掌握知识。但是慕课缺乏监督机制和面对面交流，而且对学习者的自觉性和自控力要求很高，大多数学习者难以坚持，导致慕课的完成率极低。

根据传统教学和慕课固有的特点，将二者进行完美融合，发挥慕课和传统教学的最佳效能。融合传统教学和慕课的混合式教学，既可以利用学校严格的制度和教师的监督机制来改进慕课低完成率的缺陷。同时，传统课堂中同伴学习和协作交流能有效提高学生的学习效率。传统课堂能在真实情景下让学生感受到校园文化，教师的言传身教也对学生的情感态度与价值观产生一定的引导，从而培养学生形成独立的人格。

（二）共享优质资源

随着互联网与通信技术的发展，各种在线学习资源纷纷涌现，从国家精品课程到视频公开课，再到慕课，在线学习的平台和资源也在不断改进与发展。除 Coursera、Udacity 和 edX 三大国际慕课平台以外，还有学堂在线、爱课程·中国大学 MOOC、优课联盟、超星慕课、网易云课堂、果壳网、慕课网、好大学在线、淘宝同学平台等。

慕课依托于网络平台，把来自世界各地的优秀教学资源在互联网上开放，全世界的学习者都可以使用这些资源，这使得优秀课程资源实现共享变成可能。尤其对偏远山区的学生、教育落后地区的学生以及行动不便的学生意义重大，慕课给他们提供了实现教育公平的机会。

（三）扩大学校知名度

学校通过在慕课平台发布高质量的课程，或者建立自己的慕课平台，提供给广大师生使用，对于学校形象的树立及其教育水平的彰显非常有帮助。还可以提高本校的竞争力，帮助学校宣传招生，从而提升学校的知名度。通过开展融合传统教学和慕课的混合式教学实践，进而推动其他课程的改革。

四、慕课教学实践的具体实践

（一）基于网络的慕课教学实践

慕课教学模式以网络为基础，强调为学生提供充分的自主性。在基于网络的慕课课程中，学生不仅能够根据自身的意愿决定是否参与及参与的方式，还能够决定利用何种技术来建立自己的学习空间与分享学习内容。该模式鼓励来自世界各地的学生利用自己所知道的软件来建立联系、分享学习内容、贡献学习成果、合作探究学习任务或者拓展自己的个人网络以及专业网络。该课程模式比较复杂，允许学生建立自己的学习空间。

社会交互性是基于网络的慕课教学模式最为突出的特点。在该模式下，课程一般以周为学习单位，学生可以在每周内基于特定的主题进行学习，凭借大量的互动和学习活动来汲取知识，其中所有的学习过程都是开放式的。但因为这种慕课模式不具备清晰、确切的学习结果，因而在学习结束之后也不会设置正式的评价机制。

（二）基于任务的慕课教学实践

基于任务的慕课教学实践主要强调学生通过完成任务来获取知识和技能，学习是分步开展的，学生可以使用丰富的学习方式开展学习，不受任何条件限制。学生不仅可以通过阅读在线文本材料或者录制视频材料等来共享学习成果，还可以通过视频、音频、作品设计等手段来展示自己某一方面的技能。这种基于任务的慕课教学模式格外注重学习社区在学生学习时发挥的作用，这是由于学习社区是呈现学生学习案例和学习设计的场所，其主要用途是实现学习内容的传递，对学生的学习结果不太重视，即不对学生进行评价。

（三）基于内容的慕课教学实践

基于内容的慕课教学实践主要强调学生对学习内容的掌握，往往会通过形成性评价与总结性评价等形式对学生的学习结果展开评价。这一课程教学模式同样也看重学习社区的建构与学生的参与，与课堂教学过程的网络化更加相似。该模式以名校教师录制的讲课视频以及文本内容为基础，同时伴有网络化测试平台。学生可以免费注册与学习，完成学习后，如果学生要办理证书，则需要交纳一定的费用。这类慕课课程开发模式吸引了大量的投资，受到很多人的关注。

第二节 基于翻转课堂的教学改革与实践

一、翻转课堂教学模式的概念

翻转课堂教学模式是教师在教育理论与课程标准的指引下，针对新时代新的育人任务，借助先进的信息技术和信息技术平台，上传自制或整理收集的视频、学案、练习题等教学资源，为学生主动学习提供服务的教学新模式。它改变了传统的教学活动结构，将知识传输和内化的环节颠倒。翻转课堂教学模式有三个实施流程，如图 7-1 所示。

图 7-1 翻转课堂的实施流程

第一，课前学习阶段，学生使用教师上传的资源自行安排学习活动，对知识点和疑问进行自主思考和探索；

第二，课中内化阶段，学生将自学到的知识和自身无法解决的问题带到课堂上，在教师和同学的互动中找到问题的答案，并通过协作学习重难点内容，内化新知，然后由教师和学生共同对学习成果进行评价和反馈；

第三，课后反思阶段，学生在课后对学习过程和学习成果进行自评和互评，回顾在当堂课上的经历，教师和学生对学习活动安排不足的地方提出改进措施，为下一次翻转课堂积累经验。

二、翻转课堂教学模式的特征

（一）流程颠倒

教学过程一般可以分为知识的传递和知识的内化两个部分，知识的传递是在课堂上，知识的内化是在课堂之外。翻转课堂是将这个过程颠倒过来，学生先在课堂外自行学习知识，接着再在课堂上与教师和同学们一起讨论、研究，吸收内化知识。

（二）针对性强

与传统的课堂教学不同，翻转课堂的课前教学视频一次只讲授一个知识点或一个问题，知识点很集中。传统的课堂有 45 分钟，而翻转课堂课前的每个教学视频时长一般最多只有 15 分钟，时间短就意味着学生能将注意力高度集中于某个知识点的学习上，避免因为时间过长而导致学生注意力分散的情况。

（三）检测及时

翻转课堂的教学视频在播放完后，一般都会有几个与当堂课密切相关的问题，通过学生的回答，教师能够及时检测学生在当堂课的学习情况，了解学生知识掌握的不足之处。如果学生回答问题的时候出错较多，他们可以与教师及时交流，获得指导。

三、翻转课堂教学模式的具体实践

（一）训练掌握型翻转课堂

1. 训练掌握型翻转课堂的内涵

掌握学习法由布卢姆提出，但其思想可以追溯至卡罗尔，并得益于布鲁纳、安德森对翻转课堂的进一步发展。掌握学习法是以教学目标为核心，使教学过程的几个因素能够与学生的学习需求相匹配，让学生在经过一个阶段的学习后充分掌握知识的学习方法。

训练掌握型翻转课堂是以自主学习、练习巩固和达标测试相结合的形式，使学生能够扎实掌握并灵活运用所学知识，并形成与之相关的技能的翻转课堂教学模式。早期的翻转课堂定义，将翻转课堂视为教师自行创建视频，学生利用课余时间观看视频内容，之后在课堂上和教师开展面对面交流与完成作业的一种教学形态，这表明早期的翻转课堂是借助训练推动知识技能掌握的类型。

掌握学习理论提供的方法是为学习成绩相对较差的后进生额外增添学习时间，保证其能跟上中优等生的学习进程。为后进生增添额外学习时间的目的在于使其凭借多次乃至反复的操练，从而取得熟练应用与强化记忆的效果。因此，训练掌握型翻转课堂的基本原理，是将基础知识技能的学习安排在课前和课外，确保学生（尤其是后进生）有充裕的时间对一个单元的知识技能进行巩固，在课堂上具备更加充足的时间操练知识技能，并通过课堂上的测试确定学生是否达到了应有的水平。[1]

2. 训练掌握型翻转课堂的基本环节

传统的课堂是"课堂学习+课后练习"，而翻转课堂则是"课前自主学习+课堂练习"。学生在自习课或课外观看教学视频，回到课堂上与教师和同学面对面交流、讨论和完成练习。训练掌握型翻转课堂具体包括下列几个基本环节。

（1）自主学习。教师不再利用课堂时间向学生传授知识信息，学生需要在课前自主学习相应的知识信息。为了保证学生的自主学习得以有序开展，教师会将学生自学就能完成的学习内容制作成微视频，放到网上或者通过学习平台推送给学生，并将需要研讨或探究才能完成的学习内容放在课堂内进行教学。

（2）自主检测。尽管学生在课前通过自学微视频、教材和其他资料，对基础知识和基本技能有了一定的理解和把握，翻转后的课堂教学的首要任务，即翻转后课堂教学的第一个环节，是检测学生对基础知识和基本概念的理解程度。所谓的检测不是考试，而是让学生回顾和总结视频学习的收获，以及梳理疑惑和问题，目的是确定课堂训练学习的重点，提高教师指导的针对性。如果学生总结和梳理不到位，教师再负责补充和完善，但教师绝对不能越俎代庖。对于大多数学生未能理解的内容，教师要重点补讲。在翻转课堂实践的初始阶段，学生发现问题和提出问题的能力稍弱，以总结学习成果为主。然而随着学习的持续推进和学生学习能力的稳步提高，学生发现问题的数目不断增长，检测主要以梳理问题为主。

---

[1] 郑永强，2018. 智慧教育［M］. 长春：东北师范大学出版社.

（3）突破疑难。翻转后的课堂重点之一是以小组学习的方式，有效解决课前自主学习发现的问题。从学生暴露出的问题出发，教师依照学生的学习情况将班级划分为数个学习小组，小组成员的数量不宜太多，五六个即可，注意小组成员所存在的问题最好是能互补的，而非全部相同。教师引导小组成员积极参与小组讨论，并为小组下达不同的学习任务，强调组员间互帮互助，最后让班级各个小组进行组与组之间的学习成果交流。

教师根据问题的难易程度，组织学生进行协作探究、自主探究和成果汇报。学生在观看视频及完成课前测试中遇到的疑难问题，可先由小组合作解决；小组内不能解决的疑难问题，由全班合作解决；如果全班学生都不能解决，则由教师回答或解释。

（4）练习巩固。学生必须通过不断练习才可以熟练地把握学习的新知识，这是由他们的认知规律决定的。将学生课堂学习翻转为学生课前预习、学习（观看教师的讲解视频），并将学生的课后练习翻转为学生课堂练习。因此，学生要完成平台上或其他资料上的相关练习，充分巩固所学知识，这是学生取得优良学习效果的重要保障。此外，翻转课堂具有更加充足的巩固练习时间，小组成员与教师能够为学生的学习提供更多的帮助，促使其取得更加优良的巩固练习效果。

（5）自主纠错。学生对不会做或做错的习题，往往通过观看正确答案详解或教师习题讲解视频，自主纠错。一般由教师直接给出答案，学生花 3~5 分钟独立思考，可组织小范围讨论；然后小组讨论 5~8 分钟，在讨论中各小组提出疑问，互派代表解答，最后再收集需评讲的问题。

（6）达标测试。为检验学生的学习成果，在完成一个单元的学习后，应当组织学生进行达标测试。对于顺利通过达标测试的学生，可以提示其准备学习下一单元的内容，而对于没有通过达标测试的学生，则应当认真分析其存在的问题，并为其提供适当的指导，让他们再次学习尚未掌握的内容。学习完成后，再对这些学生进行一次水平相当的测试，直至其顺利通过达标测试，才可以准备下一单元的学习，以保证大部分学生对每一个单元的学习都达到需掌握的水平。

（二）问题探究型翻转课堂

1. 问题探究型翻转课堂的内涵

问题探究型翻转课堂是以探究性学习的形式展开的翻转课堂教学模式。探究性学习是学生在教师的指导下，从各种学科领域或现实生活的问题或任务出发，通过形式多样的探究性活动，以获得知识和技能、培养探究能力和应用能力、获得情感体验为目的的学习方式。

学生学习新知识主要是通过他人教授与自己主动探索两种方式进行，第一种方式是学生被动获取知识，第二种方式是学生主动获取知识。如果说上述两种知识获取方式是处于一个序列的两端的话，那么处于这两端之间会有很多种方法，有的学习方法倾向于被动接受，而有的学习方法更倾向于主动探究。所以，探究式学习或以探究为主的学习方式是学生学习新知识的重要方式。学生在探究过程中发现或创造知识，对知识的印象更深刻，体验更强，在此过程中学生的发展往往也是多方面的，因而它是学生学习的一种重要形式。[①]

因此，问题探究型翻转课堂需要在教师的启发和帮助下开展，使学生在具体的情境中自觉、主动地探索、研究事物的性质，发现事物之间的联系和发展规律，从而获得所学的概念和原理。

2. 问题探究型翻转课堂的基本环节

实践和研究发现，问题探究型翻转课堂可以遵循下述基本环节展开。

（1）从社会现象引入，提出问题，激发探究兴趣

教师可以通过生动的教学视频设计一定的教学情境，让学生通过该情境发现矛盾或问题。物理、化学、生物以及跨学科创新实验项目设计类的课程教学，应当立足于学生平时接触的生活现象，引出需要探讨或学习的主题，并提出可以引起学生思索的问题，让学生事先展开自学，这样学生在课堂上才能进行更加深入的交流与应用。

当然，如果是较为复杂的课题，学生课前的学习需在教师和相关专家的指导

---

① 周胜华，2022. 智慧课堂的实施途径与策略［M］. 北京：现代出版社.

下完成。这一阶段,教师为学生提供适当的引导,学生以独立的形式展开充分的思索,并提出假设与猜想。这个过程是学生在线学习的过程,也是学生独立自学的过程。学生若在此过程中遇到任何问题,都能够在线和同学展开探讨,或者向教师和专家寻求解答。

(2)交流与分享学生思考或提出的假设

课前,学生在观看视频后掌握基础概念和原理,并发现问题。教师根据学生提出的问题进行梳理,选择需要学生探究的问题,或由教师提出需要学生探究的问题。教师提供一定的材料,引导学生通过分析和研究,提出假设。

围绕设计项目,学生先行学习相关知识和提出假设,教师和专家组织学生面对面地交流与分享,让学生说出自己的设计假设和思路以及需要做的各方面的准备。针对该假设和思路,师生一起讨论其合理与不合理之处、已有知识是否足以支撑其设计方案的实现、所需的材料需要具备什么样的特点、从哪里可以获得等。

(3)尝试设计,不断修正,总结反思

学生从不同的角度检验提出的假设,获取可以帮助他们解释和评价问题的证据;通过观察、调查、假设、实验等探究活动提出自己的解释;通过比较其他可能的解释来评价自己的解释;交流和论证自己的解释,对问题做出结论,获得有关的知识。

在上述的学习、思考、交流和准备较为充分的基础上,在学校教师与相关专家的帮助下,学生可以动手操作,尝试设计,然后进行反思和小结,发现错误并及时修正,遇到问题和同学与教师商量,寻找解决问题的思路和方法。

值得注意的是,即使是中小学生开展的实验探究,也需要遵守科学实验的一般性原则和步骤,也就是发现问题、提出假设、收集资料、对假设进行一系列证实、得出最后结论,以及安全第一、科学严谨的实践精神,这将为学生未来的自主性研究打下坚实的基础。

第三节 基于微课的教学改革与实践

一、微课的概念

微课（microlecture），顾名思义，是指微小的课，它时间短，内容少，可以使人在点滴的碎片时间中学习一个知识点，解决一个问题，掌握一项技能等。微课是由西方国家首先提出的，近年来随着我国课程改革的推进，微课教学模式在国内教育领域也逐渐流行起来，不过目前微课还没有一个准确的、统一的定义。

黎加厚认为，微课是时间在10分钟内，教学目标明确、内容短小，能够对某一问题进行集中说明的微小课程。[①]

焦建利指出，微课是以某一知识点为目标，其表现形式是短小精悍的在线视频，主要应用于教学和学习的一种在线教学视频。[②]

胡铁生、黄明燕、李民认为，微课又可以称为"微型课程"，是在学科知识点的基础上构建和生成的新型网络课程资源。微课以"微视频"作为核心，包含很多与教学配套的扩展性或支持性资源，如"微练习""微教案""微反思""微课件"等，从而形成了一个网页化、半结构化、情境化、开放性的交互教学应用环境和资源动态生成环境。[③]

上述学者对于微课的定义都表现出明显的针对性，而且在一定意义上体现出微课教学模式的基本特点，尽管具体内容具有一定的区别，然而其核心理念大体相同。

[①] 黎加厚，2013. 微课的含义与发展[J]. 中小学信息技术教育（4）：10–12.
[②] 焦建利，2014. 微课及其应用与影响[J]. 中小学信息技术教育（4）：13–14.
[③] 胡铁生，黄明燕，李民，2013. 我国微课发展的三个阶段及其启示[J]. 远程教育杂志（4）：36–37.

二、微课的特点

（一）教学时间短

微课的时长较短，为 5~10 分钟，最多不会超过 15 分钟，这是微课最显著的特征。国外脑科学研究成果"人体注意力的 10 分钟法则"表明，在一节正常的课程中，学生能全神贯注学习的时间只有 10 分钟左右。将微课控制在较短的时间内，完全符合学生的认知特征，同时也能够规避学生由于学习时间较长而出现注意力涣散的状况。其意图在于让学生能够在十分短暂的时间内完成学习任务，所以"短"是微课最基本的特点。

（二）教学内容精

由于微课时长比较短，所以微课的内容必须精练。通常而言，一节微课只是细致地讲授某个较小的知识点。在设计微课时，要避免过于拖沓繁杂，一定要保持精致紧凑。在讲解时，不求涉及较为丰富的内容，只要求做到清晰明确。

（三）资源容量小

一般来说，由于微课的时长较短，正常的一节微课视频总容量在几十兆左右。"小巧"的容量使微课视频能够在互联网上广泛、流畅地传播，更方便师生之间沟通与交流。

（四）具有移动性

微课的资源容量很小，因此它除了能够为师生提供便捷的交流机会外，还能为移动学习提供物质条件。所谓移动学习，就是指在经过数字化学习后，能够结合移动互联网技术使学生可以随时随地学习。移动学习是现代教育信息化发展的一种学习革命和面向未来的学习模式。例如，观看微课视频时，学生可以选择使用智能手机、平板电脑、电视等多种播放器，在各个场所进行学习。微课的移动性能够大幅度提高学生学习的效率，并让学生养成独立学习的习惯。

（五）具有自主性

微课是基于建构主义学习理论为学生在线传输简洁、明了的主题或知识概念的教学形式。这种教学形式与传统的教师课堂教学不同。在传统课堂上，教师会全程观察、监测学生的学习情况，虽然能够有效监督学生，但也给学生造成了一定的心理压力。微课教学中，学生得到了极大的自由，这是一种自主性的学习。微课视频内容丰富、选择极多，学生能够根据自身的意愿和需求选择想要观看的视频，在学习过程中还能随意暂停、回看，不会因为疲惫或其他事而耽误学习的进度。从某种程度上来看，微课学习的自主性，也恰恰是学习个性化的体现。

三、微课教学模式的具体实践

微课教学模式的实施步骤主要包括确定主题、进行教学设计、微课制作、教学实施和评价反馈五个步骤，如图 7–2 所示。

（一）确定主题

选择一个优秀的主题，既可以有效提升微课的吸引力，也可以激发学生的学习兴趣。主题是建设微课的内核，要上好一节微课，首先要选择好的主题，主题决定后续具体教学活动的走向，不合适、不明确的主题会直接妨碍微课的实施。具体来讲，主题应当精简准确，可以是教学的重点、难点、疑点、易错点等。因此，教师应当充分、深入地把握教材，明确教材中各个课时的课标要求、教学重难点等。此外，教师还应该根据学习情况对学生的学习需求进行分析，这可从学生平时的课堂练习和作业完成情况中获知，从而探索学生真正关注与不解的问题，在此基础上明确微课的主题。

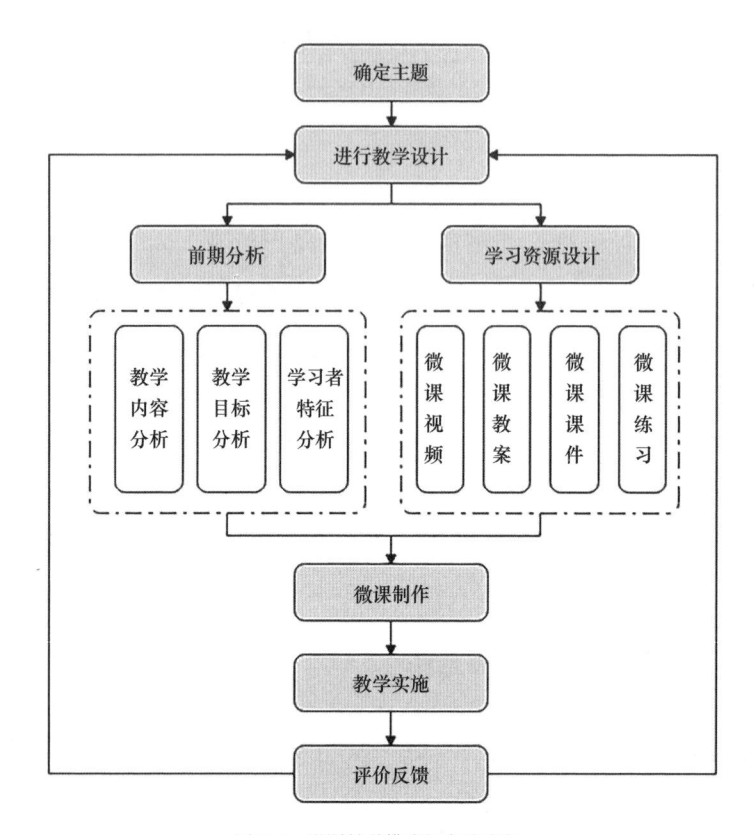

图 7-2　微课教学模式的实施步骤

（二）进行教学设计

确定主题后，应当从主题的内容出发，细致地设计微课的每个环节。首先，应该进行前期分析，结合课程特征分析教学内容，坚持以学生为本，分析学习者特征，展现教学目标。在进行教学设计时要严格遵守微型性、完整性、渗透性、有效性等设计原则，保证学生获得良好的视听体验。其次，教师要力求讲述得深入浅出，对学生有启发和引导的作用，有效延展学生的思维，并促进学生自主学习能力的提高。此外，微课教学设计应该涵盖教学全部过程的学习资源，而非只是视频的设计，包括对微课教案、微课课件、微课练习等要素的设计。

（三）微课制作

微课的各个环节设计好后，就需要进行后期制作。录制视频是微课制作的核心内容，大多采用流媒体形式呈现教学过程。微课的教学过程要简短完整，包括教学问题的提出、教学案例或情景导入、教学内容讲解、教学活动安排、引导和启发学生开展协作学习、探究学习等。教师可以用多种手段录制微课，还可以辅以各种工具和技术，能够有效缩短录制微课的时间，提高工作效率。

（四）教学实施

教学是微课应用的关键环节，"教"就是教师的教学活动，教师作为知识的传播者和教学活动的引导者，是教学内容的第一传播者。教师需要用科学的教学手段向自己的学生传递微课的教学内容，引导学生对微课的教学内容进行思考学习、理解内化及意义建构。在教学活动中，教师不但要为学生提供适当的引导，还应当对学生学习微课提出具体的要求，让学生明确自己学习微课的目标，使学生更有针对性地学习微课。

（五）评价反馈

对教学进行评价和反馈是完善教学过程的必备环节，同样，对微课进行评价和反馈能够促进教师优化教学过程，并为其未来的教学实践积攒经验，进而促进其提升自我能力。教师在指引学生完成微课学习后，可以让学生自主完成"微练习"，对学生的学习成效做出检测，并根据检查结果反思微课设计是否满足了学生的学习需求，从中找到学生学习中存在问题的原因，进而提升自己的教学能力。教师还可以与学生进行有效沟通，让学生通过网络匿名、客观地点评微课。教师应该公正、宽容地对待学生的评价，把发言权交给学生，营造平等互助的教学氛围，并结合评价逐一改进不足之处。

第四节　基于"互联网+"教学模式的教学改革与实践

现代教育需要通过互联网技术获得"互联网+"的能力，形成新的"信息能源"，从而推动整个教育行业的快速整合，并利用相关产业和社会资源来充实和丰富教育资源，使教育更加开放，教师和学生之间联系更加紧密，更易于提供O2O个性化教学。

随着国家将"互联网+"列为国家战略，互联网与教育、教学相结合产生的新教学理念和模式，成为新时代教育的诉求。"互联网+"教学的实现需要对现有教学模式进行个性化、协作化等多模式的整合性改革。下面从教学准备、课前自学、课堂学习、协作学习、个性化学习、课后提升、反馈评价等方面提出如何构建个性化的"互联网+"教学环境以及如何实现一体化的"互联网+"教学模式。

一、"互联网+"教学模式下学习环境的构建

"互联网+"教学的一个主要任务是构建个性化和协作型的教学模式。教育家李秉德教授认为教学环境对教学模式、教学活动的顺利组织实施有着重要的影响。[①] 传统的教学环境建设往往立足于教师的管理，强调课堂纪律、教学活动稳定有序，但互联网环境下的教学则更多"以学生为中心"来构建教学和学习环境，着眼于学生个性化的发展，挖掘学生的自主学习潜力，使其在充分协作参与教学活动的过程中获取知识和经验。

根据建构主义学习理论，"互联网+"教学注重学生个体差异，培养学生通过获取外界信息并结合自身能力对知识经验进行重构的能力。本模式沿用了建构主义学习环境的构建模式，即对教学情境、工具、资源、组织架构四个基本要素进行设计。"互联网+"教学的学习情境基于日常生活和现实任务，适用于线上线下的混合教学，情境设计符合多元社会文化和健康舆论导向。通过过程加工工具、

---

① 李秉德，2001. 教学论［M］. 北京：人民教育出版社.

处理工具、交流工具、可视化工具等，帮助教师以学生为中心设计教学方案、提供多媒体资源、组织协作学习和讨论活动，让学生在教师的指导下接受个性化教学模式，培养自主学习能力。资源则泛指促进教学的多形式的静态和动态素材；狭义的资源指根据个体需求按照一定教学策略组织、碎片化和重组加工后的元知识。组织架构是根据个体需要而进行重组的知识在互联网的表现形式，涉及知识图谱的排列顺序、元认知形式、知识使用程序和学习策略。教师将学习环境要素与互联网教学相结合，科学搭建真实的学习环境，更能激发学生主动学习的兴趣，提高教学质量。

二、"互联网+"教学模式设计

教学模式以是否使用了互联网为依据，可以分成纯在线模式和线上线下相结合模式，这两类在线学习模式都存在各自的缺陷。

纯在线教学模式存在退学率高、缺乏面对面教学指导和难以考核认证等问题，这些问题导致纯线上教学模式虽有较好的学习体验、较低的学习成本，但过于强调学习者的个人主动性和探索能力，大部分学习者难以坚持学完课程并获得与传统教学模式同等水平的教学效果。

线上线下相结合模式可以解决纯在线模式在教学支持和教学效果方面的问题，但对教学场所、学习人数有一定的要求。虽然没有纯在线模式那么方便和应用广泛，但其教学质量和教学效果比较接近传统教学模式。从"互联网+"角度来看，较符合将传统教育产业的价值通过互联网进行传播从而产生新的价值的一种教学模式。本文借鉴了翻转课堂、慕课模式的各自优势，重新设计了线上线下相结合的"互联网+"教学模式，立足个性化和协作化相结合的教学方式，既尊重个体的学习习惯、学习兴趣，又能根据不同的认知能力构成协作小组；既能让学生根据自身能力进行分层递进式学习，又能让学生在合作中取长补短，促进同学间情感交流，使其将学习动力进行内化，实现主动学习，以获得适合自己需求的教学体验和知识能力，教学模型如图7-3所示。

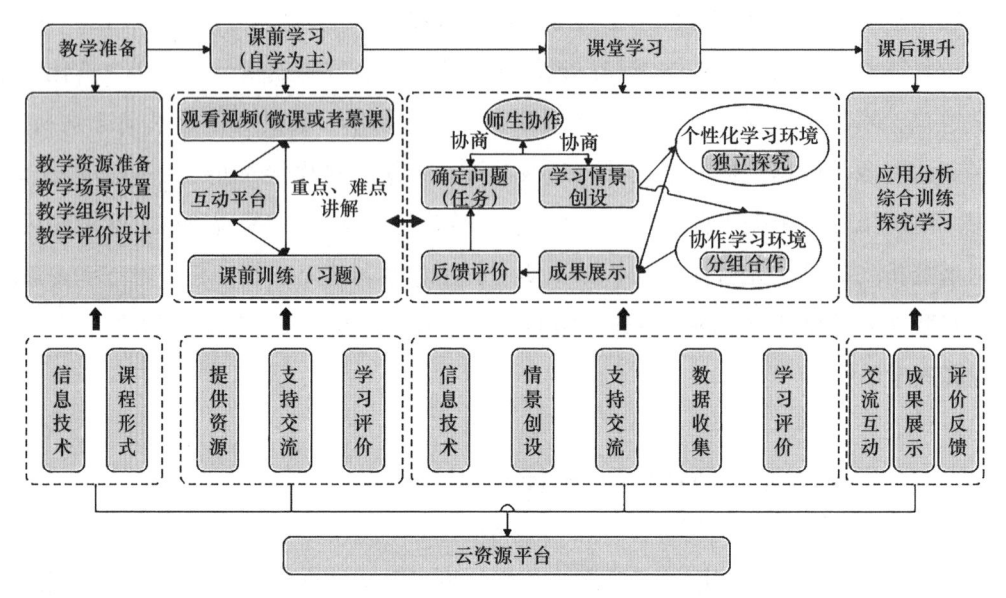

图 7-3 "互联网+"教学的线上线下相结合的教学模式

（一）教学准备

在教学准备环节，教师组建课程教学团队，对团队成员进行合理分工，完成课程的教学设计、内容准备、资源整合和优化、构建教学场景和任务、协商线上线下教学组织模式、确定各项学习任务的评价方式和内容。教学准备主要体现在以下六个方面：一是在教学设计上，有明确的教学目标并体现个性化教学要求，考虑学生个体差异。二是教学内容具有足够的广度、深度，保障教学内容的先进性和时效性。三是教学准备过程中要区分线上线下教学资源的区别，线上教学视频应具有正确的时长和清晰度，如以教师为第一人称的方式进行讲学，整个教学过程要有一定趣味性和启发性，并为进入课堂讨论做好准备；所制作和挑选的教学资源要符合网络平台的技术要求。四是线下教学秉承翻转课堂的特征，以讨论、实践、应用和探究为主，关注参与线下学习的学生个体，注重面对面的交流。五是设置合理的答疑环节，及时反馈和解决学生问题，组织线上线下的交流和互动。六是教师应为学生开发多样化的考核评价手段，符合课程同行和第三方评审要求。

（二）课前自学

在课前自学环节，学生可以通过网络平台的视频和多媒体资源明确了解课程的教学目标、教学任务和教学内容组织过程。在网络虚拟教室中，学生利用教师事先录制的视频学习理论知识，进行练习和自测，并以自组织的形式参与网络讨论中，总结出有探究意义的问题，初步完成对接线下知识应用和创新阶段的准备，教师同步做好线下或者线上虚拟课堂，为协作式和探究式个性化教学的组织做准备。在整个实施过程中，多采用合作学习来获得知识和自主学习体验，建构属于学生自己的知识体系与学习经验。

（三）课堂学习

在课堂学习环节，教师首先构建完整明确的学习场景，抛出多个与教学相关的学习任务或讨论主题。在确立场景和主题过程中充分使用师生协商机制，即学生可以选择教师提供的多个主题之一，也可以自主确定相关主题；学生根据自己的学习能力或者教师建议选择独立探究学习或者协作学习，在这个过程中教师进行个性化的指导，聆听并记录学生学习的难点，观察学生的总体表现，判断教学目标是否实现教学重点。其次，学生展示学习成果，进行学生间、组间交流，也可以在平台上提交学习疑问进行网上交流。再次，教师对学生的学习成果进行评价，对重点和难点进行讲解和答疑解惑。最后，教师可以直接根据学生表现评定学生成绩，也可以通过布置习题或者测试来评测学生知识技能的掌握程度。

（四）协作学习

协作学习的主要元素由协作小组、成员、辅导教师和协作学习环境组成。协作小组是协作学习模式的基本活动单元，一般协作小组的人数不能太多，通常以3~5人比较合适。成员是指学生，成员的分派依据学习成绩、认知能力、认知方式、性格差异等因素实施。辅导教师是协作学习质量的保障，教师也要转变角色，从知识的灌输者变为协作学习的组织者与帮助者，使得学生由被动接受转为主动求知，给学生更大的自主空间。实施过程如图7-4所示。

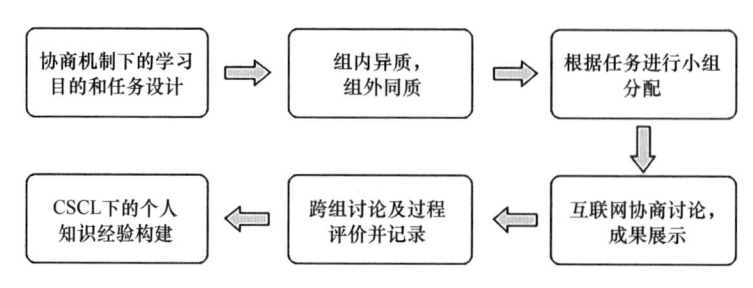

图7-4 基于"互联网+"教学模式的协作组织路径图

CSCL是计算机支持的协作学习（Computer Supported Collaborative Learning）

（五）个性化学习

"互联网+"教学以为学生个性化学习提供教学产品、模式和平台为目标。在进入学习前，学生可以进行自我评估；在学习过程中，学生和教师可以通过平台大数据，分析判断学习程度、学习效果，进行补充式的自我学习，即通过特定知识点间的有效链接，获得完成当下任务或者学习当前知识点所需要的前续知识，知其然并知其所以然。

（六）课后提升

课后教师需要布置任务以拓展学生的知识面、提升其学习能力。任务的形式可以是对知识技能的综合应用，完成大型的项目，也可以选择合适的主题进行探究性学习。课后学习活动需要依托系统化学习平台来获得拓展任务，上传过程性资料，进行网上讨论及训练成果的评价。组织实施形式应该多样化、个性化，教师定时进行课后学习的监控和答疑，鼓励学生进行创新和探索，激发其学习兴趣，激励其独立完成相关任务。

（七）反馈评价

互联网环境下的教学评价根据学生的不同特质进行制定，强调学生的差异性、测试场景的复杂性和有效性，形式多样，注重学习过程的阶段性考评，累积学生个体学习状态和结果数据，通过大数据进行个体学习分析，不断制定和调整学习计划和习惯，促进学生个人学习经验的积累，最终提升其自主学习和协作学习的能力，从而完善整个"互联网+"教学模式，提升教师教学能力，推动教育改革。

线上线下一体化的个性化"互联网+"教学模式将枯燥的课堂理论知识学习搬到互联网上，借助直观生动的影像资料，融入合作学习的大氛围下，学生学习动力将被激发；其次，教师帮助学生掌握适合自己的学习节奏，为学生设置合适的教学任务，从而减少学习能力较差的学生所需的学习时间，形成个性化的学习策略和实施程序；最后，对学生学习过程和策略进行诊断，校正学习策略和教学内容，通过不断调整，促使学生掌握全部教学目标，并通过最终的终结性测试评价。

基于"互联网+"的教学模式，不但能使学习更加个性化、更有效率，同时具有推动现代教育变革的价值：一是"互联网+"教学模式将原本需要向学生屏蔽的互联网变成了能够创造教育新价值的互联网；二是"互联网+"教学模式开辟了学生获得学习能力，满足自身学习需求的有效途径；三是互联网学习平台以学生为中心，利用丰富的教学手段和工具，选择适合网络学习的学习内容，提供高附加值、低成本的教学资源，将学生吸引到一起，构建了新型的教与学的关系，创新了互动教学和协作教学模式；四是面向大量学生的个性化教学，在互联网技术、大数据分析技术和云技术的支持下已经成为现实，现在所要做的是如何优化算法、改进分析方法，使其对学习、教学等相关数据的分析更加准确、丰富、有价值，使学习更有效率。

因此，"互联网+"教学模式在实施过程中挑战不断，需要不断改进，让学生形成"互联网+"的意识，主动利用"互联网+"学习平台进行学习。只有当学生发自内心使用"互联网+"教学开展学习，"互联网+"教学才能真正完成对传统教学模式变革的使命。

第五节　基于项目式学习的教学实践

一、项目式学习的概念

项目式学习（project-based learning，PBL）强调营造一个真实且切身的探索学习历程，鼓励学生和同伴或与专业人士的合作式自主性学习，通过动手实操，解决生活情境中具有挑战性的问题，并将学习成果对外公开展示或实际应用在真实的情境中，以培养学生在人工智能时代所需的关键核心能力，即思辨能力、复杂问题解决能力、合作能力、沟通能力与创新能力。[①]

二、实施项目式学习的意义

项目式学习是一种教与学的模式，更强调学生在教学过程中的主体性和主动性。[②] 项目式学习突出以解决具有现实意义的问题为目的导向，通过提出问题、规划方案、解决问题、评价反思等几个环节，让学生进行主动探究学习。它以问题导向的教学方法为基础，是基于现实世界的、以学生为中心的教学方式，不仅仅在于解决问题，其结果还指向某个具体的项目。

因此，从本质来看，项目式学习符合课程标准所提倡的"以教为中心向以学为中心转化"，是一种探究性的学习方式。例如，中学生物学课程，其本质就是研究生命现象和生命活动规律的课程，以真实的生命为研究基础，且与信息技术和工程技术的结合日益紧密，因此，在生物学课程教学中，应用PBL具有独特的意义。

---

① 林奇贤，2018. "互联网＋项目式学习"是现代教育变革的选择［J］. 中小学信息技术教育（Z2）：48.
② 胡佳怡，2016. 项目式学习的本质、模式与策略研究［J］. 今日教育（4）：47–49.

(一)发挥学生的自主性

项目式学习的一个重要特点,就是学生的选择性。学生根据自身的兴趣来确定学习的主题和内容,例如,同样是学习微生物发酵的内容,学生可以选择研究泡菜或酸菜的制作,也可以选择酿酒、酿醋等,或者尝试自制酸奶。由于学习的主题和内容是学生选择的,也是学生的兴趣所在,因此,学生具有积极的学习动机,学习热情持续时间长,并能主动去发现问题和解决问题。项目式学习从论证选题、收集资料,到作品制作、技术解决及成果展示,大部分由学生自主完成,教师往往只起到指导者和协助者的作用,充分体现了学生的自主性。学生的自主性在学习活动过程中体现为自主意识和主体意识。项目式学习充分尊重学生的个性和选择,更能发挥学生的主观能动性和创造性。所以,学生在学习的过程中,学习方式、手段、风格和策略等的选择具有最适性,这比平常的讲授教学更具针对性。

(二)跨学科学习的交叉性

跨学科解决问题,是项目式学习的另一个典型特征。在项目学习中,探究的问题往往具有跨学科的特点,即学生无法以某一门学科的知识来解决问题。如前面所提到的例子,发酵原理是属于生物学的知识,但微生物发酵过程中的各种条件控制,如空气、温度、pH值、含水量等,涉及数学、化学、物理和工程学等学科知识。学生在学习过程中,需要综合运用多学科知识来解决问题,故在项目式学习的整个过程中,解决问题具有学科交叉性。但是对学生来说,并不具备所有学科知识,如初中生物学,学生并不具备系统的化学知识,因此,学习过程必须学会综合利用多种学科知识,这也使学生的综合思维能力和操作技能得到提升,对其他学科的学习具有正反馈意义。

(三)学习对象的真实性

项目式学习研究的问题是现实生活中真实存在的一些问题,所以,它能很好地将学科知识与现实生活联系起来。与传统的学科教学相比,项目式学习在一定程度上突破了时空的限制，很多情况下必须在课后继续学习，并需要借助相应的社会资源。例如，生物学中的微生物发酵知识是人类文明生活的一部分，随着科学和技术的进步，其内涵与外延不断丰富，应用到人类生活的方方面面；除了食品工程，微生物发酵知识在医药制造、污水治理等方面也广泛应用。这些知识的应用存在于真实生活中，要求学生对课堂外的现实世界进行调查研究，如开展收集资料、现场测量、人员访谈等活动，这些学习内容均来自现实生活，而非停留于书本上的抽象概念。

（四）学习过程的合作性

项目式学习主张协作学习，即学习者之间是一种分工与合作的关系。限于学生的年龄特征，解决较为复杂的现实问题存在一定的困难。项目式学习的一个项目或课题往往无法由个人单独完成，所以主张以小组合作学习的方式进行。学生通过讨论达成共识，对学习任务进行合理的分工，遇到新问题再进行协商和讨论。项目式学习充分体现了合作学习的精神，强调了学习体验，既加强了学生之间的相互交流，也培养了学习者的交流能力。

（五）学习结果的创新性

项目式学习的学习内容并不仅限于教材上罗列的知识，还包括现实生活中的一些实际问题，所以，学生需要创造性地利用所习得的知识与技能来解决问题。同样是利用乳酸菌的发酵过程，原理上都是利用细菌的无氧呼吸，但制作酸奶与制作酸菜的要求和工艺并不相同，需要学生去解决实际问题。因此，项目式学习为学生创造了一种发挥创造力的宽松环境，除了项目所解决问题的多样化，学习的结果也是多样化的，学生间的交流无疑为他们的学习提供了更多的思想和方法。

（六）能力培养的综合性

项目式学习的前提是由学生首先提出一个问题，这个问题不是学生凭空想象出来的，而是需要结合所学知识，通过收集、分析和处理资料，形成解决问题的方案，再把这一方案付诸实施，形成相应的作品，最后通过表达交流的方式，陈述解决问题的观点和策略。仍以发酵原理为例，学生在学习过程中，必须亲自动手来解决实际问题，除了需要收集微生物无氧呼吸的相关知识，还要了解不同微生物无氧呼吸的特点，如温度、湿度要求，发酵时间或发酵曲线，如何保湿、保温，以确保方案的可行性。更重要的是，学生必须完成相应作品——发酵后的成品，才算是完成一个项目式学习。制作过程不仅要有知识的应用，也要有解决实际问题的综合分析，同时还要动手操作。

知识的学习不是目的，而是一个过程和方法。立足现实社会复杂而综合的问题，是学生学会处理信息的重要途径，也是基于项目式学习的基本目标。在项目式学习中，学生学会了信息收集与交流的方法、调查和访问的技巧、统计测量的方法、发表和讨论的方法以及自我评价和相互评价的方法，从而获得终身学习的能力。

三、项目式学习的教学设计原则

项目式学习以解决真实或接近真实情景中的问题为导向，这一特点与生物学课程的性质相一致。生物学课程要求学生主动地参与学习，使其在亲历提出问题、获取信息、寻找证据、检验假设和发现规律等过程中习得生物学知识，养成科学思维的习惯，形成积极的科学态度，发展终身学习的能力。学生利用PBL进行学科学习的同时，解决现实生活中的实际问题，模拟科学探究的过程，从而不断提升自身的思维品质。故基于PBL模式的生物学教学设计，应遵循以下原则。

（一）综合性原则

传统的教学属于分科教学，学科间虽有交叉，但各成体系且界限明显。项目式学习具有跨学科特点，学生在解决问题的过程中，应用多学科的知识，通过项目建立各学科的联系，不再注重单一学科，而是主要关注特定问题的解决。在解决问题的过程中，学生能将多学科的知识关联起来并分析、解决问题，跨越学科的界限，从多学科知识角度实现解决问题的教学目标，从而培养学生的综合能力。

（二）情境性原则

项目式学习强调解决真实或接近真实情境中的问题，注重学习的情境性，这就要求教学要将学生与现实生活相联系，让学生利用所学的知识去解决现实生活中的问题。在教学的过程中，主要是创设真实的教学环境，从现实生活中寻找素材。素材的选取应符合学生的认知发展和心理发展特点，可以是学生生活中所遇到问题，这样不仅具有鲜明的生活性特征，而且具有真实性。在我们生活中会遇到很多问题，比如水资源浪费、生态环境破坏和不实消息的传播等，利用所学知识解决生活中存在的问题，可以激发学生的学习兴趣，同时也让学生充分感受到学习的价值。

（三）实践性原则

"做中学"是项目式学习的重要特征，学生主要通过实践的形式进行学习，在实践中可以让学生充分体会学以致用，注重知识在现实生活中的运用，在实践中发现问题、解决问题。例如，中学生物学离不开实验，通过实验，学生有更多动手操作的机会，不但可以提高动手实践能力，还可以增强体验性。中学生物学开展项目式学习，学生可根据自己的兴趣爱好，设计符合自身能力的实验方案，在实验中构建自己的知识体系，达到理论与实践的统一。

（四）协作性原则

以跨学科为核心的 STEM（科学 S、技术 T、工程 E、数学 M）教育，其组织方式主要是项目式学习。项目式学习具有小组合作学习的特点，通过小组的形式交流看法、讨论意见，设计、修改并完善方案，彼此之间互相启发，加强思维或想法的关联。人是群体性动物，在未来的社会中，很多时候需要与他人共同合作完成一个项目或者一个任务；能够更好地融入团队并与队友们团结协作是有效完成任务的一个必要条件。项目式学习提倡学生以小组合作的方式完成一个项目或者主题，这不仅有利于小组长提高领导能力，而且可以提高小组成员之间的沟通交流和小组合作能力等。

四、基于项目式学习的学科教学

（一）学习维度

本书主张的 PBL 模式是一种教与学的模式，也就是说，既关注"教"更强调"学"。学生在实际的社会生活环境中学习和应用知识，贴近生活实际也是课程标准一再强调的，说明学习不能脱离社会实际。项目式学习的最终成果是学生的作品，这需要学生对知识进行有意义的建构，突出学生的主观能动性。从 PBL 模式的学习维度来看，项目式学习可以归纳为以下几个关键方面：①学什么？即学习内容的确定，从单一学科的要求上，学习内容是本学科的核心概念和重要原理，生物学则统称为大概念。②为何学？即学习的目的性，项目式学习强调解决真实问题，不仅实现学科知识的学习，同时也体现了学科的社会价值。③如何学？即学习策略的问题，项目式学习通过小组学习、自主探究来获得知识，强调动手实践能力的应用，是真正意义上的"做中学"。④学得怎样？即对学习结果的评价，对 PBL 的评价包括学生获得的知识、学生习得的方法以及最终完成的作品。PBL 模式的学习维度如图 7–5 所示。

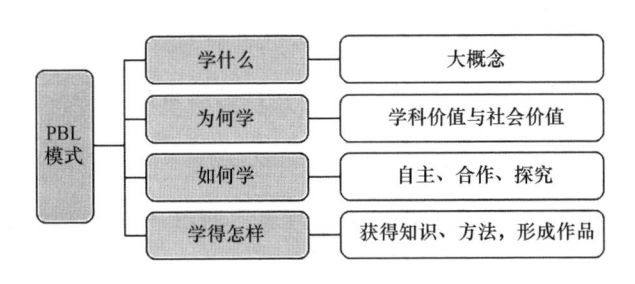

图 7–5 PBL 模式的学习维度

（二）管理维度

2019 年，世界教育创新峰会（World Innovation Summit for Education，简称 WISE 峰会）宣布，将 2019 年度教育奖授予美国圣地亚哥公立特许学校高科技高中（High Tech High School，简称 HTH）的创始校长兼首席执行官拉里·罗森斯托克（Larry Rosenstock）。罗森斯托克的贡献是在学校的课程教学中引进项目式学习。这说明在学校的学科教学中，采用 PBL 模式是可行的。拉里提出项目式学习的"6A"元素。

1. 学术严谨（Academic Rigor）

每一个项目都是一个学科的内容，因此需要有严谨的学术态度。项目应由学校或当地制定关键的学习标准，以此来帮助学生培养与学术和专业标准相关的思考与学习习惯。

2. 真实相关（Authenticity）

项目应结合现实生活背景（如社区和工作场所中的问题），解决与学生相关的问题。

3. 应用学习（Application）

项目应让学生完全参与进来，引导他们去解决半结构化问题，以此培养学生的合作能力、解决问题能力、交流能力等。

4. 积极探索（Active Exploration）

积极探索就是学生要走出学校，到真实世界中去，去观察、去访谈、去参观。项目需拓展到课堂之外，与实习、田野调查、社区探索相结合。

5. 成人参与（Adult Engagement）

学生应该走出教室，和成人世界建立联系。所以，项目应该邀请社区的成人导师和教练加入进来。

6. 评价练习（Assessment）

学生的作品要有真实观众，这一点非常重要。只有真实观众的存在，学生的工作才会显得更加重要，在他们意识到重要性之后才会更加认真地工作。项目可以让学生参观展览，分别从自身、学校、社会的角度评价他们的作品。

"6A"元素清晰明了，对教学实践有直接意义。在整个项目过程中，学生们提出问题，确定自己的学习目标，随后独立进行资料收集、整理、研究等工作，最后在团队中进行讨论。可见，项目式学习实际上扩展了学科课程的广度和深度，而这种扩展是基于学生的"最近发展区"，增强学生解决复杂问题的技能。在项目式学习中，学生的学习存在多点同步的现象，即不一定遵循课程内容的编排顺序开展学习，存在多个单元的知识构成的复杂问题或观点，还有多学科交叉的问题，因此，内容是较为宽泛的。

（三）教学维度

从提出问题到作品交流，项目式学习的步骤与自然科学的探究过程非常相似，科学探究的一般过程是：提出问题→做出猜想→设计方案→实验探究→收集证据→解释结论→反思评价→表达交流。科学探究是探索未知，与科学探究不同的是，项目式学习是根据已知的知识去解决现实中的问题，设计方案时进行"头脑风暴"，即小组充分讨论，并制定相应的量规，以评价项目进度和需要完成的工作。项目式学习的一般流程如图 7-6 所示。

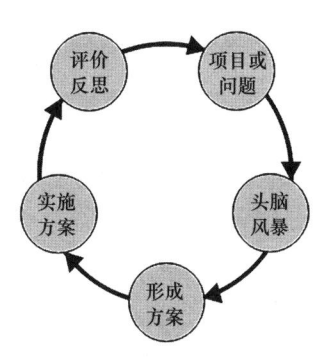

图 7-6 项目式学习的一般流程

从项目式学习的一般流程可以看出，学习过程类似于翻转课堂，教学时提供任务和资源，由学生自主完成学习过程，通过交流评价实现学生的自我反思，促进学习过程的自主建构。中学生的批判性思维正处在发展阶段，因此，项目和问题的确定不是一件容易的事。一是项目的选定必须与学科知识内容密切联系，要与当前教学主题相吻合；二是项目的选择与日常生活相关，并且学生有能力开展此项目；三是项目涉及多门学科知识，教师的指导必不可少。正如前面所提到的微生物发酵原理，学生可能只是将其简单地看成"微生物在无氧条件下的呼吸"，并没有理解到无氧呼吸的概念本质。可见，在选定项目或主题时，学生容易知其然而不知其所以然，因此，学生的选题离不开教师的指导。

第六节　混合式教学创新探索

在"互联网+"时代，混合式教学模式的应用有助于提升教学效果。为了进一步提高高等学校学生的学习效果，对混合式教学进行创新探索十分必要。下面我们就将理论与实践相结合，提出混合式教学的几个创新之处，该创新点符合未来教学的趋势，对教学大有益处。[①]

一、课程实践过程

下面采用的研究方法主要为文献研究法和课堂观察法。通过文献研究法对混合式教学的起源、发展及特点进行了梳理，针对相关概念阐述了见解，结合先前的研究总结了混合式教学的发展趋势，采用实地调查考察法对H大学的教学基础设施进行了实地考察与记录，对课堂教学进行了现场观摩和亲身体验及记录，结合实际提出混合式教学可行的创新之举。

（一）基础设施

混合式教学需要在网络课程平台的支持下进行，其线下教学活动也需要各种教学设备的支持。投影技术是目前高等学校广泛使用的一项多媒体技术，H大学每间教室都配备有高规格的投影仪，并且拥有多媒体教学软件实验室、音频实验室、

---

① 汪学均，李小培，2019．"互联网+"时代高等学校混合式教学创新探索［J］．中国教育信息化（12）：5–7．

教育电视教材制作实验室、微格教学实验室、录播教室、协同创新远程互动智慧教室等，能满足师生多方面的需求。该校的课程中心在2014年正式上线，是由教务处和计算机与信息工程学院设计完成，包含18个学院的部分课程。经过近几年的完善和改进，目前已经包含该校教师录制的慕课29门、微课15门、网络辅助课程22门，并且引进了33门其他高等学校的优质课程。H大学的教师和学生可以通过移动图书馆查询学术资源、报纸、有声读物、视频、公开课等，在线阅读各种学习资源；还能查询学校图书馆的馆藏资源，随时掌握各种书籍的借阅情况。学习通是对外开放的学习平台，学生可以在上面查找阅读各种资源，还可以阅读他人共享的学习资源；教师可以在上面发布课程供学生学习，实现课上课下实时互动，随时掌握学生的学习状况，及时解答学生的疑问，并给予反馈；教师布置课程作业时可以将作业设置为同伴互评，学习通会提醒学生在截止日期之前完成任务，在互评中实现共同进步。

（二）课程设计

作为人才培养的主阵地，学校教育的质量至关重要，而高等学校教育中承载人才培养职能的核心载体就是"课程"。课程教学的一个核心环节就是课程设计，课程设计包括教学目标、教学重点和难点、教学资源、教学活动、教学评价机制、教学环境等方面。未来的"互联网＋教育"将重在探索"以课程设计为核心，集成整合各类优质教育教学资源，构建教育资源的网络超市，为社会提供多层次、高品质的公共教育服务"。网络超市能实现教育教学资源的多方输入和输出，高效利用各类资源。教育教学资源要能被多方采纳、收用，其课程设计方面必定得多花功夫精心制作经典作品。

1. 课前

混合式教学模式在试行初期会大大增加教师的教学工作量，教师要花费大量时间去研究混合式教学的相关理论和实践案例等。混合式教学是一个很宽泛的概念，内涵丰富并且还在不断拓展中，教师需要保持持续学习的热度。要想充分发挥混合式教学的功效，有效提高教学效率，提升学生的学习兴趣，在前期教师需要不断地探索、实践、改进。与传统教学模式相比，混合式教学模式最烦琐的部分是其课前准备工作。图 7-7 为课前准备工作设计流程图。

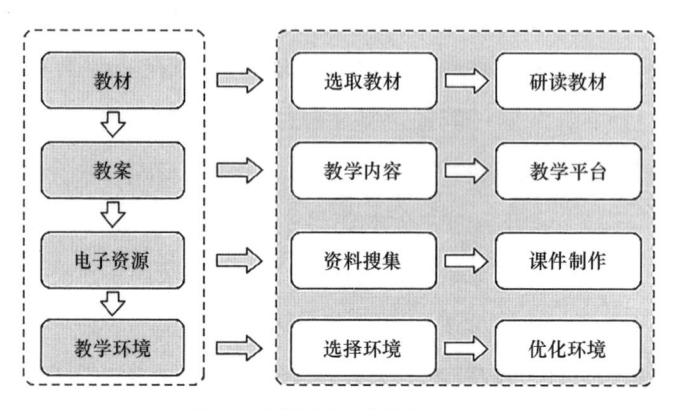

图 7-7 课前准备工作设计流程图

课前准备主要包括教材、教案、电子资源、教学环境四个方面。基本上，所有课程在进行正式教学前，都需要任课教师对教材进行认真研读，对课程标准有一个整体的了解。对于没有指定教材的科目，还需要教师选取参考教材。教案的编写需要结合教学大纲，教师要明确教学目标，对教学的重点和难点要有准确的把握，然后设计好教学过程并对预期的教学效果进行评估。在设计教学过程时要考虑到课程需要的课件类型，做好相关学习资料的搜集制作工作。如果教师要教的课程已经有知名教师录制了网络课程视频，教师可以在合法情况下直接利用这些资源，实现教学资源设计的效益最大化。教师在时间充裕和设施齐全的情况下，可以选择录制自己的授课视频，这能帮助教师更好地运用网络教学，对教师的个人能力也是一种提升。

混合式教学模式一般是学生在课前完成线上课堂的学习，包括线上习题。目前混合式教学主要应用的是基于移动教育、慕课或翻转课堂的混合式教学模式，其中基于慕课的混合式教学模式应用最为广泛。移动教育、慕课、翻转课堂等新型学习方式的出现加速了教育的变革，但是在实际教学中还存在很多不足之处，混合式教学的出现能有效改进教学，提升教学效果。

H 大学的混合式教学模式中的线上教学主要依靠多方企业的 App 或者利用 H

大学课程中心、中国大学慕课等平台进行线上教学。教师在课前结合课程目标、课程内容等方面的问题进行综合考量，确定好线上教学的平台，利用平台现有的课程资源，也可以将自己制作好的学习资料上传到该平台供学生学习。教师可以在每次上课之前通知学生完成线上课程的学习，也可以让学生在课堂上完成线上课程的学习。教师在课程设计时要对课程时间做好相应的规划，保证课程的连贯性和完整性。如果课程时间较紧张，课程习题比较耗时间，建议教师安排学生在课外时间完成在线课程的学习，但要注意学习时间的分配，不要给学生增加课业压力。教师要考虑教授课程所需的教学设施，综合教学场所的利用率，选择最适合学生的教学环境。课前设计不是简单的单向流程，后续的每一步都是对先前设计的修改和完善。

2. 课中

在教学过程中，教学形式包括网络教学和面对面教学，教师要注意控制好引导、监督的力度，给予学生充足的学习空间。无论何种形式的教学，都要适度进行师生互动、生生互动，有助于突出学生的主体地位。在实际的课堂观察中，汪学均等发现在混合式教学中，学生的主体地位有所提升，课堂参与度更高，在互动中实现信息交互。教师能够更灵活地协调自身的主导地位和学生的主体地位，在课堂中结合实际情况进行调整。在网络教学环节，学生遇到学习障碍可以在相应的平台上相互交流，也可以通过平台或其他通信工具询问教师。在此环节学生不仅能学到基本的教学内容，还能利用网络进行深度学习。针对每次线上课程的学习，学生或多或少都有一些想法，他们可以在平台上发布自己的学习心得、分享自己的学习方法以及对课程的一些改进建议，对后来的学生具有很好的借鉴作用。在师生面对面教学时，教师对课程内容进行重点补充性讲授，引导学生进行师生互动、生生互动，共同解决学生在学习过程中遇到的问题。教师在课堂上安排小组讨论，请学生代表发言，可以锻炼学生的思考能力、语言组织能力和口头表达能力等。学生在线下课堂往往会比在线上学习时更加紧张、焦虑，教师需要想方设法帮助学生调整好学习状态，调动学生学习的积极性。

3. 课后

教师往往会布置一定数量的课外作业，让学生在课后完成，以起到知识巩固的作用。H大学的教学一般利用上述提到的学习平台布置课外或者课堂作业。新课改要求给学生减负，混合式教学模式的应用能有效减少学生的学习负担，真正实现快乐学习。

课后作业是不可省略的环节，学生需要时刻保持对学习的热度，一旦松懈很可能前功尽弃。学习是一个持续的过程，需要不断巩固，保持对学习的热爱才能真正学有所成。

混合式教学作为一种新型的教学模式，目前正处于初步探索阶段，课后评价是检验教学效果的关键环节。评价分为线上教学和线下教学，具体包括师生对课程的评价、师生间的互评、学生与学生之间的相互评价等。实践是对混合式教学模式最好的检验，而评价是对教学效果的反馈。在教学改革中，评价是测定改革成果的最佳工具，也是教学变革的瓶颈和生死攸关的聚焦点。教学改革是一个漫长且艰难的过程，需要我们一步一步地探索、一次一次地试验，吸取每次失败的教训，在失败中成长。教学改革需要靠评价来把关，混合式教学也需要靠评价来推进。

学生既是混合式教学实施效果的直接反映者，又是最有评判权的参与者。学生在学习过程中的体验如何是一个很严肃的问题，在教学中必须认真对待。作为教学的主体对象，学生的合法权益理应得到尊重，对课程及教师作出评价既是他们拥有的权利，也是他们作为学生应尽的义务。

（三）课程实施

根据课程设计，课程实施进程得到推进。混合式教学模式在课程的实施过程中不是简单的单向教学，而是一个双向输出与双向反馈的机制。在教学中不再单单是教师向学生传授知识，而是要注重检验教学效果，确保学生学到了知识，这就需要学生给予教师反馈。针对收到的反馈，教师在分析和思考中往往能产生一些新的想法，进而提高个人的知识境界。这时的教学实施过程对于教师和学生而言也是一个双向共赢机制，在师生互动、生生互动中共同提升。

课程实施伴随着过程性评价，实施结果与效果也是课程评价的对象。课程在真正实施时与课程设计会有一定的出入，在教学中可能出现一些意外事件。例如，在课堂上观看教学课件时突发网络故障，短时间内无法解决。这时教师的教学计划可能会被影响，那么教师需要根据现场的实际情况调整教学顺序，以确保教学任务能顺利地进行下去。教师的教学预期效果与实际效果并不能完全一致，可能达不到预期的效果，也可能超出预期。在对课程实施过程进行过程性评价时，教师要发掘其中的闪光点，对教学中的不足之处加以改进。

二、混合式教学模式改革创新举措

以培养高素质、复合应用型人才为目标。课程采用线上线下混合式教学模式，实现在线课程多种形式的应用与共享，实现以教为主向以学为主转变，以课堂为主向课内外结合转变，实现优质课程资源的共享共用，提升教育教学质量，将知识、能力、素质有机融合，培养具有系统化思想和较高素质，具有一定的分析能力、实践能力、创新创业综合能力与高级思维能力的卓越人才，形成"互动共享、通力协作、自主探究"的学习共同体。

（一）全覆盖教学资源

1. 优化课程内容

在传统线下课程基础上，根据线上信息化的特点优化课程内容。课程的授课对象分为多个不同专业的学生，根据各专业的培养目标要求与职业需求，重新梳理课程章、节和知识点的内容。以学生职业能力要求和实践能力提升为导向对课程教学进行整体规划，以专业知识为基础进行课程内容优化，同时将思想政治教育元素有机融入教学中，发掘运用专业历史和人物教育作用，注重学科文化育人，崇尚科学精神，推进大学生素养培育，培养学生利用所学知识解决复杂问题的综合能力。

2. 完善教材建设

遵循教育教学规律，坚持高起点、高标准和严要求，参考国家规划教材和国内外经典教材，将在线授课中的知识点与线下课堂中的实际案例、社会热点等资料相结合，充分体现知识的系统性、科学性和前沿性。随着课程建设的不断优化，教材内容也将随之完善更新。

3. 丰富行业案例

结合国家和当地社会发展现状，收集具有较高应用性、实践性和真实性的社会实际案例，结合课堂知识点对其进行集中整理和深入加工，构建课程教学案例库，作为教学内容的有效补充，提升学生理论联系实际的能力。

4. 与研究前沿相结合

结合本学科科学研究前沿问题和进展，将教师最新的科研成果与课程内容融合，增加课程的科技前沿性，提升学生的创新能力。

（二）全过程评价机制

1. 强化考核过程化

课程采用过程性考核与实践性考核相结合的考核形式，重点在于考核学生对知识点理论的掌握和对知识点应用的实践能力。结合课程的内容框架体系，分章节分别布置学习任务，使学生在学习过程中熟练掌握内容的前后关联并时刻思考如何利用所学知识分析和解决社会生产生活中的实际问题，最终能独立设计解决方案。授课过程中，通过课后作业等形式，引导学生将前沿技术发展现状融入课程内容中，提升学生自主构建知识体系的能力。全过程评价引导学生全过程、全身心投入学习，根据学生日常考勤、课堂表现、平时作业、阶段考核、期中和期末考试等多方面综合评定课程最终成绩，引导学生注重课程学习过程，培养其自主学习能力。

2. 考核标准精细化

采用标准考核与非标准考核相结合、灵活考查与基础考核相结合、个人成绩与团队成绩相结合的原则。通过基础标准化考试，倒逼学生回归基础，理解和掌握信息系统建设核心理论、基本原则等基础知识，加强学生专业素养培养。通过灵活的非标准考核方式，打破认知局限，培养学生的创新意识、团队协作精神和创造能力。

3.考核形式多样化

建立多元化学习评价体系，探索线上与线下融合、过程性评价与终结性评价相结合的多元化考核评价模式，课程设计、调研报告、实践活动、文献研读、案例分析等，均可作为考核评价内容，课程成绩由过程性考核和终结性考核综合评定。促进学生从关注考核的最终结果到关注考核的具体过程，从期末死记硬背的"背诵式"学习向"思考式"学习转变。

（三）全方位教学实践

第一，引入实战项目，深化"政—校—企—行"合作交流，实现校企"共育"人才。依托学校和专业校企合作人才培养实践基地，将企业真实案例引入课程实践教学环节，依托校内实验室、企业实验室实践环境，通过工程项目实战、角色扮演，使学生体验项目研发全流程，强化学生理论知识基础，提升其项目综合设计和实践能力，增强其科研素养和团队协作能力。

第二，提升校企协同，接轨产业发展，深化校企协同。聘请企业实践专家参与课程体系建设论证，构建课程标准和职业标准联动开发机制，推动课程内容与职业标准相衔接，重新规划课程内容，建立符合产业导向和企业需求的课程体系。开展校企联合培养的人才培养基地建设，聘用企业实战专家为实务导师，推进校企协同育人模式，形成双向参与、双向评价、双向反馈的课程教学质量保障体系。

第三，促进学生创新创业能力发展，引导学生将课程中学习到的知识用于实践，通过参加"互联网+"大学生创新创业大赛、大学生创新训练计划项目等多类型学科竞赛锻炼综合能力。竞赛项目成为促进学生全面发展的展示平台，以及推动产学研融合的纽带。根据学生的兴趣，可组建项目孵化团队，结合大数据分析、人工智能等技术，培养具有敢闯会创、百折不挠的创业精神和创新能力的应用复合型人才。[①]

(四) 全师资教书育人

1. 师资队伍建设梯队化

由学术卓越、教学经验丰富的教师主导梯队建设，专家学者领衔学术研讨，教学能力强的教师进行日常教学。针对青年教师、骨干教师、领军人物三类不同群体分别开展有针对性的进阶式培训，实现青年教师科研启动经费、导师制和海外经历全覆盖，充分发挥其特长和优势。建设"国际化"师资队伍，选派教师出国访学进修学习，进行信息技术与学科知识及教学方法"三融合"的高阶培训，紧跟时代脚步，学习本课程的国际前沿理论和方法。将课程教学团队打造成省级乃至国家级优秀教学团队。

2. 培养教师信息化教学能力

将师资培训贯穿教师发展全过程，提升教师使用各类信息化软件的能力，创造各类培训机会，培养教师在信息化条件下的教学能力和创新意识，助力教师成为将学术、技术和艺术深度融合的信息化时代优秀教师。学术指扎实的专业知识；技术指熟练使用信息设备和资源；艺术指信息化教学的设计和组织。

3. 组建多元化教师团队

将企业专家加入教师团队中，形成由教学名师、专任教师、企业专家和技术骨干等人员组成的教学团队。让教学团队专任教师到企业实践锻炼，参与企业的实际工作，深入了解企业对专业人才的技能需求，理解课程知识的应用现状；安排企业技术骨干担任学校兼职教师，指导教学实践，将企业第一手业务资料应用于教学，使学校的教学及实践操作与企业无缝对接。

(五) 健全要素优化反馈机制

混合式教学中的线上课程并不意味着将课程学习环节完全交给学生来独自完

[①] 廖力, 2019. 智能时代的课堂教学: 从知识课堂到智慧课堂 [M]. 广州: 广东高等教育出版社.

成，需要教师对学生学习数据信息进行全方位搜集、整理、分析和监督，有针对性地对存在的问题加以改进，力争打造符合学生培养需要的高水平一流课程。

1. 在线学习数据分析

搜集学生在线课程学习的具体时间段、频率、时长、操作次数、答题准确率等信息，分析学生是否全身心、有效地投入在线学习，是否存在突击学习的现象，是否能够有效利用碎片化时间进行学习等。如果学生出现不理想的学习状态，可以通过对每一节课设定一定的学习期限，在后台适时发出提醒信息等方式督促其在规定时间内完成学习任务。

2. 学习效果反馈

搜集学生在线学习后完成课后作业及测验的情况，分析学生是否找到了有效的学习途径，主要采取的学习策略有哪些，是否能够充分利用拓展资源开展深度学习等。对投入时间和精力较多的学生进行深度访谈，了解课程投入是否给他们带来了较大的压力或负荷。建立相应的评价机制，分析学生面对学习中遇到的问题如何选择解决方案，充分吸纳学生的评价意见，从而制定有力的解决措施。适时调整教学方法和教学要求，加强学习过程监管，提供相应的学习方法指导，帮助学生更好地学习。

3. 优化教学方案

对学生在线课程学习的状态数据进行分析，根据实际情况判断是否需要配备相应的课程学业导师，对学生网络课程的学习提供全方位指导；是否需要提供详细的平台功能的介绍和使用指南。定期进行网络问卷调查，搜集学生对本门课程线上和线下的评价，分析学生是否对全新的学习模式存在一定程度的不适应性，并从学生的角度给出改进的意见和建议，以便教师采取相应的积极改进措施，为学生更好地进行线上线下混合式课程学习提供帮助。

（六）全方位偏向可视化和体验式教学

混合式教学无论是线上还是线下教学部分，都在尝试从纯文字类讲述向线条、图形类可视化教学转变，在教学中注重让学生亲身体验或者虚拟地体验某个知识点。

高等学校常用的可视化工具有 Mind Manager（思维导图）、SPSS（统计产品与服务解决方案）等，前者是知识的可视化工具，后者是数据的可视化工具。在知识学习与数据处理方面，可视化工具能帮助师生梳理思维、把握整体框架、区分重点和难点。

以往高等学校对学生实践能力的忽视，使很多高学历人才成为缺乏实际动手能力的"低能儿"。当前人才市场竞争日益激烈，随着人民群众学历的普遍提升，实践能力在人才市场竞争中占据的比例逐渐攀升。目前很多高等学校会为学生举办模拟招聘会、职业培训会等，或者鼓励学生参加教学技能大赛、信息技术比赛等，来提升学生的职业竞争力。在教学中也引进了一些新兴技术，比如 VR、AR、3D 打印技术等，锻炼学生的实践能力，开拓学生的思维。

在教育改革向教育信息化推进的道路上，各大高等学校都在积极地参与研究，学校在与其他高等学校的相互交流中，把控着信息的输入输出，对教育领域的热点话题保持着高度的关注度。随着混合式教学在高等学校探索的愈发深入，对这种教学模式的创新逐渐被更深层次地挖掘出来。混合式教学的创新探索将理论知识与实际应用紧密相连，让学生能体验各种教学情景，学习兴趣更浓郁、学习效率更高效。

参考文献

蔡红梅，许晓东，2014. 高校课堂教学质量评价指标体系的构建［J］. 高等工程教育研究（3）：177–178.

陈吉荣，2016. 国外慕课研究最新发展述评［J］. 外语教学与研究（1）：111–112.

陈琳，王蔚，李冰冰，等，2016. 智慧学习内涵及其智慧学习方式［J］. 中国电化教育（12）：144–145.

陈新佩，2019. 构建基于系统思想的高校混合式教学模式下的评价系统［J］. 智库时代（50）：220–221.

崔璐，2018. 智慧教室课堂互动策略研究［D］. 武汉：华中师范大学.

丁翠红，2017. 多维互动的 SPOC 混合式教学模式研究［J］. 现代教育技术（7）：31–33.

段维清，2022. 现代教育技术与智慧课堂的构建研究［M］. 北京：中国商业出版社.

高妮，2017. 教育资源云平台的设计及应用探讨［J］. 科技展望（11）：1–5.

高鹏飞，2011. 高校信息化教学质量评价研究［D］. 南京：南京师范大学.

郭亦鹏，2016. 高校教学管理信息化建设［M］. 长春：吉林大学出版社.

韩佳伶，2022. 智慧课堂背景下混合式教学模式改革研究［M］. 长春：吉林大学出版社.

韩琴，周宗奎，胡卫平，2008. 课堂互动的影响因素及教学启示［J］. 教育理论与实践（16）：42–45.

韩叶秀，2013. 信息技术环境下独立学院教学质量监控体系构建研究［D］. 徐州：江苏师范大学.

胡佳怡，2016. 项目式学习的本质、模式与策略研究［J］. 今日教育（4）：47–49.

胡铁生，黄明燕，李民，2013. 我国微课发展的三个阶段及其启示［J］. 远程教育杂志（4）：36–37.

贾汇亮，2012. 发展性学校教育评价的建构与实施［M］. 天津：天津教育出版社.

金炳华，2001. 哲学大辞典（修订版）［M］. 上海：上海辞书出版社.

金慧芳，吴晓俊，2014. 高校课堂教学质量评价的问题省思与理念重构［J］. 当代教育科学

（21）：3–5.

雷励华，沈丹丹，2018. 新编现代教育技术理论教程［M］. 北京：中国水利水电出版社.

李秉德，2001. 教学论［M］. 北京：人民教育出版社.

李昆秦，谢文斯，2019. 基于有效教学理论的高校课堂教学评价困境与出路［J］. 佳木斯职业学院学报（9）：119–122.

梁立国，2022. 走智慧教育的办学之路［M］. 长春：吉林出版集团股份有限公司.

廖力，2019. 智能时代的课堂教学：从知识课堂到智慧课堂［M］. 广州：广东高等教育出版社.

林奇贤，2018. "互联网＋项目式学习"是现代教育变革的选择［J］. 中小学信息技术教育（7）：48.

刘亚琼，2012. 高校课堂教学质量发展性评价研究——基于学生学习的角度［D］. 南宁：广西大学.

刘致中，2019. 智慧教育课堂实践［M］. 西安：西北大学出版社.

路晓倩，2015. 我国高校发展性教师教学评价指标体系构建［D］. 大庆：东北石油大学.

马雷蕾，2018. 高校课堂教学质量评价体系构建［J］. 中国成人教育（21）：93–96.

莫世荣，赵川，2017. 区域教育资源公共服务体系的框架设计与实施策略研究［J］. 中国教育信息化（11）：36–39.

庞敬文，张宇航，唐烨伟，等，2017. 深度学习视角下智慧课堂评价指标的设计研究［J］. 现代教育技术（2）：58–59.

沈丹丹，2022. 智慧教育背景下的信息技术应用研究［M］. 武汉：华中科技大学出版社.

孙聘，周东岱，李振，等，2017. 智慧学习环境下学生评价模式研究［J］. 现代教育技术（10）：5–7.

童春燕，2020. 智慧教育背景下高校课堂教学评价体系的构建与创新［M］. 长春：吉林人民出版社.

汪学均，李小培，2019. "互联网＋"时代高等学校混合式教学创新探索［J］. 中国教育信息化（12）：5–7.

王盛之，2017. 智慧教师与智慧课堂：基于教育信息化的系统构建［M］. 上海：上海教育出版社.

王帅国，2017. 雨课堂：移动互联网与大数据背景下的智慧教学工具［J］. 现代教育技术（5）：354–358.

吴康宁，程晓樵，吴永军，刘云杉，1997. 课堂教学的社会学研究［J］. 教育研究（2）：64–65.

徐华平，2024. 教育信息化赋能教育公平的路径与策略［J］. 吉林农业科技学院学报，33（1）：41–45.

徐华平，张德成，2024. 指向学习力培养的项目驱动翻转课堂教学模式探究［J］. 林区教学（6）：60–63.

徐莉，王默，程换弟，2015. 全球教育向终身学习迈进的新里程——"教育2030行动框架"目标译解［J］. 开放教育研究（6）：228–229.

徐瑞玲，董君，陈晓琴，2022. 智慧课堂教育理论与实践［M］. 长春：吉林出版集团股份有限公司.

徐显龙，王雪花，顾小清，2017. 智慧教室小组合作学习设计及成效［J］. 开放教育研究（4）：112–113.

杨红云，雷体南，2016. 智慧教育——物联网之教育应用［M］. 武汉：华中科技大学出版社.

杨克菲，2018. 普通高等学校课堂教学评价研究［J］. 佳木斯职业学院学报（8）：267–268.

姚洁，王伟力，2017. 微信雨课堂混合学习模式应用于高校教学的实证研究［J］. 高教探索（9）：97–102.

伊翠娟，2018. 基于有效教学理论实施高校课堂教学评价［J］. 中国成人教育（21）：96–99.

张国培，2017. 论"互联网+"背景下的雨课堂与高校教学改革［J］. 中国成人教育（19）：202–203.

张会丽，2020. 教育信息化2.0时代的智慧教学新探索［M］. 长春：吉林科学技术出版社.

张平，苗杰，胡铮，等，2010. 泛在网络研究综述［J］. 北京邮电大学学报（5）：1–6.

张务农，2017. 混合式学习认知工具研究［J］. 中国远程教育（6）：9–11.

赵慧，2017. 富媒体平台支持下未来教学发展研究［J］. 中国管理信息化（13）：19–22.

衷克定，岳超群，2017. 混合学习模式下学习者主体意识发展研究［J］. 现代远程教育研究（6）：149–152.

周胜华，2022. 智慧课堂的实施途径与策略［M］. 北京：现代出版社.

周修考，2017. 云计算在区域教育资源共享中的应用［J］. 哈尔滨师范大学自然科学学报（2）：87–88.

朱连召，2015. 未来课堂环境下互动教学设计与实践研究［D］. 上海：华东师范大学.

祝智庭，2016. 智慧教育新发展：从翻转课堂到智慧课堂及智慧学习空间［J］. 开放教育研究（1）：77–78.

祝智庭，顾小清，闫寒冰，2005. 现代教育技术——走进信息化教育 [M]. 北京：高等教育出版社.

祝智庭，彭红超，2017. 智慧学习生态：培育智慧人才的系统方法论 [J]. 电化教育研究（04）：303–305.